U0730641

詞彙學簡論

訓詁學簡論

（增訂本）

張永言◎著

復旦大學出版社

張永言，當代著名語言學家，四川大學中文系教授，博士生導師，享受國務院特殊津貼專家。曾任國務院學科評議組成員、四川省語言學會會長、四川大學漢語言研究所名譽所長。1990年獲"五一"勞動獎章，為第七、第八屆全國人大代表。對語言學、漢語、詞彙學和漢語史均有精深研究。著有《詞彙學簡論》、《訓詁學簡論》、《語文學論集》等，主編《簡明古漢語字典》和《世說新語辭典》。

詞彙學簡論

（增訂本）

弁　言

　　詞彙學是當前需要加强的薄弱學科。我國傳統研究詞義的
訓詁學，偏重考釋古書字義，力求打通文字、音韻、訓詁的界限，進
行形、音、義的連貫研究，藉以探討字源，成績卓著。但迄未建立
完整的詞彙學體系。由於缺乏現代詞彙學的理論指導，因而對古
代漢語代表著作的詞彙研究，唐宋以來白話詞彙研究，以及編纂
各種詞典的理論和方法的研究，都沒有系統地展拓。

　　詞是音和義結合的符號系統。研究語言符號的意義，一般都
以詞爲基本單位。詞的意義的體現，則有事物、思維和語言結構
三者。因而詞的基本分類，則有客體、特徵、狀態和代替之別。據
此研究，一在抓詞的理據，二在抓詞的變化，考察哪些意義變化引
起哪些形式變化和哪些形式變化引起哪些意義變化，即通過詞的
結構分析，串連語音、形態、語義的内在聯繫和詞義系統相符的名
詞，確定詞與詞間的語源關係，從而尋求詞根及其衍化軌跡。現
代詞彙學的研究，不能再墨守傳統訓詁學的方式和方法，既要由
上而下地從經籍遞推到大衆口語，又要根據大衆的詞彙逆溯到它
們最初的來源。這樣，對詞形結構的分析，詞義發展的識別和語
音衍化的探討，才能有所創獲。

　　詞彙的靜態描寫，有助於歷時詞彙學的研究，而精通詞彙的
歷史發展，有利於對詞彙現狀的深透理解。當前推廣普通話，要
求詞彙規範化，就要通過古漢語詞彙和現代漢語詞彙，普通話詞
彙和方言詞彙，同義詞彙和同音詞彙的通盤研究，編寫一個漢語
詞彙總表，指明哪個詞是通行的，哪個詞是方言或土語，確定哪一
個應該作爲漢語共同的標準詞，這是有待我們去積極進行的研究

工作。

　　永言同志這本小册子對詞彙學各關鍵問題都有所論列，取材廣泛，敍述精要，觀點新穎，適合作爲普通詞彙學的入門向導，對漢語詞彙的研究也富有指導意義。故樂爲之介紹。

嚴學宭

1982 年 4 月 25 日於喻家山

目　　録

第一章 序 論

§1.1 詞彙學的對象和分科

1.1.1 任何語言都有自己的語音系統、詞彙和語法構造,語言的這三個組成部分在語言學上都有相應的學科來進行研究。詞彙學就是其中以詞和詞彙作爲研究對象的一門學科。所謂詞彙就是語言裏的詞和詞的等價物(如固定詞組)的總和。詞彙中包括實詞和虛詞,詞彙學的研究重點是實詞。因爲有的虛詞詞彙意義已經弱化,有的甚至完全失去了詞彙意義,只剩下語法意義,所以它們主要是語法學研究的對象。

1.1.2 在中國語言學史上,詞彙的研究比語音和語法的研究都開始得早,這就是所謂"訓詁"。最古的一部訓詁書《爾雅》寫成於西漢時代。到了清朝乾嘉時代,訓詁學更有了高度的發展,段玉裁(1735—1815)、王念孫(1744—1832)、王引之(1766—1834)等人把這門學問推進到了一個嶄新的歷史階段。此外,我國的詞典編纂工作開創之早與規模之大也是舉世聞名的。

歐洲語言學發展的情況與此不同,開始得最早的是語法的研究。語音和詞彙的研究在長時期內只是語法學的附庸。到了19世紀,語音學和詞彙學才逐漸成爲獨立的語言學學科。但是跟語音學和語法學比較起來,詞彙學直到今天還是比較落後的。

1.1.3 詞彙學通常分爲普通詞彙學和個別語言詞彙學。普通詞彙學是關於詞和詞彙的一般理論的學科,是普通語言學的一部分;個別語言詞彙學是研究一種具體語言的詞和詞彙的學科,

如漢語詞彙學、英語詞彙學等。普通詞彙學和個別語言詞彙學是
相互依存、彼此聯繫的；前者是在後者的基礎上建立和發展起來
的，但是它反過來又有指導後者的作用。

　　個別語言詞彙學又可以分爲歷史詞彙學和描寫詞彙學。前
者研究語言的詞彙在歷史過程中的發展，後者研究在歷史發展的
某一階段（一般是指現階段）語言的詞彙系統的狀況和特點。自
然，二者也是相互爲用，不可以截然劃分開來的。

　　對於某一發展階段上的語言體系的描寫和研究又叫共時的
或靜態的研究；對於語言體系及其各個組成部分在歷史上的發展
變化的研究又叫歷時的或演化的研究。"共時性"（synchronie）和
"歷時性"（diachronie）這兩個概念是瑞士語言學家索緒爾
（Ferdinand de Saussure, 1857—1913）在他的《普通語言學教程》
（*Cours de linguistique générale*, 1916）裏首先提出來的[1]，在現
代語言學上得到了廣泛的應用。正確地理解和處理共時性和歷
時性的關係，既認識到二者的區別，又認識到其間的聯繫，對於任
何語言學研究，包括詞彙學研究，都具有重要的意義。

§1.2　研究詞彙學的意義

　　1.2.1　語言是人們在社會中交際的工具，也是社會鬥爭和
社會發展的工具，因此語言學和它的分科詞彙學具有重要的社會
實踐意義。許多實際語言問題以及跟語言有密切關係的文學、哲
學、歷史學和地理學上的問題都需要詞彙學的幫助才能解決。下
面我們簡單談談詞彙學對於語言規範化、文字改革、語文教學以
及對於文學和史學研究的意義。

　　1.2.2　現代漢語規範化是 1955 年就提出來而至今仍須努

---

[1]　索緒爾對"共時"和"歷時"的解釋是："有關我們這門科學的靜態方面的一切都是
　　共時的，涉及演化的一切都是歷時的。""共時和歷時分別指一種語言狀態和一種
　　演化情況。"見 *Cours de linguistique générale*, 3ᵉ éd, 1931, p. 117。漢譯本《普通
　　語言學教程》，商務印書館，1980 年，第 119 頁。

力進行的一項語文工作。在這項工作中,詞彙的規範化是一個重要方面,而要解決詞彙規範化中出現的各種問題就離不開詞彙學理論的指導。比如,我們要解決古詞語(文言詞語)規範問題,就必須研究詞彙學上有關詞彙類型和同義現象的理論,特別是要瞭解詞的文體特徵、風格色彩和修辭效果,以及漢語詞彙的現狀和歷史。只有這樣,才能確定在不同的場合古詞語運用的適當與否,從而分別加以棄取,純潔和豐富我們的語言。

又如外來詞規範問題。吸收有用的外語詞作爲漢語中的外來詞,這是豐富我們語言的途徑之一。可是由於過去借用外語詞的方式(如音譯、意譯等)和音譯用字都非常紛歧,同一個外語詞常常以多種不同的形式出現在漢語裏(如 logic 一詞有"邏輯"、"名學"、"論理學"、"理則學"等譯名,cement 一詞有"水門汀"、"士敏土"、"洋灰"、"水泥"等譯名),從而造成詞彙中的混亂。目前外來詞規範化的主要任務在於確定吸收外語詞的方式,包括音譯的方式,而要解決這方面的一系列問題,就必須研究詞彙學上有關詞語借用的理論、漢語的詞彙構成及其發展規律,特別是外來詞的發展規律。

在語言規範化工作中另一個重要問題是如何吸收人民群衆的方言口語,以不斷豐富發展我們的語言。要解決這個問題,需要做大量的實際工作,如民間方言詞語的收集整理和比較研究等等,而這些工作的進行是處處都需要詞彙學知識的幫助的。

最後,詞彙規範化工作的階段性成果應當體現在規範性的詞典當中。詞典編纂法是詞彙學理論的具體應用。我們要做好詞典編纂工作,就得掌握普通詞彙學的重要原理和漢語詞彙學的全部内容。

1.2.3　文字是語言的書寫形式,所以進行文字改革工作,特別是拼音化工作,不僅要有文字學的知識,而且需要語言學的幫助。漢字改革的目的是爲漢語創立拼音文字。所謂創立拼音文字就是用音素字母來拼寫語言裏的詞並製訂一套比較完善的正字法規則①。製訂漢語的拼音文字正字法牽涉到一系列的問題，其中最重要的是分詞書寫（或稱"詞兒連寫"）和同音分化兩個問題。這些問題都跟語言學特別是詞彙學有密切的關係。

跟現行漢文一樣，某些外國古文字，如梵文、古希臘文，以及某些現代文字，如日文，也是不分詞書寫的。文字不分詞書寫，會增加學習和應用語文的困難，不能不說是一個嚴重的缺點。比如，我們初學日文，有時會弄不清文句裏詞的起訖，連查詞典都有困難，原因就在這裏。漢語是我們的母語，我們從小看慣了漢文，平常不覺得不分詞書寫有什麼不便。但是我們聽語文水平低的人唸書報有時會"破詞"，就不難發現問題的存在。至於閱讀典籍，漢文不分詞書寫的弊病更會突出地顯現出來②。試看下面兩段文字：

> 越人擁楫而歌歌辭曰濫兮抃草濫予昌枑澤予昌州州鍖州焉乎秦胥胥縵予乎昭澶秦踰滲惿隨河湖（《説苑·善説》）③
> 獨洛河北有僕骨同羅韋紇拔也古覆並號俟斤蒙陳吐如紇斯結渾斛薛等諸姓……伊吾之西焉耆之北傍白山則有契弊薄落職乙咥蘇婆那曷烏護紇骨也咥於尼護等……康國北

---

① 參看周有光《漢語拼音文字的正字法問題》，《中國語文》1959 年 9 月號。
② 參看魯迅《不懂的音譯（二）》，《魯迅全集》第 2 卷，人民文學出版社，1973 年，第 120—121 頁。
③ 參看泉井久之助《論劉向〈説苑〉卷十一的所謂越歌——與占語(čam)的關係》，《言語研究》22/23，1953 年，第 41—45 頁；韋慶穩《〈越人歌〉與壯語的關係試探》，《民族語文論集》，中國社會科學出版社，1981 年，第 23—46 頁；許友年《試論〈越人歌〉的原文和譯文》，《福建師範大學學報》1983 年第 1 期（下），第 78—80 頁；陳掄《越人歌新探》，《歷史比較法與古籍校釋》，湖南教育出版社，1987 年；張民《試探"越人歌"與侗歌》，《貴州民族研究》1986 年第 1 期；周流溪《〈越人歌〉解讀研究》，《外語教學與研究》1993 年第 3 期，第 1—15 頁；Izui Hisanosuke《劉向「説苑」卷十一の越歌について》，《言語研究》22/23，第41—45 頁，1953；許羅莎譯《關於劉向〈説苑〉第十一卷中的越歌》，《外國語言與文學》1983 年第 1 期，第 60—63 頁；Zhengzhang Shangfang（鄭張尚芳）："Decipherment of Yue-Ren-Ge（Song of the Yue Boatman）"，*Cahiers de Linguistique-Asie Orientale*（法國高等社會科學院《東亞語言學報》），Hiver 1991，Vol. 20 n°2，pp. 159 - 168。

傍阿得水則有訶咥曷截拔忽比千（《隋書・鐵勒傳》作“干”）
具海曷比悉何嵯蘇拔也末謁達等（《北史・鐵勒傳》）[①]

　　將來的漢語拼音文字必須分詞書寫，這是確定無疑的。
但是由於漢文沒有分詞書寫的傳統，漢語拼音文字正字法在
這方面將會面臨許多複雜的問題[②]。首先它得解決怎樣區別詞
和非詞[③]、怎樣劃定言語裏詞和詞的界限的問題。只有較好地解
決了諸如此類的問題，才能製訂出既合理又適用的分詞書寫的規
則，這就需要結合實際深入研究詞彙學的理論，特別是有關詞的
本質和特徵、詞的分離性和同一性以及構詞法的類型和規律等基
本理論。

　　漢語的詞音節構造比較簡單，又由於長期使用形意體系的漢
字，人們造詞往往不考慮語音問題，以致詞的同音混淆比較嚴重，
例如：修養～休養、粵劇～越劇、驕氣～嬌氣、形式～形勢、地域～
地獄、出版～初版，等等。因此同音詞分化也成爲漢語拼音文字
正字法的一個重要課題[④]。同音詞分化法所研究的主要是：怎樣
減少同音詞，怎樣使一些有區分必要的同音詞在書寫形式上區分
開來。要解決這些問題，就必須藉助於詞彙學上有關同音現象的
理論，對語言裏同音詞的忤質和來源有一個正確的認識。

　　1.2.4　詞彙學知識對於語文教學是非常必要的。它能够幫
助教師解釋詞的意義、用法和修辭特點，闡明詞語的構成以及詞
與詞之間的關係和聯繫，這樣就可以使學生較有系統地掌握語言
的詞彙材料，準確地理解和運用詞語。

　　相反，如果語文教師缺少關於詞彙和詞彙學的知識，在教學
中不重視詞和詞義，那就會造成各種錯誤。例如，曾經有人把杜

---

① 　參看岑仲勉《隋唐史》上册，中華書局，1982 年，第 52—56 頁。
② 　參看陸志韋、蔣希文《拼音漢文聯寫問題》，《中國語文》1954 年 2 月號；周有光《分
　　詞連寫法問題》，《中國語文》1959 年 7 月號。
③ 　參看林漢達《什麽不是詞兒——小於詞兒的不是詞兒》，《中國語文》1955 年 4 月
　　號；又：《什麽不是詞兒——大於詞兒的不是詞兒》，《中國語文》1955 年 5 月號。
④ 　參看周有光《同音詞分化法問題》，《中國語文》1959 年 8 月號。

牧《山行》詩"停車坐愛楓林晚"的"坐"講成"坐下來",把杜甫《春望》詩"家書抵萬金"講成"家裏的書值一萬塊錢",把李煜《虞美人》詞"雕闌玉砌應猶在,只是朱顏改"的"朱顏"講成"(雕闌的)朱紅顏色",就是由於不注意同音、多義和古今詞義的異同而致誤。

　　構詞法的知識在詞彙教學上有特別重要的作用。學生熟悉了語言的構詞成分和構詞法規則,就能夠由已知推未知,把新學的材料跟已經掌握的材料聯繫起來。這對於擴大學生的詞彙量顯然有很大的幫助。在外語教學上尤其如此。

　　此外,詞彙學知識對於文學作品語言的分析也是必需的。教師只有具備了這方面的知識才能講明作家所選擇的詞的文體色彩、感情色彩和形象色彩是怎樣的,才能講明詞的選擇跟作品的藝術風格和思想內容的關係是怎樣的等等問題。

　　1.2.5　文學是以語言作媒介的藝術,而詞彙是語言的"建築材料",文學跟詞彙學的關係是顯而易見的。高爾基説:"一個作家、藝術家對於我們豐富的語言的全部詞彙必須有廣泛的認識。"[①]全民語言的詞彙是取之不盡的寶庫,作家的能事就在於善於利用這個詞彙寶庫,從中選擇和提煉富有表現力的東西來充實作品的語言,並形成自己特殊的言語風格。那麼,作家在選擇詞語的時候應當根據一些什麼標準呢?為了豐富作品的語言,他應當怎樣去利用全民語言的詞庫可能提供的各種表現手段呢?具體地説,作家應當怎樣去利用語言裏的古詞語、新詞語、外來語、方言、土語、俗語、俚語、專門術語以及成語典故等等詞彙材料呢?不言而喻,在解決這些問題的時候,詞彙學的知識將是大有幫助的。

　　1.2.6　語言直接反映社會的變化,特別是語言的詞彙對於社會的變化最為敏感:政治和經濟、文化和教育、科學和技術、思想和道德各方面的變化無一不在詞彙中有所反映。詞彙在一定程度上反映着社會生活和社會發展的歷史。我們通過語言詞彙的分析研究就能夠看出社會歷史發展的軌迹來。

---

① 　轉引自《文學語言中的幾個問題》,新文藝出版社,1953年,第6頁。

　　比如,近三十年來我國在政治、經濟、文教、科技各方面的變化在漢語詞彙的變化中都有不同程度的反映[1]。一些舊詞消亡了,大批新詞產生了,其中有的又隨即消失了;許多詞的意義、色彩或用法也有了改變;屬於不同詞彙類型的詞也有了轉化,例如有的方言詞轉化成了全民通用詞,有的專門術語加入了一般詞彙的行列;等等。

　　如果我們從詞彙學的角度(按照政治、經濟、文化、教育、科學、技術、思想、道德等項目,或者按照分得更細的項目,如農業、工業、財貿、交通、醫藥衛生等)就三十年來(還可以再分成幾個時期或階段)漢語詞彙發展變化的情況進行詳密的研究,就不難勾勒出我國當代社會的部分面貌來。

　　若是研究一個民族的古代歷史,那就更加用得着詞彙學(特別是歷史詞彙學)的知識。正如當代語言學家豐克(Wilfred Funk)在《詞的來源和它們的傳奇故事》(*Word Origin and Their Romantic Stories*, 1950)中所說:"詞彙也像個小窗戶,通過它可以熟悉一個民族的過去。"有時候在缺乏其他史料的情況下,語言材料(主要是詞彙材料)就成了研究古代歷史上某一個問題的重要依據甚至是唯一依據。

　　把語言材料應用於古代歷史的研究,在西方創始於德國語言學家雅各·格林(Jakob Grimm,1785—1863)。他的著名論點是:"我們的語言也就是我們的歷史。"[2]"關於各個民族的情況,有一種比骨殖、工具和墓葬更爲生動的證據,這就是他們的語言。"[3]馬

[1]　參看王還《建國以來漢語詞彙的變化及其原因》,《語言教學與研究》1982 年第 3 期。

[2]　J. Grimm:*Kleinere Schriften*(《小品集》)第 1 册,1864,S. 290. 轉引自阿巴耶夫(В. И. Аɓаев)《語言史和民族史》,《民族問題譯叢》1957 年第 12 期,第 13 頁。美國語言學家帕默爾(L. R. Palmer)也說:"語言忠實地反映了一個民族的全部歷史、文化",語言"是歷史的寶庫"。見所著《語言學概論》(*An Introduction to Modern Linguistics*,1936),漢譯本,商務印書館,1983 年,第 139,148 頁。

[3]　J. Grimm:*Geschichte der Deutschen Sprache*(《德語史》),1880,S. 4. 轉引自阿巴耶夫文。

克思和恩格斯很贊同這種研究方法，並在自己的著作中加以應用。例如馬克思就曾經根據雅利安語(Aryan)的不同方言中有馴養動物(家畜)的共同名稱但没有穀物或栽培植物的共同名稱這一詞彙現象來論證"雅利安人之發現和種植穀物後於牲畜的飼養"①。恩格斯在《家族、私有制和國家的起源》裏也時常對一些表示重要的政治、社會概念的詞(如指"君王"的拉丁語 rex、德語 König 和 Fürst)進行比較、分析，作爲古史研究的佐證②。

分别來説，歷史詞彙學的知識能夠幫助解決古代民族史上如下三方面的問題：1) 民族的起源，即一個民族的起源和形成過程如何，它跟哪些别的民族有親屬關係；2) 民族的文化歷史，即一個民族在各個歷史階段上的文化水平及其主要特點如何；3) 民族間的互相交往和影響，即一個民族在歷史上跟哪些别的民族發生過關係，它受到過它們哪些影響，又對它們有過哪些影響。

解決頭一個問題主要依靠基本詞彙的材料，而解決後兩個問題就還要利用一般詞彙的材料，因爲一個民族的物質生活和精神生活的特點及變化都會在語言的詞彙中留下它們的痕迹。

下面我們試就漢語史舉兩個例子來説明歷史詞彙學跟民族文化史和民族文化交流史的關係。

假如我們要想知道我國周秦時代染織技術的發展水平，那麼當時語言裏所有的關於這方面的詞彙就是一項重要的研究材料。對這些材料加以分析研究的結果表明，當時的染織技術已經達到很高的水平：赤色的染織有絳、紬、纁、絑、綪、緇、縓七種；赤色跟别的顏色混合的有緹、纃、紫、紅四種；青色的有綟、藍、綼三種；青色跟别的顏色混合的有紺、繰、綠、絹、紃、縹六種；黄色的有黄、繰兩種；黑色的有緇、纔兩種——一共有二十四種不同染色的織物。從其中赤色的品種特别多還可以考見當時的風尚，古書所説"周

① 馬克思《摩爾根〈古代社會〉一書摘要》，人民出版社，1965 年，第 6 頁。
② 《馬克思恩格斯全集》第 21 卷，人民出版社，1965 年，第 122—123、145 頁。

人尚赤"(《禮記・檀弓上》)不是没有根據的説法①。

又假如我們要想瞭解古代漢民族和伊朗民族在文化上有些什麼交流,那麼兩種語言彼此借用的有關文化的詞語就是很好的證据。據美籍德國東方學家勞費爾(Berthold Laufer,1874—1934)的研究,單從許多栽培植物的名稱上就可以看出這兩個相去遥遠的民族在古代曾經有過頻繁的文化交流。例如從伊朗傳到中國的植物就有苜蓿、葡萄、石榴(涂林、丹若)、茉莉(耶悉茗)、油橄欖(齊墩果)等,而從中國傳到伊朗的則有桃、杏、茶等②。

此外,探討古代民族的地理分佈和遷徙過程,也往往要藉助於詞彙學。在這方面,詞彙學的一個分支地名學(toponomastics)有特別重要的作用③。例如,關於我國的壯族在歷史上的活動地區和遷徙情況,單憑文獻資料還不容易得到確切的瞭解,如果輔以地名學的研究,我們就能描繪出一幅清晰得多的圖象。

在我國南方,特別是兩廣地區,有很多小地名是用"那(納)"字、"板"字、"博(剥、百)"字、"六(禄、渌、緑、菉)"字起頭的。它們都不是漢語地名而是壯語地名。在壯語裏"那"(na)* 是田的意思,"板"(ba:n)是村的意思,"博"(pak)是口的意思,"六"(luk)是谷或山地的意思。這些地名都是具有意義的。例如:廣西武宣的"那懷"(na xwai)義爲牛田,龍州的"那曉"(na ça:u)義爲草田,融安的"緑曉"(luk ça:u)義爲草谷,荔浦的"渌定"(luk diŋ)義爲紅谷。帶"那"的地名,兩廣都極多,湖南、貴州和四川接近雲南的地方有一些,但很稀少,雲南東部和南部也有一些;帶"板"的地名,廣東西南部很多,廣西西部更多,湖南、貴州和四川接近雲南的地

---

① 胡樸安《從文字學上考見古代辨色本能與染色技術》,《學林》第 3 輯,開明書店,1941 年,第 53—67 頁。參看戴紹蓀《秦漢時期紡織品色彩和色名的發展》,《中國編織科技史資料》第 5 集,1981 年。
② 勞費爾《中國伊朗編》(*Sino-Iranica*,1919),漢譯本,商務印書館,1964 年。
③ L. R. 帕默爾説:"地名的考查實在是令人神往的語言學研究工作之一,因爲地名往往能提供出重要的證據來補充並證實歷史學家和考古學家的論點。"見所著《語言學概論》,漢譯本,第 134 頁。
* 本書標音除漢語普通話用"漢語拼音方案"外,一律用"國際音標"。

方以及雲南的東部和南部也有一些；帶"博"的地名，兩廣都不少，廣西西部特別多；帶"六"的地名，兩廣都不少，廣西更多一些。如果全面地搜集這一類地名資料，聯繫其他歷史材料，加以縝密的研究，我們對於壯族在歷史上的分佈地域和遷徙情況就可以獲得比較明確的認識①。

從以上所舉的例子可以看出，運用詞彙學的知識來闡明各族人民的文化和歷史是大有可爲的。

§1.3 詞彙學的任務和方法論基礎

1.3.1 詞彙學的主要任務是通過對語言中具體的詞彙現象加以全面深入的研究來闡明關於詞和詞彙的一系列基本理論問題。如：作爲語言單位的詞的性質和特點、詞義的特徵和演變規律、詞彙的系統性、詞的語言内部聯繫和語言外部聯繫、詞的類型、構詞法的規則、詞彙豐富和發展的方式和途徑，等等。闡明這些問題對於人們的語言實踐無疑具有十分重要的意義。

目前詞彙學還是語言學中一個比較薄弱的環節。在詞彙學領域内各部分的發展也不平衡，研究成果有多有少，不少問題還沒有得到很好解決，有待於今後作進一步的探討。

1.3.2 詞彙學研究必須以馬克思列寧主義哲學（即辯證唯物主義和歷史唯物主義）爲指導，才能很好地認識和解決所遇到的各種問題。

比如，我們探討詞的"語言内部聯繫"和"語言外部聯繫"這個問題②，辯證唯物主義關於事物和現象的普遍聯繫和相互制約的

---

① 參看徐松石《泰族、僮族、粤族考》，中華書局，1946 年，第 23—26 頁；又：《粤江流域人民史》第 19 章，中華書局，1941 年；岑麒祥《從廣東方言中體察語言的交流和發展》，《中國語文》1953 年 4 月號，第 10 頁；羅美珍《從語言上看傣、泰、壯的族源和遷徙問題》，《民族研究》1981 年第 4 期，第 58—59 頁。
② 參看阿德諾（И. В. Арнольд）：*Лексикология современного английского языка*（《現代英語詞彙學》），1959，стр. 8 - 10。

學説就很有指導意義。

　　先説詞的語言外部聯繫。"語言是思想的直接現實。"①語言的詞彙跟思想有不可分割的聯繫,而思想又是隨着社會的發展而發展的。所以對詞彙的研究必須結合社會歷史來進行。

　　語言裏每一個詞都是客觀現實的一部分的概括反映。如果我們不聯繫詞所反映的社會生活和日常生活來考察,就不能對詞和詞義以及它們的發展變化有深刻的認識。例如,古漢語"民"有"奴隷"的意思②,而古人又有"民之爲言萌也,萌之爲言盲也"(《賈子·大政下》)和"民者瞑也"(《春秋繁露·深察名號》)這樣的訓詁。"奴隷"和"盲"在語義上怎麼會聯在一起呢? 這是因爲古代處置奴隷的一種刑罰是把他們的一只或兩只眼睛弄瞎。這在古文字上可以得到印證。"民"字甲骨文作 ③,金文作 (盂鼎)、(克鼎)④,都是象用尖鋭的東西刺人眼睛的形狀⑤。又如,"虜"字古代兼指俘虜和奴隷,這是因爲古代常以俘虜爲奴隷的緣故。又如,彝語 ji muʔ 有"貝殼"和"錢"兩個意義,這是因爲彝族人民曾經用貝殼作貨幣;湘西苗語指"匙子"的 qa ɕu ki 本是"蚌殼"的意思,這是因爲當地苗族曾經拿蚌殼作匙子用的緣故。又如,彝語 dẓɣ 兼有"牲畜"、"奴隷"二義,我們也要聯繫彝族社會發展的情況才能理解這一詞義現象產生的歷史根源。又如,英語 town 在古英語和中古英語裏本是"圈地"、"采地"的意思,但是後來變成了"城市"的意思,這是因爲歐洲(包括英國)直到中世紀初期還沒有近代意義的城市,近代的城市是從中古封建主圈占的采地上圍有柵欄或籬寨的居民點發展而來的⑥。

---

① 馬克思、恩格斯《德意志意識形態》,《馬克思恩格斯全集》第 3 卷,人民出版社,1960 年,第 525 頁。

② 今人或反對此説。見李解民《民和黔首》,《文史》第 23 輯(1984 年),第 55 頁以下。

③ 島邦男編《殷虚卜辭綜類》(增訂版),日本汲古書院,1977 年,第 101 頁。

④ 周法高主編《金文詁林》,香港中文大學出版,1975 年,第 13 册,第 6877 頁。

⑤ 郭沫若《甲骨文字研究·釋臣宰》,《郭沫若文集·考古編》,第 1 卷,科學出版社,1982 年,第 70—71 頁。

⑥ 比較 town 的同源詞如德語 Zaun 和俄語 тын 都有"柵欄,圍籬"的意思。

　　以上幾個例子説明，對於語言中的許多詞義，只有聯繫使用這種語言的民族的社會文化歷史來考察，才能獲得比較全面的認識。這就是所謂詞義發展的歷史制約性，也就是我們所説的"詞的語言外部聯繫"的一個方面的情況。

　　除了研究詞的語言外部聯繫以外，詞彙學的更重要的任務是揭示詞的語言内部聯繫，因爲"語言學的主要任務就是研究語言發展的内在規律"①。

　　語言裏的詞互相結合而構成一個統一的整體，這就是語言的詞彙體系。在這個體系裏詞與詞之間存在着複雜的語義聯繫，一個詞的意義既依賴於它的同義詞和跟它屬於同一"義類"（semantic group）的别的詞，也依賴於在使用中跟它相結合的别的詞。所以，"偉大"的意義不同於"巨大"、"宏大"或"龐大"；俄語的рука和нога並不分别相當於漢語的"手"和"脚"，因爲漢語"手"和"臂"、"脚"和"腿"的意義有不同的單詞分擔，而俄語没有；"熟人"、"熟客"的"熟"跟"熟飯"、"熟鐵"或"熟睡"的"熟"由於結合的詞不同，意義也就很有出入。

　　正因爲詞彙體系裏的各個單位在語義上是彼此聯繫、相互制約的，所以語言詞彙裏有了新的成分出現或舊的成分消失，往往就會導致詞義的重新分配。例如，"跑"（pǎo）的出現引起"走"和"行"的意義的變化，即"跑"取代了"走"原來的run義，而"走"又取代了"行"原來的walk義；"覺"的"睡醒"義在口語裏的消失促成"醒"的意義由"酒醒"擴大到"睡醒"。此外，外語詞的借用也能造成類似的變化。例如，英語harvest本來有"秋天"和"收穫，收割（莊稼）"兩個意義，但在14世紀英語裏有了來自法語的autumn（秋天）之後，由於同義詞競爭（synonymic rivalry）的結果，harvest就逐漸失去"秋天"的意義，只有"收穫"的意義了。又如，heaven本來是"天"的意思，後來由於來自斯堪的納維亞語（Scandinavian）的sky（天）的影響，heaven一般就只指"天堂"了。

①　斯大林《馬克思主義和語言學問題》，《斯大林選集》，人民出版社，1979年，第52頁。

　　由此可見,詞和詞義都不是孤立的,它們的變化是互相影響的;我們在研究一個詞彙單位的時候,必須注意到它跟別的詞彙單位的聯繫。

　　總括詞的語言外部聯繫和語言内部聯繫兩個方面,就可以看出一種語言的詞彙是在歷史上形成並不斷發展的社會現象,它本身構成一個完整的體系;詞和詞之間、詞和語言的其他要素之間以及詞和客觀現實之間都存在着不可分割的多種多樣的聯繫。從這裏也就可以看出,詞彙學要以馬克思主義的辯證唯物主義和歷史唯物主義作爲指導思想和方法論基礎,才能在具體的詞彙問題的研究中得出正確的結論,取得豐碩的成果。

§1.4　詞彙學跟其他語言學學科的聯繫

　　1.4.1　既然詞跟語言的其他要素和客觀現實有密切的聯繫,那麼詞彙學跟其他語言學學科(如語音學、音韻學、語法學、修辭學)和非語言學學科(如哲學、歷史學、民族學、心理學、文藝學)必然也有相應的聯繫。現在我們只就詞彙學跟其他語言學學科的聯繫問題加以簡略的論述。

　　1.4.2　語音是語言的物質外殼,也是詞的存在的形式。詞彙學跟語音學的關係是顯而易見的。首先,詞的意義是靠語音手段來表現的,這就是說,詞的意義依賴於詞的音位構成、音位順序、重音、聲調、音長等。例如:bān(搬)～pān(攀),bēn(奔)～pēn(噴),bēng(崩)～pēng(烹);ín(銀)～ní(泥),iǎn(眼)～nǎi(奶);nánrén(男性的成年人)～nánren(丈夫),nǚháir(女孩子)～nǚhair(女兒),bàochóu(報仇)～bàochou(報酬);duì tóu(對頭)～duì tou(對頭),tiān(天)～tián(田),iān(煙)～ián(鹽);日語 yuki(雪)～yūki(勇氣),kibo(規模)～kibō(希望),tokei(時計)～tōkei(統計)。所以我們研究詞和詞義,隨時都需要考慮到詞的語音方面。

　　其次,詞的語源和本義的研究跟古音韻學的研究是緊密關聯的。比如，我們要探求"不逞"、"得逞"的"逞"的本義，即使查出了它在古書上所有的訓詁"快"、"疾"、"盡"、"極"、"娛"、"解"等①，也還是不能解決問題。只有當我們知道了"逞"的上古音是 t'ǐeŋ，跟"盈"dǐeŋ 是同族詞時②，才能明白這個"逞"的意義是"滿"、"滿足"。例如《左傳·襄公十年》："故五族聚群不逞之人，因公子之徒以作亂。""不逞之人"就是心懷不滿的人。

又如詞的"內部形式"或詞的"理據"（見§2.3）的闡明也常常有賴於語音史的知識。例如，《楚辭·離騷》："前望舒使先驅兮，後飛廉使奔屬。"飛廉是風神名。古人爲什麼管風神叫"飛廉"呢？這是不容易回答的問題。但是如果我們知道了"風"的上古音是 plwəm，正好是"飛"、"廉"二字的合音，那麼對於這個問題也就"思過半矣"③。

因爲語音系統的變化可以對詞彙的發展發生重大的影響，所以我們在研究詞彙發展的趨勢和規律時，必須對語音史也有所瞭解。例如，在漢語詞彙史上，詞的雙音節化是一個重要的趨勢，而這一趨勢形成的原因之一就是由漢語音節構造的逐步簡化而引起的同音單音節詞的大量增加。

如果我們要研究歷史比較詞彙學，探討親屬語言中詞的對應關係，那就更加需要語音史的幫助。例如，藏語管"魚"叫 ŋa，而漢語叫 ú。如果我們沒有漢語語音史的知識，只知道"魚"的現代讀音，就不可能看出二者的關係；只有知道了漢語"魚"的上古音是 ŋǐa，我們才能認識它跟藏語 ŋa 的對應關係，肯定它們是一對同源詞。

1.4.3　詞既是詞彙的單位，同時又是語法構造的單位。因

---

① 《經籍籑詁》卷五三"逞"字條，世界書局本，第 600 頁。

② "逞""盈"相通在古書異文上也有證據。如《左傳·昭公二十三年》"沈子逞"，《穀梁傳》作"沈子盈"；《史記·晉世家》"欒逞"，裴駰《集解》云《左傳》"逞"作"盈"；《左傳·昭公四年》："逞其心以厚其毒"，《新序·善謀》引"逞"作"盈"。

③ "飛（蜚）廉"又是傳說中殷代力士名，其人"以善走名"（見《史記·秦本紀》），"飛廉"就是形容他能跑得風也似地快的一個綽號。

此詞不僅是詞彙學研究的對象，而且也是語法學研究的對象。由於研究對象的部分相同，因而這兩門學科有着密切的聯繫。語法學和詞彙學的聯繫是多方面的，這裏我們只能舉例談談。

詞是語言的建築材料，但是它本身還不能構成語言。詞只有接受語法的支配，按照一定的語法規則組織起來，才能成爲語言。換句話説，在言語裏詞總是執行着一定的語法功能。由於語法功能不同，詞的意義也往往不同。這種隨着語法功能的不同而改變的詞義就叫詞的"語法聯繫意義"①。例如：好學生～事情很好辦，人很多～好得多了。又如：英語動詞 go（去），當其用持續體形式、後頭接無定式動詞的時候，意義就改變爲"將要"（如 It's going to rain）；當其用過去分詞形式、前頭接助動詞 be 的時候，又是"消失"、"不存在"的意義（如 All hope is gone）。由此可見，詞彙學在處理詞義問題的時候，不能不考慮到語法的因素。

在構詞法領域裏，詞彙學跟語法學的關係顯得特別密切。比如，一種語言造詞的方法（構詞法）往往也就是這種語言構成詞的語法形式的方法（構形法）或者把詞組成詞組或句子的方法（造句法）②。例如：

　　a）構詞：畢業，動員　　　造句：讀書，開會。
　　b）構詞：paint-ing（畫兒）　　　構形：paint-ing（畫—現在分詞，動名詞）
所以，在研究構詞法的時候，詞彙學和語法學是需要合作的。

當然，構詞法跟構形法或造句法也不相等同，二者有一致的地方，也有不一致的地方。例如，構詞：紙張，船隻～造句：（一）張紙，（一）隻船。

如果從歷史發展的角度來觀察，詞彙和語法的聯繫也是表現得很明白的。這裏"詞彙單位語法化"和"語法形式詞彙化"的過程是最好的例子。

──────────

① 　參看 И. В. Арнольд《現代英語詞彙學》，стр. 16。
② 　參看張壽康《略論漢語構詞法》，《中國語文》1957 年 6 月號，第 5 頁以下。

　　每一種語言都有自己一套表現各種語法範疇的語法成分，這些語法成分之中有一部分就來源於原有的詞彙單位。例如，現代漢語裏表現"時態"或"體"的範疇的"了（le）"、"着（zhe）"、"過（guo）"就是來源於動詞"了（liǎo）"、"着（zhuó）"、"過（guò）"，不過它們已在不同程度上喪失了原有的詞彙意義，轉化成了語法成分。又如，英語裏附在名詞後面表示"象……的"的後綴-ly 來源於形容詞 like（如 gentlemanly＜gentleman-like），但已完全失去了詞的獨立性，轉化成了語法成分——詞綴。這種由語言的詞彙單位變爲語法成分的過程就叫做"詞彙單位的語法化"。

　　有時候，一個詞的某種語法形式由於衍生出新的詞彙意義而脫離它原來所屬的詞形體系，成了另一個獨立的詞彙單位。這種過程就叫做"語法形式的詞彙化"。例如：俄語 час（小時，鐘頭）的複數形式 часы，當其獲得"鐘，表"這一新的意義之後，就從它所屬的詞形體系（час，часа，часу，час，часом，часе；часы，часов，часам，часы，часами，часах）分離出來，成爲一個新的詞彙單位了。又如：英語 arm（胳臂）→arms（武器），work（工作）→works（工廠），letter（字母，文字；信）→letters（文學）[1]，等等。

　　此外，一個詞的同一個語法意義，例如複數，有時候由兩個語法形式來表示，也會導致詞彙意義的分化，產生出新的詞彙單位。這也可以看作一種"語法形式的詞彙化"。如英語：

$$brother \begin{cases} brothers（弟兄） \\ brethren（教友，會友） \end{cases}$$

$$genius \begin{cases} genii（精怪） \\ geniuses（天才） \end{cases}$$

---

[1]　這種語言現象有時被作家用作一種修辭手段——雙關語，例如蕭伯納（George Bernard Shaw，1856—1950）的小喜劇《鄉村求愛》（*A Village Wooing*）中的如下對話：

　　甲　這話聽來頗有文學意味。你父親是個文人（a man of letters）嗎？

　　乙　是的，我想他是的。他是一個郵遞員（a postman）。

$$\text{antenna} \begin{cases} \text{antennae(觸角，觸鬚)} \\ \text{antennas(天綫)} \end{cases}$$

　　從以上論述可以看出，詞彙現象和語法現象雖然屬於不同的範疇，但它們是互相依存的，其間没有不可逾越的鴻溝；在一定的條件下，二者是可以互相轉化的。因此，詞彙學和語法學雖然是不同的語言學學科，但是它們並不是彼此隔絶、聲氣不通的。

　　1.4.4　修辭學是關於選擇和利用語言表現手段的一門學科。在這些手段中，詞彙手段是最主要的。所以，修辭學不能不依靠專門研究詞彙本身的學科——詞彙學。另一方面，詞彙學在涉及詞語的具體運用問題的時候，也不能不跟修辭學取得聯繫。

　　由於語言環境不同，説話人對所説對象或對話者的態度不同，説話人所要引起的對方的反應不同，同一思想可以有各種帶有不同色彩（包括文體風格色彩和感情色彩）的表現方法。例如，現代漢語裏表示"兒童"這個概念的就有好幾個詞可供選用，如"兒童""孩子""小孩兒""娃娃""小鬼"等。又如，表示"死"這個概念，漢語裏就有如下這樣一些詞語：死、亡、長逝、逝世、去世、棄世、即世、辭世、下世、謝世、故、故去、嗚呼（哀哉）、圓寂、涅槃、歸西、歸天、遊岱、仙逝、溘逝、溘然、奄忽、百年、千秋、卒、崩、薨、殂落、昇（登）遐、（宮車）晏駕、（龍馭）上賓、賓天、不禄、見背、棄養、山陵崩、填溝壑、捐館舍、歸道山、赴玉樓、謝賓客、化爲異物、老成凋謝、駕返瑶池、物故、易簣、登假（遐）、滅度、登鬼録，等等①。其中包括古詞語、歷史詞語、委婉語和迂説法。爲了適應某種語言環境、風格色彩的需要，取得某種修辭效果，它們都是可供我們適當地加以利用的。詞彙學在研究這些同義詞語的時候，顯然就不能不涉及修辭學的領域。

　　此外，從語言學史的角度看，也可以看出詞彙學和修辭學的聯繫。在歐洲語言學史上，現在詞彙學所研究的内容原來一部分隸屬於語法學，一部分包括在修辭學裏。在中國語言學史上，詞

---

①　參看龔延明《古代"死"的别名》，《文史知識》1989 年第 4 期，第 84—86 頁。

彙學及修辭學都是從訓詁學發展出來的。可見詞彙學和修辭學的聯繫是有歷史淵源的。

　　當然,作爲兩門獨立學科,詞彙學和修辭學在研究同一對象的時候,着眼點還是不同的。比方説,二者都要研究詞的比喻用法,但詞彙學所注意的是它如何導致詞的新義(比喻義)的産生(例如"傀儡"如何由"木偶"義産生出"任人擺佈的東西"義)之類,而修辭學所側重的則是它如何給言語帶來形象性、生動性之類。

第二章　作爲語言單位的詞

§2.1　詞 的 定 義

2.1.1　任何科學都需要從它所研究的對象中分析出基本的單位,對它們的性質、特徵、變化和相互關係進行考察。對於詞彙學來説,這樣的單位就是詞。

詞不僅是詞彙的基本單位,而且是作爲整體的語言的基本單位。因爲一方面詞已經包含着語言的一般的本質特徵,這就是説,它同時具備外部的聲音方面和内部的意義方面;另一方面詞不是言語裏臨時創造的東西,而是語言裏現成的東西,在言語裏只不過是再現出來而已。

2.1.2　詞是詞彙學的基本的研究對象,可是迄今還没有一個能適用於所有語言的準確的詞的定義,能夠把詞跟別的語言單位(詞素和詞組)明確地劃分開來。

在任何科學裏給最一般的概念下定義都是比較困難的。在語言學上要給詞下一個概括的確切的定義很不容易,這是因爲詞是聲音和意義的統一體,而且詞既是詞彙的基本單位,又是語法構造的單位,給詞下定義不能不同時涉及詞彙學和語法學的許多問題。單從某一方面着眼來給詞下定義是不能成功的。

儘管給詞下一個一般的定義很困難,語言學家們還是作了不少的嘗試和努力,現在擇要介紹如下。

法國語言學家梅耶(Antoine Meillet,1866—1936)給詞下的定義是:"詞是一定的意義和一定的語音組合互相聯繫的結果,它具有一定的語法用途。"①

　　英國語言學家斯威特（Henry Sweet,1845—1912）先後給詞下過兩個定義，一個是："詞是終極的、不能再分解的句子。"②另一個是："詞是終極的、獨立的意義單位。"③

　　美國語言學家薩丕爾（Edward Sapir,1884—1939）給詞下的定義是："詞是從句子分解成的、具有孤立'意義'的、最小的叫人完全滿意的片斷。"④

　　美國語言學家布龍菲爾德（Leonard Bloomfield,1887—1949）給詞下的定義是："詞就是一個可以單獨説（並且有意義）但是不能分析成（全都）可以單獨説（並且有意義）的幾個部分的形式。"⑤"一個詞就是一個不是全部由（兩個或更多的）較小的自由形式組成的自由形式⑥；説得簡單些，一個詞是一個最小的自由形式。"⑦

　　英國語言學家帕默爾（L. R. Palmer）給詞下的定義是："詞是能夠起一段話語的作用的最小的言語單位（即經常重複出現的語音模式）。"⑧

―――――――――――

① 見 *Revue de métaphysique et de morale*, 1913, p. 11。轉引自汪德里耶斯（J. Vendryès）：*Le langage*（《語言論》）,1921, p. 105。

② H. Sweet："Word, Logic, Grammar"（《詞、邏輯、語法》）, *Transactions of the Philological Society*, 1875 -6. 漢譯文見《中國語文》1961 年 9 月號。

③ H. Sweet：*A New English Grammar*（《新英語語法》）,1891, Part Ⅰ, § 52, p. 20.

④ E. Sapir：*Language*,1921, p. 35. 漢譯本《語言論》,商務印書館,1964 年,第 21 頁。

⑤ L. Bloomfield："A Set of Postulates for the Science of Language"（《爲語言科學用的一套公設》）,*Language*, Vol. 2, 1926, pp. 155 - 156. 漢譯文見《語言學資料》第 5—6 期,1961 年。

⑥ 可以單獨説的語言形式是自由形式（free form）,不是自由形式的形式是黏着形式（bound form）。參看吕叔湘《説"自由"和"黏着"》,《中國語文》1962 年 1 月號；Yuen Ren Chao（趙元任）：*A Grammar of Spoken Chinese*（《中國話的文法》）,2nd printing, 1970, pp. 143 - 146. 漢譯本《漢語口語語法》,商務印書館,1979 年,第 80—81 頁。

⑦ L. Bloomfield：*Language*,1935, p. 178. 漢譯本《語言論》,商務印書館,1980 年,第 218 頁。

⑧ L・R・帕默爾《語言學概論》（*An Introduction to Modern Linguistics*, 1936, p. 79）,漢譯本,第 64 頁。

　　上列這些定義雖然各各指明了詞的某一方面的特徵,但是都未能反映詞的全部特徵,也未必適用於所有的語言。

　　由於詞的定義問題比較複雜,有的語言學家就不肯給詞下一個普遍的定義。例如,瑞士語言學家索緒爾說:"對詞下任何定義都是徒勞的。"[①]法國語言學家汪德里耶斯(Joseph Vendryès,1875—1960)說:"語言不同,詞的定義也應當不同。"[②]"不可能給詞下一個一般的適用於一切語言的定義。"[③]英國語言學家帕默(Frank Palmer)說:"詞是無法明確規定的語言單位。"[④]我國語言學家陸志韋(1894—1970)也認爲給詞下一個普遍的定義是不可能的。所以他只好說:"凡是拼音的時候必得聯起來寫的一堆字母就是一個詞。……這是唯一可能的定義。"[⑤]又說:"Word 就是word-book 裏載着的一個一個的語言符號。"[⑥]這種看法不一定正確。目前我們還沒有一個完善的詞的定義,那是因爲研究工作還做得不够;只要我們以正確的觀點和方法繼續對各種語言中的詞深入加以研究,一個周密的概括性的詞的定義應當是能够作出來的[⑦]。

　　2.1.3　對於詞的本質和特徵,蘇聯語言學家斯米爾尼茨基(А. И. Смирницкий, 1903—1954)等人做過一些有益的探討,現在介紹其部分論點如下。

　　詞是有聲語言的歷史地形成的基本單位,是概念的存在形式——概念是作爲客觀現實的概括反映而形成並鞏固在詞的意義裏的。一個詞和別的同樣的單位相結合就能構成句子和聯貫的有意義的言語;在言語裏詞以一定的方式構成語法形式,即是說,詞具有"語法的定形性"。這就使詞有別於詞素,因爲一個詞

---

①　F. de Saussure: *Cours de linguistique générale*,1931,p. 31;漢譯本《普通語言學教程》,1980 年,第 36 頁。

②③　J. Vendryès: *Le langage*,pp. 103,105.

④　弗·帕默《語法》(*Grammar*,1971),漢譯本,上海譯文出版社,1982 年,第 51 頁。

⑤　陸志韋《北京話單音詞詞彙》,科學出版社,1956 年,第 5 頁。

⑥　《北京話單音詞詞彙》第 3—4 頁。

⑦　參看吕濤《關於詞和詞義問題》,《俄文教學》1957 年第 5 期。

素和別的同樣的單位結合時構成的是詞而不是句子,詞素一般不能脫離了詞在言語裏出現,同時詞素也不具備語法的定形性。例如,俄語 Я читаю книгу(我讀書)這個句子裏的 читаю(動詞,第一人稱,單數,現在時,未完成體)和 книгу(名詞,陰性,單數,賓格)是詞,它們都具有語法的定形,可以相互結合成句子,而詞根 чита-和 книг-或詞尾-ю 和-у 則是詞素,它們不具備語法的定形,不能結合成句子,也不能單獨在言語裏出現。另一方面,詞又有別於詞組。詞和詞組的區別在於詞具有意義的和結構的整體性,而一般詞組則以意義和結構的可分性為其特徵。所謂意義的整體性是說一個詞的意義不能全憑它的組成部分的意義去理解;所謂結構的整體性是說一個詞的各部分之間不允許插入任何別的詞,同時詞的語法的定形也只能屬於作為一個整體的詞,即是說,只有整個詞的結構具有形態上的變化。

上述理論多半是根據形態變化豐富的印歐語來立論的,未必完全適用於漢語,但是對於我們認識詞的性質、探討漢語詞的特徵也還是有一定幫助的。

解放以後我國語言學界結合漢語語法和拼音文字正字法的研究對於詞的定義、漢語詞的特徵等問題也進行了廣泛的探索和深入的討論,有關的文章大多發表在《中國語文》雜誌上,有的收在《語法論集》、《漢語的詞兒和拼寫法》等集子裏,另外還有陸志韋等寫的一部專著《漢語的構詞法》,都是值得參考的。

2.1.4　我們要深入認識詞的本質和特徵,還得進一步研究關於詞的幾個基本理論問題,即:詞的符號性問題,詞的分離性問題和詞的同一性問題。

詞的符號性問題就是:詞(名稱)和所表者(事物)之間、詞的語音形式和意義內容之間存在着怎樣的關係?

詞的分離性問題就是:怎樣從聯貫的言語中分離出詞來?怎樣劃分詞跟詞組和詞素的界限?

詞的同一性問題就是:怎樣確定多義詞和同音詞的界限?詞的不同的語法形式應當看作同一個詞還是不同的詞?怎樣從語

言中提選出作爲形式和意義的統一體的詞來？

　　下面我們對這三個問題分別加以論述。

§2.2　名稱和事物的關係

　　2.2.1　要認識詞的性質，不能不追究名稱和事物的關係，或者説詞的語音形式和詞所表示的對象的關係。這個名稱和事物的關係問題是哲學史上和語言學史上最古老的有爭論的問題之一。

　　在西方，古希臘哲學已經開始討論這個"名實"問題，最早的有關著作是柏拉圖（Plato，前427？—前347）的對話録《克拉圖洛斯》（*Kratylos*）。在這部著作裏反映出兩派主張。一派以克拉圖洛斯爲代表，他主張名稱和事物的關係是天然的，每個名稱都含有跟事物本身一致的"正確性"。他説：一切存在的東西只有一個正確的、根據其本質産生的名稱，不是一些人約定怎樣稱謂就怎樣稱謂的。另一派以赫爾摩根（Hermogen）爲代表，他主張名稱和事物的關係只是習慣的。他説："我不能相信一個名稱的正確性在於别的什麼東西而不在於約定俗成。"前一派的口號是所謂"按本質"，後一派的口號是所謂"按規定"。後來的伊壁鳩魯派（Epicurean）和斯多葛派（Stoic）的哲學家都贊成"按本質"，而懷疑論者（Sceptic）則堅決主張"按規定"。懷疑論者認爲，詞是根據人們偶然任意的"協商"而獲得其意義的，否則各個民族在語言上就應當能够互相通曉了[①]。到了中世紀哲學裏，在這個問題上也還有所謂"唯實論"和"唯名論"的對壘。

　　在中國，先秦諸子（如墨子、荀子、公孫龍子）早就探討過"名實"問題[②]。其中荀子（前335—前255）提出的一個論點最著名。

---

① 參看湯姆遜（Vilhelm Thomsen）《十九世紀末以前的語言學史》（1902），漢譯本，科學出版社，1960年，第7—9、13—14頁。

② 參看何九盈《先秦諸子的語言理論》，《北京大學學報》1982年第5期，第40—42頁。

他説:"名無固宜,約之以命,約定俗成謂之宜,異於約則謂之不宜;名無固實,約之以命,約定俗成謂之實名。"(《荀子·正名》)這就是説,名稱和事物的關係不是天然的、必然的,而是約定俗成的[①]。這個説法近於古希臘的"按規定"派[②]。後代學者也有與此類似的主張,如嵇康(223—262)在《聲無哀樂論》裏説:"夫言非自然一定之物,五方殊俗,同事異號,舉一名以爲標實耳。"[③]

2.2.2 據近代心理學和語言學的研究,詞只是一種特殊的信號,這裏指明者(能表者)和被指明者(所表者)並没有内在的聯繫[④],它們之所以具有信號關係,只是因爲"約定俗成"。拿什麽指明者去表示什麽被指明者,不是因爲二者有什麽共同點,而是出於運用符號的人們的公認,習慣成自然,這就叫做"約定俗成"。例如,説漢語的人管"鳥"叫 niǎo,不是因爲 niǎo 這個聲音(名稱)和"鳥"這個對象(事物)有什麽共同的特點和天然的固有的聯繫,而只是人們在社會實踐中約定俗成的結果。

正因爲如此,所以在不同的語言裏同一個概念可以用不同的聲音來表示。例如同是"鳥",英語叫 bird[bə:d],法語叫 oiseau [wazo],德語叫 Vogel['fo:gəl],俄語叫 птица['pţitsə],日語叫 tori。另一方面,相同的聲音却可以表示不同的概念。例如:英語 god[gɔd]是"神",而俄語 год[gɔt<-d]是"年";德語 rot[rɔt]是"紅",而俄語 рот[rɔt]是"口"。

有的語言學家企圖根據語言裏擬聲詞(onomatopoeia)的存在來論證詞的聲音和詞所表示的對象有天然的、必然的關係。這種論證其實是站不住脚的。一則,語言裏的擬聲詞爲數有限,在詞彙中並没有代表性;二則,即使是摹擬同一事物的聲音的擬聲詞

① 參看邢公畹《談荀子的"語言論"》,《人民日報》1962 年 8 月 16 日第 5 版。又:《語言論集》,商務印書館,1983 年,第 114—122 頁。

② 參看岑麒祥《語言學史概要》,科學出版社,1958 年,第 13、17、29—30 頁。

③ 參看羅常培《中國的語言學》,《科學通報》1953 年 4 月號。

④ 參看索緒爾(F. de Saussure):*Cours de linguistique générale*,1931,pp. 99 - 100;漢譯本《普通語言學教程》,1980 年,第 102—103 頁。

在不同的語言裏也往往是不相同的。例如鴨鳴聲，日語爲 gāgā，英語爲 quack-quack，德語爲 gack gack，法語爲 can-can，意大利語爲 qua qua，丹麥語爲 raprap。又如狗吠聲，英語爲 bow-wow，法語爲 gnaf-gnaf，日語爲 wan-wan。可見用什麼語音來代表某種自然的聲音也是由習慣定下來的，即約定俗成的。

名稱和事物之間沒有天然的固有的聯繫，這是語言學的一個重要原理；認識到這一點才有可能探討語言發展的規律，研究語言的親屬關係，建立歷史語言學和歷史比較語言學。

2.2.3　如上所述，詞和所表者之間本來沒有必然的聯繫，某一語音形式表達某一意義內容是偶然的，未必有道理可講的。可是，在語言的發展過程中陸續產生的新詞則多半是在已有的詞和概念的基礎上形成的，因而它們的音義之間的關係就不全是任意的；也就是説，用什麼語音來表示什麼概念往往是有"理據"可説的。只有這樣，新產生的詞才容易爲人們所理解，語言也才能很好地發揮它作爲社會交際工具的作用。

§2.3　詞的"內部形式"

2.3.1　用作命名根據的事物的特徵在詞裏的表現就叫做詞的"內部形式"，又叫詞的理據或詞的詞源結構。所謂詞的內部形式問題就是上一節已經提到的在詞彙發展過程中新詞和舊詞的關係問題，詞的語音形式和意義內容的關係問題，或者説用詞表示概念的方式問題。研究這個問題，目的在於闡明事物或現象爲什麼獲得這樣那樣的名稱（中國訓詁學所謂事物的"得名之由"），幫助我們認識語言裏詞與詞之間的聯繫以及詞義演變和詞彙發展的一些規律[1]。

2.3.2　任何事物或現象都具有多種特徵或標志，可是人們給一個事物或現象命名，却只能選擇它的某一種特徵或標志作爲

[1]　參看張永言《關於詞的"內部形式"》，《語言研究》創刊號，1981 年。

依據。由於這種選擇在一定程度上是任意的,所以在不同的語言裏同一事物獲得名稱的依據都可能有所不同。這就是説,在不同的語言裏表達同一概念的詞可能具有不同的内部形式。例如蚯蚓這種動物,漢語"蚯蚓"大約是得名於它"曲伸"的動作①,德語 Regenwurm(雨蟲)和英語方言 rainworm 得名於它出現的天氣,英語 earthworm(土蟲)、英語方言 mudworm、法語 ver de terre、俄語 земляной червь 得名於它的生活環境,而英語方言 fishworm(魚蟲)和 angleworm(釣魚蟲)則得名於它的一種用途。這一個例子就足以説明不同的語言或方言選擇同一事物的不同特徵來作爲命名的根據的情況。

2.3.3　語言的詞彙是不斷發展的。詞彙發展的主要方式是創造新詞,而新詞的創造又是在已有的語言材料和構詞方法的基礎上進行的。因此,新詞的語音形式和意義内容的關係就往往不是偶然的,而是歷史地形成的。這就是説,除了一些"原始名稱"以外,語言裏的詞大多是有其内部形式可尋,或者説有其理據可講的。探索詞的内部形式能夠幫助我們認識詞與詞之間的聯繫,認識語言詞彙的系統性。

一般説來,用詞根複合法和詞綴派生法構成的詞的内部形式是明顯的。例如:毛筆、鋼筆、粉筆,青菜、白菜、油菜,汽車、電車,茶杯、酒杯;編者、讀者,作家、畫家。

至於用語義學構詞法②和語音-形態學構詞法③造成的詞,它們的内部形式就隱晦得多,因爲它們跟原詞或"語根"的聯繫往往不是一眼就能看出來的,例如:鶴、蠅、花(華)、萁、銅、銀、傴僂、望

---

① 俞敏《古漢語裏面的連音變讀(sandhi)現象》,《燕京學報》第 35 期,1948 年,第38—39 頁;《釋"蚯蚓"名義兼辯"胸忍"二字形聲》,《國學季刊》第 7 卷第 1 號,1950年,第 28—30 頁。
② 即由一個詞的語義分化而形成新詞的方法,如:"卓→卓(桌)"、"倚→倚(椅)","螺螄→螺絲"。
③ 即利用語音手段(包括音素交替、重音轉移、聲調改换等)造成詞形變化,從而孳生新詞的方法,如:上古漢語"内"→"内(納)"、"執"→"贄"。

舒、鍾馗,等等。這就需要運用特殊的語言學方法,如古音的重建、同族詞和同源詞的比較等,才能闡明它們的内部形式。例如,我們要知道"鶴"這種鳥的"得名之由",就需要依據古音把有關的同族詞集中起來加以考察,結果就可以發現它是得名於白色。這些同族詞有:雘(鳥之白)、犒(白牛)、騅(馬白額)、鸖(鳥白肥澤貌)等①。

2.3.4　由於語言裏的某些詞彙成分在歷史發展過程中的消亡或者它們的語音、意義和形態的演變,一個詞常常會跟它所由形成的詞失去語義上的聯繫而"孤立"起來,從而它的内部形式也就變得模糊不明,甚至完全被人們遺忘。這種現象就叫做詞的内部形式磨滅或詞源中斷(de-etymologisation)②。雖然如此,我們藉助於歷史語言學和歷史比較語言學的方法(如古音的重建、音變規律的確立、同族詞或同根詞的繫聯、親屬語言裏同源詞的比較),已經模糊的詞的内部形式往往是可以重新揭示出來的。

如上所述,複合詞的内部形式一般是比較明顯的。可是有時候由於它的一個或幾個組成部分從語言中消逝,它的内部形式也會模糊起來以至完全磨滅。例如英語 nightingale(夜鶯)＜nihtegala,其中 nihte 是"夜",gala 是"歌唱者"。又如 neighbour(鄰居)＜nēah-gebūr,其中 nēah 是"近的",gebūr 是"同住者"。

有時候一個複合詞的語音和結構發生了大的改變,以致在形態上已經單純詞化,人們已不再能識別它原來的組成部分,這樣它的内部形式也就從人們的語言意識裏消失了。例如:英語 lord(家主)＜古英語 hlāford(＜hlāf-weard 守麵包的),lady(主婦)＜hlǣf-dīge(捏麵包的),barn(穀倉)＜bere-ern(大麥房)。這種過程就叫做詞素溶合。詞素溶合的結果是新詞根的出現,在此基礎上又可以繼續構成新詞,如 land-lord、war-lord。

---

① 楊樹達《釋"雘"》,《積微居小學述林》,中華書局,1983 年,第 75 頁。

② 參看布拉霍夫斯基(Л. А. Булаховский):*Введение в языкознание*(《語言學引論》),1954,стр. 80 – 81。

　　派生詞也有詞素溶合的現象。例如俄語 образ ＜ об－（周圍）＋раз（打），本義是"在四周打磨而成的東西"，後來引申爲"偶象、神象"等意義；同時，詞素也發生了溶合：前綴 об- 和詞根 раз 合爲一體，形成一個新的詞根。這樣 образ 就跟它原來的同族詞（如 раз-ить "打"、от-раз-ить "打退" 等）失掉了語義上的聯繫，因而它本身的内部形式也就模糊了。

　　由詞素溶合引起的詞的内部形式的消磨跟詞義演變和詞彙發展都有密切的關係。比如，英語 barn 由於詞的内部形式的消失，詞義就進一步概括化了：不單是貯藏大麥的地方叫 barn，貯藏任何穀物的地方都可以叫 barn 了。又如，俄語 образ 隨着詞的内部形式的消失，詞義也就進一步抽象化，有了"形象"、"形式"等意義，並且在 образ 這個新詞根的基礎上產生了一系列的新詞，如 образ-ец（典範）、образ-ование（形成，教育）、изобраз-ить（造型，描摹），豐富了語言的詞彙。

　　詞的内部形式在消磨的過程中往往會跟詞的現實意義發生矛盾，如"紅/墨水兒"、"緑/粉筆"、"小/大門兒"。我們平常所説的詞的字面意義跟實際講法不一樣，有時就是指的這種情況。這種矛盾推動詞義發展，而矛盾克服的結果就是詞義的進一步概括化："墨水兒"不專指黑色的，"粉筆"也不專指白色的，只要是正門不管大小都叫"大門兒"了。

　　由此可見，詞的内部形式的演變往往促成詞義的發展和詞彙的豐富，我們研究語言發展的規律離不開對詞的内部形式的探討。

　　至於單純詞，特别是一些起源較古的單純詞，它們的内部形式一般説來比較不容易明瞭。比方説，古人爲什麼管蝦叫"蝦（鰕）"，管燕子叫"燕"呢？這是難於回答的問題。但是，如果我們運用歷史語言學的方法加以探討，諸如此類的詞的内部形式還是可以揭示出來的。例如，我們匯集"蝦"的同族詞"騢"、"瑕"、"碬"、"霞"、"赮"、"葭"等加以考查，就會發現它們都有紅義，從而可以推斷"蝦"是得名於紅色。又如，表示桌子這個概念的詞，漢語是"桌"（原來寫作"卓"），英語和法語是 table，德語是 Tisch，俄語是 стол，通過詞源學的研究我們就可以知道，漢語"桌（卓）"的內部形式是"高"（對原先席地而坐的時代所用的矮的"几"、"案"而言），英語和法語 table(＜拉丁語 tabula) 的內部形式是"木板"，德語 Tisch (＜古希臘語 diskos) 的內部形式是"圓臺子"，俄語стол（比較 стлать"鋪開"）的內部形式是"鋪"。

　　2.3.5　詞的內部形式在中國訓詁學中叫做"名義"。歷代訓詁學家，特別是清代學者段玉裁、王念孫、王引之和現代學者劉師培(1884—1920)、楊樹達(1885—1956)等人，在這方面作過很多研究，取得了很好的成績。他們根據"音義相關"、"聲近義通"的道理來探求事物的"得名之由"，這實質上就是我們現在所說的依據古音，繫聯同族詞或同根詞去揭示詞的內部形式。他們運用這種方法重新發現了許多詞的業已模糊的內部形式。如上所述，詞的內部形式的消亡會使本來互相關聯的詞失掉聯繫，那麼詞的內部形式的再現自然就意味着這些詞之間的聯繫重新被我們認識。顯然這對於我們理解語言詞彙的系統性和發展史是大有裨益的。過去的訓詁學家留給我們的這一份語言學遺產是值得我們很好地繼承的。

　　探討詞的內部形式必須避免主觀主義，否則就會得出不可靠的結論。東漢末年的劉熙著了一部《釋名》，其目的就在於闡明事物得名的"所以之意"，即探尋詞的內部形式。但是他的研究方法帶有很大的主觀任意性，所以書中關於許多詞的"得名之由"的解釋就都犯了"穿鑿附會"的錯誤。例如："虹，攻也，純陽攻陰氣也。"（卷一"釋天"）"震……又曰辟歷。辟，析也，所歷皆破析也。"（同上）"姊，積也，猶日始出積時多而明也。"（卷三"釋親屬"）"妹，昧也，猶日始出歷時少尚昧也。"（同上）"女，如也，婦人外成如人也。故三從之義，少如父教，嫁如夫命，老如子言。"（卷三"釋長幼"）"袖，由也，手所由出入也；亦言受也，以受手也。"（卷五"釋衣服"）"印，信也，所以封物爲信驗也；亦言因也，封物相因付也。"（卷六"釋書契"）。

2.3.6　人們都願意知道一個事物爲什麼是這樣叫法的,因此對於一個內部形式不明的詞往往要給找出或者造出一個講法來。例如,五代十國時吳越王錢鏐有一個宮殿叫"握髮殿",這個命名是用的周公一沐三握髮的典故[①],表示自己勤於政事、求才殷切的意思,老百姓不懂得這些,就給説成了"惡發殿",説是錢王"惡發"(發怒)時就到此殿升座(見陸游《老學庵筆記》卷二、莊季裕《鷄肋編》卷中)。再舉幾個眼前的例子:四川大學早先有個宿舍因爲鄰近所謂薛濤墓,取名爲"濤鄰村","濤鄰"就是"與薛濤爲鄰"的意思。後來人們不明白它的"得名之由",於是就給説成了"桃林村",其實這地方從來就没有一棵桃樹,更説不上"林"。由於同樣的原因,成都的"珠市街"在許多人的語言意識裏變成了"猪市街","王化橋"成了"黄瓜橋","楞伽庵"成了"林檎庵",等等。

像這樣解釋詞的內部形式,所根據的不是科學的詞源學,而是錯誤的聯想,把一個詞跟另一個不相干的詞扯到一塊兒,結果是歪曲了這個詞原來的內部形式和語音。這種語言現象就叫做"民間詞源"或"俗詞源學"(folk etymology)。

民間詞源的影響導致詞的語音和內部形式的變化,從下面這個例子也可以清楚地看出來。古英語管"新郎"叫 brȳd-guma(新娘子+男子)>bride-grome(新娘子+小伙子),後來 guma 和 grome 在語言裏不用了,人們覺得 bride-grome 没有個講法,於是拿自己所熟悉的一個詞 groom(馬夫)來給換上,説成 bridegroom,結果意思就從"新娘子的男人"變成"新娘子的馬夫"了。

在借用外語詞的時候,也容易産生民間詞源的現象。例如,英語借用法語的 crevisse(小龍蝦),却把它變成了 crawfish(嗦子+魚)。又如法語的 cariole(一種四輪帶篷單馬車)借到英語裏

----

① 《韓詩外傳》卷三:"吾文王之子,武王之弟,成王之叔父也,又相王子,吾於天下亦不輕矣,然一沐三握髮,一飯三吐哺,猶恐失天下之士。"

就變成了 carryall（"什麼都載"）[①]。

民間詞源不但會改變詞的内部形式，而且由誤會而成附會，還會擴展成爲民間傳説。這樣民間詞源學就跟民俗學（folklore）發生了聯繫。例如杜甫的官號"杜拾遺"被誤會成"杜十姨"，因而產生了傳説，而在舊時民間祠廟裏也就把這位"神"給塑成女像了[②]。

§2.4　詞的分離性問題

2.4.1　所謂詞的分離性問題就是怎樣從成片的聯貫的言語中分出詞來的問題，也就是怎樣一方面劃清詞和詞組的界限，另一方面劃清詞和詞素的界限的問題。這是詞彙學和語法學中一個很重要而又很棘手的問題。

先説詞和詞組的區別。有的語言學家曾經提出以詞的"完整定形性"和詞組的"分割定形性"來作爲區分一個語言結構是詞還是詞組的主要標準[③]。

所謂詞的完整定形性是指詞的所有組成部分具有共同的語法上的定形，所謂詞組的分割定形性是指詞組的每個組成部分具有各自的語法上的定形。這就是説，在詞裏頭，語法的定形是一次實現的；在詞組裏頭，有幾個組成部分，語法的定形就可能分幾次實現。例如，英語 hilltop（山頂）的複數只能是 hilltop-s，而（the）top of（the）hill 的複數則能夠是（the）top-s of（the）hill-s。又如，俄語 железнодорожный 和 железная дорога 同是"鐵路的"的意思，但前者的複數是 железнодорожные，而後者的

---

① 參看布龍菲爾德（L. Bloomfield）：*Language*，1933，p. 423；漢譯本《語言論》，1980年，第 523 頁；俞敏《古漢語裏的俚俗語源》，《燕京學報》第 36 期，1949 年，第 47—48 頁。

② 參看錢鍾書《管錐編》第 3 册，中華書局，1979 年，第 1014 頁。

③ 斯米爾尼茨基（А. И. Смирницкий）《關於詞的問題（"詞的分離性"問題）》。漢譯文見陸志韋等《漢語的構詞法》，科學出版社，1957 年，第 140—155 頁。

複數是 железные дороги。所以前者是詞而後者是詞組。

　　本章第一節曾經提出詞的結構的整體性來作爲劃分詞和詞組的一個標準，這可以說是上一個標準的補充。所謂詞的結構的整體性包含兩個意思：第一，詞的語法定形屬於整個詞而不屬於它的組成部分，如"動員"（比較"動員了"）是詞，但"喝茶"（比較"喝了茶"）是詞組。第二，詞的各個組成部分之間不容許插進別的詞，如"說笑"是詞，但"說話"是詞組。

　　此外，意義的整體性也是區分詞和詞組的一個標準。如：白菜≠白的菜，是詞；藍天＝藍的天，是詞組。冷眼≠冷的眼，是詞；冷水＝冷的水，是詞組。肥料≠肥的料，是詞；肥肉＝肥的肉，是詞組。不過這只能用作輔助標準，因爲應用這個標準容易摻雜主觀的成分。再說，意義標準也不能用來區分詞和熟語（固定詞組），因爲跟複合詞比起來熟語的各個組成部分在意義上往往結合得更緊密，全體的意義也往往更不容易從部分的意義推出來。

　　劃分詞和詞組的界限的標準主要就是這一些。自然，要把這些標準應用於語言實際，還有很多具體的問題需要解決。

　　關於在漢語裏如何區分詞和詞組的問題，如何從一個言語片段裏分離出詞來的問題，這裏不能詳談，只簡單介紹一下陸志韋等在《漢語的構詞法》一書裏提出來的區別一個語言結構是詞還是詞組的方法——擴展法。所謂"擴展"是指在一個結構裏還能插入別的字（詞）。不能擴展的語言結構是詞，能擴展的是詞組。比方說，要鑒定"他喜歡讀小說"是幾個詞，就可以這樣擴展：

　　（1）他很喜歡讀小說。
　　（2）他喜歡夜裏讀小說。
　　（3）他喜歡讀古典小說。

這就表明，"他喜歡"、"喜歡讀"、"讀小說"都能擴展，而"喜歡"和"小說"都不能擴展，所以整個言語片段包括四個詞：他/喜歡/讀/小說。

　　不難看出，擴展法主要是應用詞的結構的整體性這一標準，同時參考詞的意義的整體性這一標準。擴展法是鑒定漢語的詞比較適用的方法，儘管在實際運用中有時還得附加別的條件。詳見陸氏原書[①]。

　　2.4.2　再説詞和詞素的區别。本章第一節已經提到，詞能跟别的同樣的單位組成句子，構成聯貫的有意義的言語。詞素雖然也是有意義的語言單位，但是它不能獨立，它是以詞的組成部分的資格進入詞的，一般不能在詞之外單獨在言語裏出現。這就是詞和詞素的主要區别。

　　雖然如此，詞和詞素也有相通之處。同一個語言單位可以有時候是詞，有時候是詞素；换句話説，語言裏常常有詞和詞素互相兼差的現象。在漢語裏，由於單詞素詞（由一個詞根構成的詞）大量存在，這種詞和詞素互相兼差的情形也就特别多。例如，“火”和“車”都是詞，但在“火車”裏它們又都是詞素。我們研究漢語的詞的問題，對這一點必須有所認識，否則就會陷於概念上的混亂。

　　2.4.3　以上我們討論詞跟詞組和詞素的界限，都是從共時的（synchronic）觀點來看問題的。如果我們從歷時的（diachronic）觀點來看，就可以看出，詞和詞組以及詞和詞素是可以相互轉化的。例如：“國家”、“妻子”原來是詞組，後來變成了詞；“民”、“衆”原來是詞，現在成了詞素。我們在研究詞的問題的時候，一方面要有歷史主義的觀點，另一方面又要分清古今的界限；這樣，才能避免發生“時代錯亂”（anachronism）。

§2.5　詞的同一性問題

　　2.5.1　研究詞的分離性問題，目的在於確定言語裏詞與詞之間的界限，即決定一個言語片段裏有幾個分離的詞。如果目的

---

①　參看洪篤仁《詞是什麽？》，新知識出版社，1957年，第41—56頁。

在於確定語言裏不同的詞之間的界限,即決定某些語言形式是語言的同一個詞還是不同的詞,那麼我們所碰到的就是詞的同一性問題了[①]。例如下面兩句話:

他接到一個通知通知他去開會。

你做這件花衣裳花了多少錢?

如果問這兩句話分別由幾個詞組成,這是詞的分離性問題;如果問這裏的兩個"通知"或兩個"花"是語言裏的一個詞還是兩個詞,這就是詞的同一性問題。

2.5.2 詞的同一性問題包括兩個方面,即詞形問題和同音問題。現在先討論詞形問題。因爲漢語詞形變化比較少,爲了便於説明問題的性質,我們從一個英語例子説起[②]。

Of all the saws I ever saw saw I never saw a saw saw as that saw saws.

這句話裏有六個 saw[sɔː] 和兩個 saws[sɔːz],它們究竟是英語詞彙裏的幾個詞呢?

要解答這個問題,首先得明白詞形和詞形體系的概念。大家都知道,詞不僅表達詞彙意義,而且表達語法意義;詞能够用詞素附加法[③]、屈折法[④]、異根法[⑤]等手段來變化自己的形式,藉以表達不同的語法意義。例如英語:

(1) 名詞"鋸"saw(單數):saw-s(複數)

(2) 動詞"鋸"saw:saw-s(第三人稱,單數,現在時):saw-ed [sɔːd](過去時):sawn[sɔːn](過去分詞):saw-ing ['sɔːiŋ](現在分詞,動名詞)

---

① 參看斯米爾尼茨基(А. И. Смирницкий)《關於詞的問題("詞的同一性"問題)》,《語言學譯叢》1959 年第 1 期;〔荷〕舒丁克(H. Schultink)《論詞的同一性》,*Lingua*,Vol. 11,1962,pp. 354 - 362,劉堅譯文見《語言學資料》1963 年第 3 期,第 22—25 頁。

② 參看 И. В. Арнольд《現代英語詞彙學》,стр. 43 - 44。

③ 如英語 open:open-s:open-ed:open-ing。

④ 又分語尾屈折和内部屈折,前者如 bend:bent,後者如 stand:stood。

⑤ 如 go:went。

（3）動詞"看見"see［siː］；see-s［siːz］；saw［sɔː］；seen
　　　［siːn］；see-ing［ˈsiːiŋ］

這種詞彙意義相同只是語法意義不同的同一個詞的變體就叫做
詞的形式，簡稱詞形；一個詞的詞形的總和就構成這個詞的詞形
體系，或稱變形譜（paradigm）。在詞形變化豐富的語言裏，一個
詞的詞形體系就足以顯示它屬於語言裏的哪一個詞彙-語法類別
（即詞類），因此我們可以根據詞形體系來判定詞的同一性。根據
詞形體系來判定詞的同一性，大致有如下三個標準：

（1）同一個詞形體系的成員不是不同的詞，也就是説，一個詞
不管以它的哪一個詞形出現依然是同一個詞，如名詞 saw（單數）
和 saws（複數）。

（2）詞形體系不同的詞不是同一個詞，也就是説，詞彙-語法
類別不同的詞不是同一個詞，如名詞 saw（鋸）和動詞 saw（鋸）。

（3）語法同音詞或語法同音形式不是同一個詞[①]，如動詞 saw
（鋸）和動詞 see（看見）的過去時 saw，或者名詞 saw（鋸）的複數
saws 和動詞 saw（鋸）的第三人稱單數現在時 saws。

我們掌握了這些標準，回頭去看上面那個例句，就很容易看
出來；下面加單綫的、加雙綫的、加曲綫的語言形式分別是英語裏
的一個詞；換句話説，全句裏的六個 saw 和兩個 saws 一共代表英
語詞彙裏三個不同的詞。

由於漢語的形態變化比較少，我們在判定詞的同一性的時
候，除了參考詞形體系這個標準以外，還得依據詞的詞彙意義和
語法環境。所謂詞的語法環境，是指詞在句子裏跟別的詞結合的
能力，也就是一個詞在語法上能或者不能跟哪些類別的詞結合的
情況。例如下面這個句子：

在我鋸過的鋸裏頭，我還没鋸過像那把鋸那麼好鋸的。

---

① 參看李振麟《語法同音現象中形式與内容的關係》，《外語教學與翻譯》1960 年 4
　月號。

其中一共有五個"鋸",我們要判定它們在現代漢語詞彙裏是幾個詞,就得同時運用上述幾個標準對它們作具體的分析。分析的結果表明,下面加直綫的三個"鋸"具有一些共同的特點,即:

（1）表示某種動作,

（2）後頭可以加"了"、"着"、"過",

（3）前頭可以加否定副詞"沒"、"別",

（4）前頭可以加"那（這）麼＋好",

（5）可以重疊,重疊以後帶上"一下"的意思。

下面加曲綫的兩個"鋸"則具有另一些共同的特點,即:

（1）表示某種事物,

（2）前頭可以加"代詞（或數詞）＋量詞",

（3）後頭可以加"裏（頭）"、"上（頭）"等方位詞,或者前頭同時加"在"、"從"、"向"等介詞。

這就說明:前一組"鋸"具有相同的詞彙意義、詞形變化（如果把加"了"、"着"、"過"看作詞形變化的話）和語法環境,它們屬於一個詞類,是現代漢語詞彙裏的同一個詞;同樣,後一組"鋸"也是同一個詞。但是前一組"鋸"的共同特點是後一組"鋸"所不具備的,反過來也一樣。所以它們屬於不同的詞類,是現代漢語詞彙裏的兩個不同的詞,或者說,它們是語法同音詞。

2.5.3　以上所講的是詞形問題和語法同音現象問題,這是詞的同一性問題的一個方面,即語法的方面。詞的同一性還有另一個方面,即詞彙、語義的方面。這方面的主要問題是詞彙同音現象問題,或者說多義詞和同音詞的界限問題。

一個詞不僅可能有幾個詞形,而且可能有幾個意義,因此具有幾個不同意義的一個語言形式未必就是幾個不同的詞。比如,在現代漢語裏"發"有"發射"、"送出"、"發生"、"發達"、"顯現"等意義,但是這些意義是彼此緊密聯繫的,它們共同構成一個意義體系,因此"發炮"、"發信"、"發芽"、"發言"、"發黃"的"發"是同一個詞,而不是不同的幾個詞。這就是說,我們這裏所遇到的是一詞多義的現象（polysemy）,而不是異詞同音的現象（homonymy）。

　　只有當一個詞的某一意義已經脫離了原來的意義體系,它跟別的意義的聯繫已經不爲人們所覺察的時候,這才形成爲同音的不同的詞。比如,在現代漢語裏"寫信"的"信"和"不信"的"信"、"下周考試"的"周"和"遶場一周"的"周"、"一刻鐘"的"刻"和"刻圖章"的"刻",就可以看作不同的詞。

　　多義詞和同音詞的區別大致就是如此,不過二者之間並沒有截然的界限,疑似或兩可的情況是時常可以碰到的。

　　以上所說的同音詞是由"一詞多義"分化而成的。至於來源根本不同的同音詞,如"米飯"的"米"和"三米長一米寬"的"米",它們本來就沒有任何語義聯繫,一般是不會跟一詞多義相混淆的。

　　上面我們討論詞的同一性的各個方面,都是取的共時的觀點。如果我們用歷時的眼光來看問題,那麽就可以發現詞的同一性和非同一性不是一成不變的,而是可以互相轉化的。比如,在多義詞和同音詞的關係上,"一詞多義"固然可以轉化爲"同音詞","同音詞"也未嘗不可以轉化爲"一詞多義"。前者已如上述。後者例如:"站立"的"站"是漢語固有的詞,"驛站"、"車站"的"站"是元代漢語從蒙古語借來的詞①,二者本是來源不同的同音詞②,可是現在它們在語義上已經掛上了鈎,逐漸轉化爲一詞多義了;又如英語 ear(耳朵)和 ear(穀物的穗)的關係也是如此③。

　　關於多義現象和同音現象,下面還有專門的章節論述,這裏就不多講了。

---

① 參看李思純《說"站"》,《江村十論》,上海人民出版社,1957 年。
② "站立"的"站",《廣韻·去聲陷韻》"陟陷切",爲清音聲母,"驛站"、"車站"的"站"來源於蒙古語 Jam,爲濁音聲母。在現代有全濁聲母的方言裏二字聲母仍有清濁之別。參看丁聲樹、李榮《古今字音對照手冊》,科學出版社,1960 年,第 132 頁,注 1。
③ 二者來源不同:前者與拉丁語 auris 有關,後者與拉丁語 aceris 有關。由於 convergent evolution,合而爲一。參看烏爾曼(S. Ullmann):*The Principles of Semantics*(《語義學原理》),第 2 版,1957,pp. 119, 128。

第三章 詞 的 意 義

§3.1 什麼是語義學

3.1.1 詞彙學是語言學的一個學科,而它本身又是由幾個學科組成的,這些學科就叫做詞彙學學科。詞彙學學科所研究的對象都是語言的詞和詞彙,但是研究的重點和所取的角度各自不同,所以它們並不重複,而是互相補充,彼此聯繫,共同構成詞彙學的整體。

主要的詞彙學學科有語義學、詞源學、歷史詞彙學、歷史比較詞彙學、詞典編纂法等。這些學科各有其內容和任務[①]。這裏我們只就語義學來談一談。

顧名思義就可以知道,語義學是詞彙學中專門研究詞的意義和意義的變化的學科[②]。但是詞的意義有詞彙意義和語法意義兩方面,語義學既然是一門詞彙學學科,所以它的研究對象主要是詞的詞彙意義這一方面;至於詞的語法意義,那是語法學研究的對象。具體說來,語義學所研究的是:詞義和概念的關係和區別,詞的意義結構,詞的詞彙意義的類型,詞義變化的原因、規律和分類,等等。

詞義問題是整個詞彙學裏最重要的問題之一。如果這個問題沒有很好地研究,詞彙學上其他許多問題(如多義現象、同義現象和反義現象、詞的理據和詞源)就不能解決,詞典編纂工作也就

---

① 參看《俄語詞彙學(一)》,《俄文教學》1956 年第 1 期,第 32—36 頁。

② 參看布拉霍夫斯基(Л. А. Булаховский):*Введение в языкознание*(《語言學引論》),1954 年,第 7 頁。

不能在堅實的基礎上進行。所以斯大林說:"語義學是語言學的重要部分之一,詞語的含義方面在研究語言上具有重大的意義。因此,應當保證語義學在語言學中應有的地位。"①

3.1.2　詞義的研究在我國是源遠流長的。它萌芽於漢代而極盛於清代,研究的成果體現在大量的訓詁書和訓詁學著作以及各種字典詞書裏。這一批豐富的學術遺產正等待着我們用新的科學的觀點方法來加以整理、研究和繼承。這個工作對於建立新型的中國氣派的詞彙學(包括語義學)有着重大的意義。

在歐洲,雖然公元初希臘人就在哲學和修辭學的著作裏對有關詞義的問題作過一些探討,但是並沒能建立起一個獨立的學科。一直到 1838 年,德國學者萊西希(K. Reisig)才在他所著的《拉丁語言學講義》(*Vorlessungen über lateinische Sprachwissenschaft*)裏提出把詞義研究建成爲一門獨立科學的主張。他把這門科學叫做 Semasiologie (semasio"意義"+logie"學")。但是,萊西希的書沒有引起學術界多大的注意;在這門新學問的建立和發展上起了開創性的重要作用的是後來法國學者布勒阿爾(Michel Bréal 1832—1915)的著作《論語義學:意義的科學》(*Essai de sémantique: science des significations*,1897;第 3 版,1904,Paris;新版,1924,Paris)。

目前國外關於語義學的著作很多,這裏就不一一介紹了。

需要附帶說明的是,除了我們這裏所說語言學的語義學而外,當代歐美各國有一種哲學也叫"語義學",其中又分"邏輯的語義學"、"語義哲學"等流派②。這些都不在我們的討論範圍之内。

§3.2　詞的詞彙意義——詞義和概念

3.2.1　詞的詞彙意義(以下簡稱"詞的意義"或"詞義")就是

---

①　斯大林《馬克思主義和語言學問題》,《斯大林選集》,人民出版社,1979 年,第 526 頁。

②　參看沙夫(Adam Schaff)《語義學引論》(*Introduction to Semantics*,1962),漢譯本,商務印書館,1979 年,第 9—13 頁。

概念通過某種語言的手段而得到的體現,同時帶有反映某些伴隨
觀念的補充特點以及某種感情色彩和風格特徵。例如,"冰"這個
詞的意義就是"凍結的水"這個概念通過漢語的手段而得到的體
現,同時帶有"明亮"、"清澈"、"光潤"等反映某些伴隨觀念的補充
特點和"純潔可愛"等感情色彩。

　　由於詞義和概念的關係很複雜,給詞義下定義是相當困難
的,上面我們所下的那個定義也是很粗略的。要深入瞭解詞義和
概念的相互關係,就必須系統地研究構成詞義的特徵的全部因
素。這個特徵就是:詞義是具有民族特點的語言範疇,而概念一
般說來是各民族共通的邏輯範疇。比如,冰和玉的概念在漢人和
英吉利人是共同的,但是漢語"冰"和"玉"跟英語 ice 和 jade 的詞
義卻各有其民族特點。例如,王昌齡《芙蓉樓送辛漸》詩二首之
一:"寒雨連江夜入吳,平明送客楚山孤。洛陽親友如相問,一片
冰心在玉壺。"①著名的英國漢學家老翟理斯(Herbert A. Giles,
1845—1935)在他的《中國文學選珍:詩歌之部》(*Gems of Chinese
Literature: Verse*,1898)裏,把這末一句譯爲:Tell them,"an icy
heart in vase of jade."(告訴他們,"一顆冰冷的心在玉石的瓶子
裏。")這樣,原來富於意境和情韻的詩句就變得索然無味了。其
所以如此,就因爲英語的 icy(＜ice)和 jade 沒有"冰清玉潔"這樣
的補充意義和感情色彩的緣故。

　　這樣結合詞義和概念的關係來研究詞義的特徵,可以使我們
對詞義有一個更爲清楚的認識。

　　3.2.2　以下我們試從六個方面來説明詞義和概念的關係和
區別②。

　　(1)詞是概念產生和存在的必要條件,但是並非每一個詞都

---

① 　《文選・陸機〈漢高祖功臣頌〉》:"周苛慷慨,心若懷冰。"李善注:"應劭《風俗通》
　　曰:'言人清高,如冰之潔。'"鮑照《白頭吟》:"直如朱絲繩,清如玉壺冰。"《劉子・
　　妄瑕》:"伯夷叔齊,冰清玉潔。"姚崇《冰壺誡》:"故内懷冰清,外涵玉潤,此君子冰
　　壺之德也。"
② 　參看 И. В. Арнольд《現代英語詞彙學》,стр. 49－54。

有概念作爲自己的基礎,儘管每一個詞都具有意義。例如語言裏的感歎詞,它既不稱謂什麼,也不指示什麼;它所表現的不是概念而是説話人的感情或意志。感歎詞有的表達一般的感情(如"啊"),有的表達某種特定的感情,如喜悦("哈哈")、悲傷或痛楚("唉"、"哎喲")、憤怒或鄙視("哼"、"呸")、驚訝("唉呀"、"咦")等,有的則是呼喚應答的聲音(如"喂"、"嗯")。它們都具有意義,可是並不表達概念。

(2) 概念是一個思維的範疇,不帶感情色彩;與此相反,許多詞的意義却不僅反映客觀事物,而且還表現對客觀事物的態度。這種蘊涵在詞義裏的對客觀事物的感情態度(如尊重、羨慕、喜愛、贊許、輕蔑、厭惡、憎恨等)就叫做詞義的感情色彩。例如,"英雄"、"典範"、"崇高"、"豪邁"等詞帶有喜愛的感情色彩,"流氓"、"霸權"、"殘忍"、"諂媚"等詞帶有憎惡的感情色彩。自然,感情色彩並不是每一個詞都有的,例如"人"、"手"、"看"、"説"、"輕"、"重"這一類詞就不帶感情色彩。

總之,詞義可以帶有感情色彩,而概念則無所謂感情色彩。有的語言學者把詞的感情色彩和風格色彩排斥在詞的意義之外[①],這是不恰當的。

(3) 屬於思維範疇的概念一般説來各民族是共通的,而屬於語言範疇的詞義則具有明顯的民族特點。比方説,某種語言裏某個詞所表達的概念的外延的大小就有着民族的特點。因此常常有這樣的情形,就是一種語言裏跟另一種語言裏的某個詞相當的不止一個詞。例如:漢語裏跟英語 brother 相當的是"哥哥"和"弟弟",跟 sister 相當的是"姐姐"和"妹妹"。不過這並不證明英吉利人不能區分哥哥和弟弟、姐姐和妹妹,而只是證明了在這兩種不同的語言的詞義裏概念結合的情況有所不同。同樣,英語裏跟俄語 палец 相當的是 finger(手指)和 toe(脚趾),俄語裏跟英語 blue 相當的是 синий(藍)和 голубой(淺藍)。這就是説,每一

---

① 周遲明《漢語修辭》,山東人民出版社,1960 年,第 27 頁以下。

種語言的詞在劃分和概括客觀對象上的辦法可能是不相同的,但是這不等於説操不同語言的人關於這些對象的概念也是不同的。

(4)詞義和概念的非同一性還表現在:一方面,一個概念可以由幾個詞構成的詞組來表達,即一個概念由幾個詞的意義來表現,如"高元音"、"低元音";另一方面,幾個彼此聯繫的概念可以由一個詞來表示,多義詞的情況就是如此。

(5)一個詞的意義跟語言裏其他相關的詞的意義共同形成一個意義體系;由於各個詞義的互相制約,一個詞的意義範圍可能跟相應的概念的外延或内涵不相一致。比如,現代漢語裏"短"這個詞的意義就不完全包羅"長度小"這個概念,換句話説,"短"這個詞的意義範圍小於"長度小"這個概念的外延,因爲人的"長度小"這個特徵不包括在"短"的詞義範圍之内①。

(6)許多概念本是界限分明的,但表達這些概念的詞卻可能把這些界限打破,使詞義變成模糊的了②。比方説,觸、聽、視、味、嗅這五種感覺在客觀上和在概念上本是界限分明的,但是語言中表達這些感覺的詞卻往往相通,不區别其間的界限。例如:"尖"表示觸覺("刀鋒很尖"),也表示視覺("眼尖"、"尖塔")、聽覺("耳朵尖"、"尖聲")、"嗅覺"("鼻子尖");"亮"表示視覺("燈不亮"、"天亮了"),也表示聽覺("響亮"、"洪亮");"圓"表示視覺("長河落日圓"),也表示聽覺("嚦嚦鶯歌溜的圓")。這種現象在心理學和語義學上叫做"通感"或"感覺挪移"(synesthesia)③,在文學上

---

① 在古漢語裏人的"長度小"也包括在"短"的詞義範圍之内,例如《荀子·非相》:"帝堯長,帝舜短;文王長,周公短。"白居易《編集拙詩成一十五卷因題卷末戲贈元九李二十》詩:"每被老元偷格律,苦教短李伏歌行。"
② 參看伍鐵平《模糊語言初探》,《外國語》1979 年第 4 期,第 43—44 頁;又:《模糊語言再探》,《外國語》1980 年第 5 期。
③ 詳見烏爾曼(S. Ullmann):*The Principles of Semantics*(《語義學原理》),第 2 版,1957,pp. 233,266;兹維金采夫(В. А. Звегинцев):*Семасиология*(《語義學》),1957年,第 41、45 頁;錢鍾書《通感》,《文學評論》1962 年第 1 期,又收入所著《舊文四篇》,上海古籍出版社,1979 年,第 50—61 頁;又:《管錐編》第 2 册,中華書局,1979 年,第 483—484 頁。

"通感"常常被用作一種修辭手段。

　　3.2.3　以上我們通過詞義和概念的比較簡單地論述了詞義
的特點。這些特點都是詞義的語言學本質和詞義跟語言的各個方
面的聯繫所決定的。概念的表達雖然是詞義的最重要的成分，但不
是它的唯一的成分；在詞的意義裏除了它所表現的概念以外還包含
其他一些成分，即感情色彩、風格特徵、某些補充觀念和各種聯想。
詞的意義受語言的詞彙-語義系統的制約，即是説，詞義是在某種語
言中詞和詞的具體聯繫和相互制約的條件下形成的。概念一般説
來是各種語言共通的，而詞義常常是帶有民族特點的。此外，一個概
念可以由幾個詞的意義來表現；反過來，一個多義詞卻可以在它的意
義裏結合幾個彼此聯繫的概念。總之，詞義和概念不是完全吻合的。

§3.3　詞的多義性

　　3.3.1　詞一般都具有概括性，而且詞所概括的往往是對象
的若干特徵，而不是一個特徵；同時，在一個概念所包含的特徵裏
往往有若干特徵跟其他概念的某些特徵相通——這就構成了詞
的多義性（polysemy）的基礎。例如，"頭"除了"腦袋"這個意義以
外還有"首領"、"端緒"等意義，就因爲"腦袋"的概念和"首領"、"端
緒"的概念包含着"事物的最高或最前的部分"這一共通的特徵。

　　多義性是語言裏大多數的詞所具有的屬性。凡是歷史長久、
使用頻繁、經常出現在不同的上下文裏的詞，它們的意義也就特
別地多。例如：漢語動詞"打"，據《現代漢語詞典》，有二十三個意
義；英語動詞 take，據 *The Advanced Learner's Dictionary of
Current English*，有二十八個意義。

　　3.3.2　雖然語言裏大多數的詞都具有多義性，但是這並不
會造成誤解，以致妨礙人們的交際，因爲詞在言語裏不是孤立的，
一定的語言環境（上下文和説話時的情境）會排除詞的多義性的
干擾，給予它一個確切的含義。換句話説，一個詞儘管有好些個
意義，但是當它每一次在言語裏使用的時候，實際上得到實現的

只是其中的某一個意義，其餘的意義則處於潛在的（potential）或被抑制的（suppressed）狀態中。

例如，"頭"和"運動"都是多義詞，但是人們對"這孩子頭很大"和"材料太亂，理不出一個頭"這兩句話裏的"頭"，或者對"他愛好運動，所以身體很健康"和"人民需要一個安定團結的局面，對大規模的運動厭煩了"（鄧小平）這兩句話裏的"運動"，顯然是不會誤解的。

3.3.3　瞭解詞的多義性對語文實踐（包括閱讀和寫作）有重要的意義。特別值得注意的是我們已經認識的詞以平常意義之外的另一個意義出現的情況，因爲這種情況常常使讀書不求甚解的人發生誤解。例如："可憐"這個詞我們都認識，知道它是"可哀，值得憐憫"的意思。憑着這個知識去讀唐詩，可以懂得"可憐身上衣正單，心憂炭賤願天寒"（白居易《賣炭翁》），"可憐無定河邊骨，猶是春閨夢裏人"（陳陶《隴西行》）之類的"可憐"，可是碰到"借問漢宮誰得似，可憐飛燕倚新妝"（李白《清平調》三首之二），"可憐九馬爭神駿，顧視清高氣深穩"（杜甫《韋諷録事宅觀曹將軍畫馬圖》）之類的"可憐"，就不免有點障礙，要是把它們也瞭解爲"值得憐憫"，那就講不通了。原來"可憐"是個多義詞，除了"值得憐憫"這個意義以外還有"可愛"的意義，上引李、杜詩句裏的"可憐"正是用的這後一個意義。又如形容詞"長"，除了"長短"的"長"這個意義以外，還有"多餘"的意義①，如陸機《文賦》説"要辭達而理舉，故無取乎冗長"②，《世説新語·德行》篇載王恭説他自己"作人無長物"，其中的"長"都是這個意思。如果我們不知道這一點，那麼讀到鍾嶸《詩品》（卷中）所説陶淵明"文體省淨，殆無長語"或者杜甫《哀王孫》詩的"不敢長語臨交衢"，就可能對其中的"長語"發生誤解了。又如"蟻（螘）"，除了"螞蟻"這個直接意義以外，還有一個比喻義"新熟的米酒面上的浮糟"，如白居易《問劉十九》詩："緑螘新醅酒。"曾經有人把陶淵明《擬挽歌辭》三首之二中

① 這個"長"《廣韻》有平聲"直良切"（cháng）和去聲"直亮切"（zhàng）兩讀。
② 《文賦》這一段全押去聲韻，故"冗長"的"長"應讀 zhàng。

的"春醪生浮蟻"講成"雖然是美酒,却已經浮滿了一層蟲蟻"①,那就是由於没注意詞的多義性而造成的疏失了。

3.3.4　嚴格説來,詞的多義性是一個共時的概念,不指詞義的歷時的演變。如果某一個詞在語言發展的某一個歷史階段是甲義,到了另一個歷史階段失去甲義而産生乙義,我們就不宜説這個詞因有甲乙二義而具有多義性。比方説,"處分"這個詞在六朝和唐代是"處置"、"處理"的意思而在現代口語裏是"處罰"的意思。假如有人把古詩《孔雀東南飛》中的"處分適兄意"講成"哥哥高興怎樣處罰我就怎樣處罰",那我們就説他不知道古今詞義的異同而不説他不懂得詞的多義性。

3.3.5　此外,我們還要注意,不要把詞的多義性跟詞彙同音現象(homonymy)混淆起來。例如,在上古漢語裏有兩個"醜",一個是形容詞,當"醜陋"、"(樣子)難看"講,一個是名詞,當"類"、"同類"講。如果我們看到有人把《爾雅·釋鳥》的"鳬雁醜,其足蹼"的"鳬雁醜"誤解爲"鳬和雁都很醜(不漂亮)"②,那我們就説他誤認了同音詞,而不説他不瞭解詞的多義性。

3.3.6　如果我們要更深入地認識詞的多義性,那就得進一步研究一個詞的各個意義之間的關係,即詞的意義結構和詞彙意義的類型。這就是我們在下一節裏所要討論的問題。

§3.4　詞的意義結構和詞彙意義的類型

3.4.1　詞的意義結構就是一個詞的整個意義體系,包括在不同的上下文中産生的感情色彩、風格色彩、意義色彩和用法特點在内。

分析詞的意義結構有助於確定詞的詞彙意義的類型③。關於

① 見邢慶蘭《挽歌的故事》,《國文月刊》第61期,1947年,第21頁。
② 王绲《聞一多先生〈詩新臺鴻字説〉辯正》,《光明日報》1956年12月30日。
③ 參看 И. В. Арнольд《現代英語詞彙學》,стр.57–61。

詞彙意義的類型，目前還没有一個統一的劃分法，比較常見的有如下一些分類：基本意義（本義）和引申意義，詞源意義和現行意義，直接意義和轉移意義（轉義），具體意義和抽象意義，中心意義（主要意義）和邊緣意義（次要意義），等等。

這些分類法的出發點是不盡相同的。從起源或發生的觀點看，詞的意義可以分爲基本意義和引申意義或者詞源意義和現行意義。這是歷時的分類法。如果着眼於現代語言裏詞的各個意義之間的語義關係，那麼就可以把詞義分爲直接意義和轉移意義或者具體意義和抽象意義，其中轉移意義又可以分爲比喻意義和借代意義等。這是共時的分類法。此外，同一個詞隨着文體風格和應用場合的不同也可以具有不同的意義。這樣就産生了詞義的第三種分類法，即風格學的分類法。按照這種分類法，詞義可以分爲不帶風格色彩的意義（中性意義）和帶風格色彩的意義，後者又可以分爲術語意義、俗語意義、詩義，等等。

總括起來，詞的詞彙意義的類型可以大致表示如下：

A. 歷時的分類

　　基本意義——引申意義

　　詞源意義——現行意義

B. 共時的分類

　　a. 語義學的分類

　　　　直接意義——轉移意義

　　　　具體意義——抽象意義

　　　　中心意義——邊緣意義

　　b. 風格學的分類

　　　　中性意義——帶風格色彩的意義

下面我們就"香"這個詞的意義結構略加分析作爲例證。《説文》七上香部："香，芳也。从黍从甘。《春秋傳》曰：'黍稷馨香。'"朱駿聲《説文通訓定聲·壯部》："穀與酒之臭曰香。"可見"香"的最早的意義是"穀物和用穀物釀造的酒的氣味"，這就是"香"的本義。後來"香"又有"氣味好聞"的意義，這就是"香"的引申義，也是它的現行意義。以上是歷時的看法。如果用共時的觀點(即從現代漢語的平面)來看,"氣味好聞"是"香"的直接意義,直接意義是不依賴上下文就能被人們立刻想到的意義。此外"香"還有"舒服"("睡得很香")、"親密"("他倆香得很")、"受歡迎"("這種貨物在農村很香")等意義,這些都是"香"的轉移意義,簡稱轉義。"香"的這些轉義都是由比喻用法而來的,因此又可以稱爲比喻義。如果再從風格學的角度來看,"氣味好聞"是不帶特殊風格色彩的中性意義,而"親密"和"受歡迎"則是帶有口語或俗語風格色彩的意義。

一個詞的各類意義是可能重合的。比方說,本義可能同時是直接意義,引申義可能同時是轉義;本義或直接意義往往是具體意義,引申義或轉義往往是抽象意義。例如,"道"的"路"義既是本義,也是直接意義、具體意義,"道理"、"方法"義既是引申義,也是轉義、抽象意義。"花"、"草"、"魚"、"鳥"的直接意義既是現行義又是本義。

有一些多義詞它們的各個引申義或轉義都是從一個共同的語義中心發展出來的,這個語義中心就是所謂中心意義,各個引申義或轉義對中心意義而言就是邊緣意義。詞義發展的這種方式叫做"輻射"式(radiation)[1]。以"頭"這個詞的意義結構爲例:

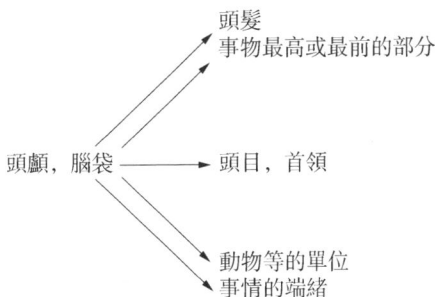

---

[1] 參看 J. Vendryès:*Le langage*,漢譯本《語言》,第 222 頁;拉耶芙斯卡婭(N. Rayevskaya):*English Lexicology*,1957,pp. 47–50。漢譯本《英語詞彙學引論》,商務印書館,1960 年,第 56—59 頁。

　　一個引申義或轉義還可能再派生出新的引申義或轉義。例如："打"的本義和直接意義是"擊"，如"打門"、"打鼓"。人們在製造某些東西的時候也要擊打，所以"做一把刀"也説"打一把刀"。這個"製造"的意義已經是"打"的轉義。至於製作其他一些東西，如"織毛衣"，本來跟"擊打"無關，但是因爲這些動作跟"打"的轉義"製造"相通，所以也説"打毛衣"。"打"的這個"編織"義就是從"製造"義再派生出來的轉義。這類轉義或引申義要通過居間的意義才能跟詞的直接意義或本義取得聯繫。詞義發展的這種方式叫做"連鎖"式（concatenation）①。輻射和連鎖這兩種方式往往是密切結合着的（請看下面"却"字意義的圖解）。

　　瞭解詞的意義結構中的這些內部聯繫是很重要的。只有這樣，我們才能把錯綜複雜的一詞多義的現象理出頭緒，並貫串起來，從而更好地掌握一個詞的全部意義。否則我們在處理意義紛繁的多義詞的時候，就會不得要領。比方説，張相《詩詞曲語辭匯釋》的釋義就常常有這個毛病。例如他解釋"却"字，列舉了八條十四義②，可是却沒有説明這些意義之間的內部聯繫，排列也凌亂無序：

　　　却一　語助辭，用於動辭之後。有"掉"、"了"、"得"、"着"
　　　　　　等義。③
　　　却二　猶"於"也。
　　　却三　猶"正"也。於語氣加緊時用之。
　　　却四　猶"倒"也；"反"也。此爲由"正"字義加強其語氣者，於
　　　　　　語氣轉折時用之。
　　　却五　猶"返"也；"回"也。此由"退却"之本義引申而來。
　　　却六　猶"還"也；"仍"也。
　　　却七　猶"再"也，意義有時與作"還"字解者略近。
　　　却八　猶"豈"也。

---

①　同上頁注①。
②　張相《詩詞曲語辭匯釋》上册，中華書局，1979 年，第 41—50 頁。
③　爲節省篇幅，例證從略。

如果根據我們上面所講的一些原理來看，就可以知道："却"本來是個動詞，意義是"退"，由此演變爲"返"或"還"（huán）的意義，詞性向着副詞轉變，逐漸趨於虚化，這就是"却₅"。這是詩詞裏"却"字的中心義。由這個意義再向三方面發展：1）由還帶有動詞性質的"返"變爲純粹副詞的"反"或"倒"，這就是"却₃"的前半（原書所舉唐詩諸例）和"却₄"；這個"倒"用於反詰語氣，有時可譯爲"豈"，這就是"却₈"。2）由還帶有動詞性質的"還"（huán）變爲純粹副詞的"還"（hái），這就是"却₃"的後半（原書所舉宋詞諸例）和"却₆"；由這個"還"可以很自然地演變爲"再"，這就是"却₇"。3）"退"、"返"、"還"都含有"去"的意義，其用於另一個動詞後面的逐漸虚化爲帶有詞尾性質的"‑去"、"‑掉"或"‑了"，這就是"却₂"。我們就原書所提供的材料，經過這樣的重新爬梳，除了"却₁"的性質和來源尚待考索外，"却"字的意義結構和各個意義先後嬗變的軌迹就顯得比較清楚明瞭，有條不紊了[①]。如圖：

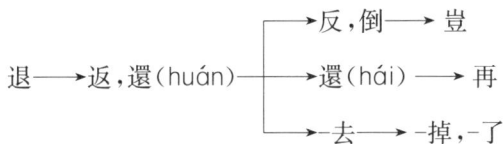

$$
退 \longrightarrow 返,還(huán) \begin{cases} \longrightarrow 反,倒 \longrightarrow 豈 \\ \longrightarrow 還(hái) \longrightarrow 再 \\ \longrightarrow 去 \longrightarrow -掉,-了 \end{cases}
$$

3.4.2　詞的詞彙意義除了按照歷時—起源的原則、共時—語義的原則和風格學的原則來分類以外，還可以根據意義在言語裏實現的條件分爲如下三類[②]：

（1）稱謂意義或自由意義，即直接指稱事物、現象、行爲、性質的意義，這是其餘一切意義和用法的支點和基礎。稱謂意義既然是直接指稱事物，它的應用是相對地自由的。一個詞在上下文之外也能具有自己的稱謂意義。

---

① 參看張永言《古典詩歌"語辭"研究的幾個問題》，《中國語文》1960 年 4 月號，第 196—197 頁。

② 參看維諾格拉多夫（В. В. Виноградов）《詞的詞彙意義的主要類型》，《俄語教學與研究》1958 年第 2—3 期；李友鴻《詞義研究的一些問題》，《西方語文》1958 年第 1 期，第 21—22 頁。

　　(2) 詞組制約意義,即依賴於詞所參加的詞組中的詞彙成分而具有的意義。例如,"打刀"、"打水"、"打燈籠"、"打電話"、"打毛綫"、"打噴嚏"、"打主意"中的"打"的不同意義就是詞組制約意義。

　　(3) 結構制約意義,即依賴於詞組或句子的語法形式而具有的意義,或者詞在執行一定的句法功能時才具有的意義。例如,英語動詞 go 的稱謂意義是"去",但是當其用於持續體,後頭接無定式動詞的時候,就具有"(將)要"的意義,如 He is going to resign(他要辭職了);當其用過去分詞的形式,前頭接助動詞 be 的時候,就具有"消失"、"不存在"的意義,如 The gardens are gone(花園都没有了)。

　　3.4.3　上面已經提到,詞的意義體系中不僅包括詞的感情色彩和風格色彩,而且包括詞的意義色彩和用法特點。詞的意義色彩(shade of meaning)主要是由於語言裏存在着幾個表現同一概念的同義詞而産生的。例如,"領會"和"領略"都是"體察"的意思,但具有不同的意義色彩:"領會"偏於指理性上的瞭解,而"領略"則偏於指感性上的體驗或感受。

　　從邏輯的角度來看,或者説從詞義和概念的相關性來看,詞的意義色彩所表示的是反映在概念裏的事物的次要特徵,因此意義色彩不是在詞的每一次使用中都表現出來的。

　　3.4.4　最後我們談談詞的"用法"。語義學上所謂詞的用法是指詞在個别的特殊的應用場合臨時帶上的含義;例如:"木"在"行將就木"這個成語裏帶上了"棺材"的含義;"紅"和"緑"在"雹碎春紅,霜凋夏緑"(劉令嫻《祭夫徐敬業文》)和"應是緑肥紅瘦"(李清照《如夢令》)這樣的詞句裏帶上了"花"和"葉"的含義。

　　詞的意義是穩定的、普遍的,對於所有説該語言的人是共同的,而詞的"用法"則是不穩定的、特殊的,往往帶有個人創新的性質[①]。

_____

① 　參看布達哥夫(Р. А. Будагов):*Введение в науку о языке*(《語言科學引論》),1958,стр. 19－20。

§3.5 詞義變化的原因

3.5.1 詞的意義是經常變化的。詞義的變化是語言詞彙發展的重要源泉。一方面,詞義的變化促成詞的多義性的發展,使得詞的意義更爲豐富,而由於多義性的分解又可以産生出新詞來。另一方面,詞義的變化也表現爲新舊意義的交替,這實質上也無異於新詞的産生。例如,"秋":莊稼成熟→四季的第三季;"錢":一種像鏟的金屬農具→貨幣。

當一個詞的新義和舊義還保持一定的聯繫,處於同一個詞的意義結構之中的時候,這是詞彙的質的發展而非量的增長;如果一個詞的新舊意義的聯繫已經斷絶,或者説意義結構已經解體,結果就是新詞的産生,即詞彙的量的增長,同時也包含着質的發展。

3.5.2 詞義變化有各種不同的分類法,其中最通行的是發生學分類法,即根據引起詞義變化的原因來分類的方法。按照這種分類法,詞義的變化可以分爲由語言外部的原因(如社會歷史的原因)引起的變化和由語言内部的原因引起的變化兩大類。下面我們先講前一個方面。

列寧在《哲學筆記》中曾經指出:"人的概念不是一成不變的,而是變動不居的,……不這樣它們就不能反映生動的生活。"詞義既然是表現概念的,它就不能不隨着概念的變化而變化。這就是説,人的思維的發展變化和詞義的發展變化有着直接的聯繫。

人的思維從具體到抽象、從特殊到一般的發展都反映在語言裹,反映在詞義的變化裹。思維從具體到抽象的發展和從特殊到一般的發展是緊密聯繫的,抽象化的過程往往同時就是一般化的過程。例如:"道"本來指具體的"路"[①],後來發展出了"途徑"、"方法"、"規律"、"法則"等抽象的意義。"掌握"的現行的抽象意義

---

① 《説文》二下辵部:"道,所行道也,……一達謂之道。"

"主持"、"控制"和"瞭解"、"通曉"也是從它的具體的詞源意義發展而來的。"理"本來特指"治玉"①,後來引申爲一般的"治理"、"整理"的意思。

物質文化的發展、人對客觀事物和現象的新的認識也是導致詞義變化的原因。例如,鐘:一種青銅製的敲擊發聲的響器→一種計時的機動器具;卷:卷軸,卷成圓筒形的書卷→(書的)一本或一部分。又如,"鯨"的古代意義(一種魚)和現代意義(一種胎生的哺乳動物)有所不同,其原因就在人們對生物界的認識的進步。

隨着文化和認識的發展,有的概念變得陳舊了或者消亡了,於是表示這些概念的詞有的改變了自己的意義,例如現在主要用於轉義的"神"、"鬼"、"天堂"、"地獄"等;有的就乾脆死亡了,例如"祊"(廟門内之祭)、"檜"(除疾殃祭)、"禖"(求子祭)、禓(道上祭,逐强死鬼之祭)等。

人類在改造世界的過程中不斷有新的發現和發明。語言裏反映這些新事物的手段除了創造新詞以外就是賦予舊詞以新的意義。例如,"廠"本來指"没有墻壁的牛馬房",現在則指"進行大規模工業生産的場所"。又如,由於航空和航天事業的出現和發展,原來僅指"在水中行船"的動詞"航"就獲得了新的意義。

由於功能相同或相似而引起的名稱的轉移也跟人類的創造發明有着聯繫。這就是説,一種事物被另一種起着同樣或類似作用的事物所代替,舊事物的名稱就會轉移到新事物上來。例如,"布":麻布或葛布→棉布,燈:油燈→電燈,肥皂:皂角→soap;英語 pen(＜拉丁語 penna"羽毛")、法語 plume(＜拉丁語 pluma"羽毛"):鵝毛筆→鋼筆。

生産方式和社會狀況的改變也會引起詞義的變化。例如,在古代畜牧社會,關於馬的詞很多,單是指小馬就有好些個詞,如一歲馬叫"馬",二歲馬叫"駒",三歲馬叫"駣"等。等到畜牧時代一過去,没有必要用不同的詞來表示不同年齡的小馬,於是"馬"、

---

① 《説文》一上玉部:"理,治玉也。"

"駼"等詞死亡了,而生存下來的"駒"的意義也就擴大,泛指小馬了。

此外,詞義的變化或名稱的轉移還有人類心理的原因。這就是說,詞義的變化有時是在聯想作用的影響之下或者是由感情色彩的相似而造成的。

聯想作用有相似聯想、接近聯想等。基於相似聯想的名稱的轉移就是"比喻"(metaphor);基於接近聯想的名稱的轉移就是"借代"(metonymy)。

除了聯想作用以外,還有一種心理現象即所謂"通感"也跟意義的變化或名稱的轉移有關;由通感而來的詞義的變化也可以看作比喻的一種特殊情況。關於通感,請參看 3.2.2,這裏不多講了。

如本章第二節所述,許多詞的意義都帶有某種感情色彩。感情色彩的相似性有時候也會導致名稱從指一個對象轉移到另一個對象。明顯的例子是一些表愛詞(愛稱),如英語 kid:小山羊→小孩兒,小傢伙。俄語 голубка:鴿子→親愛的,乖乖。

3.5.3　詞義變化的內部原因,即語言學的原因,是多種多樣的,但是也可以歸結爲一條,這就是:任何一個詞無論在語言裏或言語裏都不是孤立的,而是跟別的有關的詞彼此聯繫着的;語言的詞彙不是詞的偶然的堆積,而是構成一定的體系;每當一個新詞或新義加入語言的詞彙體系,它就要跟詞彙裏已有的相關的詞或詞義相互影響,從而導致詞義的變化。例如,英語 tide 在古英語裏有"時間"、"時節"、"小時"、"潮汐"等意義,後來在出於同一詞根的 time(時間)以及借自法語的 season(時節)和 hour(小時)的影響之下,tide 的意義就起了變化,把"時間"的意義讓給了time,把"時節"和"小時"兩個意義分別讓給了 season 和 hour,於是在現代英語裏 tide 這個詞就只保存"潮汐"、"潮水"的意義了。

又如,由於一個詞組或複合詞中某一成分的省略或失落,餘下來的成分就會承擔整個詞組的意義,從而造成新的詞義的產生。許多物品的出產地的名稱變成了這些物品的名稱,專有名詞

變成了普通名詞,就是這樣來的。例如:龍井＜龍井茶葉,茅臺＜
茅臺酒,紹興＜紹興黃酒^①;英語 china（瓷器）＜chinaware，pipe
（煙斗）＜tobacco-pipe。

3.5.4　在詞義變化中語言學的原因和社會歷史的原因往往
是同時起作用的。例如:英語裏本來有 swine,ox,sheep 三個詞,
分別指猪,牛,羊,到了 11 世紀法國的諾曼底人征服英國之後,又
從法語傳來了分別相當於上面三個詞的 pork＜porc,beef＜
bœuf,mutton＜mouton。但是這兩組詞的意義却有了這樣的區
別:固有詞專指活的牲畜,而外來詞專指已經屠宰的牲畜及其供
人食用的肉^②。這裏同義詞的意義劃分了界限是由於語言學的原
因。而其所以如此劃分則跟社會歷史條件密切相關,因爲當時飼
養、照管牲畜的是口操本土語的薩克遜族農奴,而享用這些牲畜
的肉的却是諾曼底貴族以及在宮廷府邸供職的嫻習外來語的英
國上層人士^③。

§3.6　詞義變化的分類

3.6.1　關於詞義變化有如下三種分類法:

（1）發生學的分類法,即從意義變化的原因出發的分類法。
這已經在上一節裏講述了。

（2）心理學的分類法,即根據參與意義變化過程的聯想作用
的類型來進行分類的方法。這也在上一節裏講到了。

（3）邏輯的分類法,即依據詞義所表示的概念的内涵和外延
的變化來進行分類的方法。這種分類法向來很流行。下面我們

---

① 　"茶房似答非答地一點頭就走,剛出房門,潘先生又把他喊回來道:'帶一斤紹興,
一毛錢燻魚來!'"（葉聖陶《潘先生在難中》）。

② 　葉斯泊森(Otto Jespersen)：*Growth and Structure of the English Language*（《英
語的發展和結構》）,1948,p. 87.

③ 　參看司各特(Walter Scott, 1771—1832)《艾凡赫》(*Ivanhoe*)第一章,漢譯本,人民
文學出版社,1978 年,第 8 頁。

就對它作一個較詳的介紹。

3.6.2　詞義變化的邏輯分類法是德國語言學家赫爾曼·保羅（Hermann Paul, 1846—1921）在他的《語言史原理》（*Prinzipien der Sprachgeschichte*, 1880）裏首先提出來的。稍後，法國語言學家布勒阿爾（M. Bréal）在他的《論語義學》（*Essai de sémantique*, 1897）裏也有類似的論述。到了 20 世紀，詞義變化的這一種分類法又通過汪德里耶斯（J. Vendryès）的《語言論》（*Le langage*, 1921）等比較通俗而影響巨大的著作而得到了廣泛的傳播。

按照這種分類法，詞義的變化分爲四類：1）意義的縮小，2）意義的擴大，3）意義的易位或轉移，4）其他類型。

所謂意義縮小就是指詞義所表示的概念內涵增加，外延縮小，即舊意義相當於屬概念而新意義則相當於種概念。例如，"禽"：鳥獸的總稱①→鳥類。"湯"：熱水也②→菜湯。"臭"：氣味③→難聞的氣味。又如，英語 fowl④：鳥→家禽。deer：獸→鹿。hound⑤：狗→獵狗。girl：小孩兒→女孩兒。

所謂意義擴大就是指詞義所表示的概念內涵減少，外延擴大，即舊意義相當於種概念而新意義則相當於屬概念⑥。例如，"嘴（觜）"：鳥的口⑦→口。"猪（豬）"：小豬⑧→豬。"灾（災）"：火灾⑨→災害。"布"：麻織物⑩→麻、棉等織物。"房"：正屋兩旁的

---

① 《白虎通·田獵》："禽，鳥獸之總名。"如《易·師·六五爻辭》："田有禽。"
② 《說文》十一上水部："湯，熱水也。"如《孟子·告子上》："冬日則飲湯，夏日則飲水。"
③ 《易·繫辭上》："同心之言，其臭如蘭。"虞翻注："臭，氣也。"《左傳·僖公四年》："一薰一蕕，十年尚猶有臭。"孔穎達疏："臭是氣之總名。"
④ 比較德語裏的同源詞 Vogel（鳥）。
⑤ 比較德語裏的同源詞 Hund（狗）。
⑥ 關於"種"、"屬"概念，參看杭州大學等十院校《邏輯學》，甘肅人民出版社，1980 年，第 20 頁。
⑦ 潘岳《射雉賦》："裂嗉破觜。"徐爰注："觜，喙也。"
⑧ 《爾雅·釋獸》："豕子，猪。"
⑨ 《公羊傳·宣公十六年》："夏，成周宣謝（榭）灾。"《左傳》："天火曰灾。"
⑩ 《說文》七下巾部："布，枲織也。"

房間①,厢房→房屋,房子。又如,英語 pipe:笛→管子。journey②:一天的旅行→旅行。

所謂意義的易位或轉移就是指由相似聯想和接近聯想引起的名稱的轉移,即比喻和借代。

作爲比喻性轉移的基礎的兩種事物或現象的相似性包括形狀的相似(如"瓶口"、"柳絮"、"藕絲"),位置的相似(如"山脚"、"船頭"),職能、作用的相似(如"新長征突擊手"),等等。

給比喻性轉移提供特別豐富的語言材料的是有關身體、自然現象、動物、服裝等的名稱。例如:頭、心、心腹、耳目、爪牙、骨幹、骨肉、血肉,風雨、風聲、凍結、衛星,豺狼、狐狸、老虎、走狗,領袖、帽子、小鞋。

作爲借代性轉移的基礎的是兩種事物或現象的經常的接近或聯繫,這種聯繫包括空間的、時間的、因果的,等等。例如:樂府(漢代采集民歌配上樂曲的官署→樂府所采集並配樂的民歌),英語 dish(盤子→〔盤中的〕菜肴),evening(晚上→晚會)。以局部代全體或以全體指部分是一種特殊的借代,這就是所謂"提喻"(synecdoche)。例如:英語以 sail(帆)代 ship(船),以 bread(麵包)代 food(食物),或以 the army(軍隊)指 a soldier(兵士),以 creature(生物)指 man(人)等。此外,用事物的發明(發現)者的名字作爲該事物的名稱(如以"杜康"作酒的代稱),以物質的名稱來指成品(如英語以 glass〔玻璃〕指玻璃杯),以用具的名稱來指成果(如以"翰墨"〔筆和墨〕指文章或書畫),也都屬於借代性的轉移。

赫爾曼·保羅所提出的詞義變化的分類法最初本來只有"縮小"、"擴大"、"轉移"三類,可是由於這三類還不能包羅所有的詞義變化過程,於是又補充一個第四類來容納不便歸入上述三個基本類別的一些現象。這個第四類包括意義的"貶降"和"揚升"、

---

① 《説文》十二上户部:"房,室在旁也。"如《書·顧命》:"在西房。"

② 比較法語 journée(一天)。

"夸喻"(hyperbole)和"曲意"(litotes)[1]。

　　所謂意義貶降是指一個詞的否定的感情色彩產生和加強,甚至吞沒其他意義,成爲詞義的中心。這種詞義變化過程往往跟一定的社會階級對人和事物的評價有關,主要見於某些指人的名詞。例如:老爺、少爺。又如:英語 knave(無賴,壞蛋,流氓)本是"男孩子"的意思[2]。舊時窮人的男孩子常常給人家當僕人或聽差,所以 knave 的意義很自然地轉爲"僕人",而主人對僕人的態度又給這個詞加上否定評價的感情色彩,這個色彩逐漸變成了詞的中心意義,於是在現代英語裏 knave 就只有"無賴"、"壞蛋"、"流氓"的意義了。類似的例子在英語裏還不少,如 black-guard:僕人→壞蛋,惡棍。villain:田莊上的農民→鄉巴老,粗人→壞蛋,惡棍。顯然,英語中這些詞義的變化跟封建統治者對勞動人民的階級偏見和惡劣態度有着聯繫。

　　所謂意義的揚升是指一個詞的肯定的感情色彩或評價因素的產生和增強。例如:英語 knight(騎士)最初指"男孩子"或"僕人",後來指"青年戰士",在中古英語裏又添上"騎士"的意義,而到了現代英語裏前三個意義都相繼失去,knight 就只用於"騎士"的意義和"勇敢而高尚的人"這一個轉義了。knight 和 knave 這兩個詞本義相同,可是意義變化的方向卻恰恰相反。這是很有趣的。

　　所謂夸喻是指詞義由強烈而變微弱。所謂曲意是指詞義由較弱變爲較強。

　　以上介紹的就是赫爾曼·保羅根據邏輯原則製訂的詞義變化的分類方案。不過事實上在這個分類法裏並沒能始終貫徹邏輯的原則。不錯,前三類是比較新舊意義所表現的概念的內涵和外延而定的分類,可是第四類就不然,詞的感情(評價)色彩的增減變化並不屬於邏輯的範疇。此外,這個分類法還有一個缺點,

---

① 　參看 L. Bloomfield:*Language*,p. 427;漢譯本《語言論》,第 527 頁。
② 　比較德語裏的同源詞 Knabe(男孩子)。

就是各類之間沒有確定不移的界限，存在着相互交叉重疊
（over-lapping）的情況。比方説，所謂意義轉移的過程往往同時是
意義擴大或縮小的過程，所謂意義揚升或貶降的過程有的也就是
意義轉移的過程。總之，這個分類法系統還是不够嚴謹和完
整的。

　　除此以外，關於詞義變化還有許多別的分類法，不過並沒有
一種是完滿無缺的或者被普遍采用的，這裏就不加介紹了①。

---

① 　參看兹維金采夫（В. А. Звегинцев）《語義學研究中的主要學派》，《語言學譯叢》
　　1959 年第 4 期。

第四章　詞彙體系中詞的類別

§4.1　詞彙分類的各種原則

4.1.1　語言詞彙裏的詞不都是同一種類的，而是具有各種不同的特徵的。爲了克服材料的分散性，顯示出隱藏在外表的紛亂背後的系統，以便按照各個詞的相似和相異之點來加以比較和研究，就需要製訂合理的詞的分類原則。詞的分類原則必須符合語言裏真正存在的詞與詞之間的相互關係，這樣才能把一種語言的詞彙當作由許多單位構成的一個體系來加以描寫和研究。

因爲詞具有多面性，即詞是由各種不同的特徵構成的複雜的統一體，所以在詞彙學上詞的分類原則也是多種多樣的：有的根據詞的語法特徵，有的根據詞的語義特徵，等等。

大致説來，詞的分類原則有如下幾種：主要按照語法特點劃分爲詞類（名詞、動詞、形容詞等）；按照詞彙意義和語法意義的相互關係分爲實詞和虛詞；按照形態結構分爲單純詞、派生詞、複合詞和複合-派生詞；按照通行地域或應用場合的不同分爲全民詞彙和地域方言詞語或社會方言（社會習慣語）詞語；按照詞源特徵分爲固有詞和外來詞；按照歷史屬性分爲新詞語、古詞語和歷史詞語；按照全民性、穩定性和構詞能力分爲屬於基本詞彙的詞和詞彙的外圍部分；按照表情能力分爲中性詞語和表情詞語；按照文體風格分爲書本詞、口語詞等。此外，還可以按照詞與詞之間的語義聯繫來進行分類，這又有兩種不同的分法：一種是在詞彙裏區分出同義詞、反義詞和同音異義詞；另一種是所謂"主題分類"。

4.1.2 爲了對以上列舉的各種分類法有一個比較清楚的認識,我們在分別論述之前先來作一個概括的介紹。

劃分詞類的根據是詞的意義、某類詞所固有的語法範疇(如名詞的"性"、"數"、"格",動詞的"時"、"體"、"語氣"、"語態"等)以及構形的和構詞的類型。詞的詞類劃分屬於語法學的領域,這裏不作進一步的討論。

把詞分爲實詞和虛詞的主要根據是一個詞裏詞彙意義和語法意義的相互關係:在一個實詞裏必然有一個或幾個詞彙意義,另外還有語法意義,而在一個虛詞裏則語法意義占着主要地位(甚至可能沒有詞彙意義)。所謂實詞就是稱呼客觀對象或現象以及它們的特徵和活動的詞,實詞能作句子的獨立成分;所謂虛詞就是表示對象或現象之間的關係的詞,虛詞一般不能作句子的獨立成分。哪些詞類的詞屬於實詞,哪些屬於虛詞,不同的語言情況不完全相同。大致説來,屬於實詞的有名詞、動詞(所謂連繫動詞或繫詞除外)、形容詞和一部分副詞;屬於虛詞的有前置詞(介詞)、後置詞、連詞、助詞、助動詞①、連繫動詞(繫詞)和一部分副詞,以及所謂冠詞(如英語的 a、an、the,法語的 le、la、les,德語的 der、die、das)。代詞屬於實詞還是虛詞,在語法學者中間還沒有一致的意見。這裏有一點值得注意,就是實詞虛詞的劃分並不跟詞類的劃分完全一致,所以在同一個詞類裏可能既有實詞又有虛詞,比方説動詞和副詞的情形就是如此。再有,在一個詞裏實詞性和虛詞性之間的界限也是可以逾越的。劃分實詞和虛詞主要是語法學範圍内的事,這裏不作詳細討論。

詞的形態結構的分類所根據的是詞的詞素組成。按照這個分類原則,可以把詞分爲由一個形態成分(即詞素)構成的單純詞(如:讀、hand、care),由一個詞根和一個(或幾個)詞綴構成詞幹的派生詞(如:讀者、hand-ful、care-less-ness),包含兩個以上詞幹

---

① 漢語助動詞(如"能"、"會"等)的動詞性較强,有人主張歸入實詞。

的複合詞(如：教學、hand-book、care-worn),由兩個以上詞根和一個詞綴構成的複合-派生詞(如 left-handed)。詞的形態結構的分類屬於構詞法的領域,這裏不作進一步的論述。

按照詞源學的原則,詞可以分爲固有詞和外來詞。外來詞又有幾種不同的分類法：按照借用的來源分類,如把漢語裏的外來詞分爲梵語借詞、英語借詞等;按照借用的方式分類,如音譯詞、義譯詞等;按照同化的程度分類,分爲完全同化的外來詞、未完全同化的外來詞;等等。

在詞彙裏區分出古詞語和新詞語的根據是詞的歷史屬性。這裏一方面是正在從語言裏消逝的詞,一方面是新補充進語言的詞,而處在中間的最大多數的一類詞就是通用的現代詞。

在語言詞彙裏區分出基本詞彙所根據的是如下三個特徵：全民性、穩定性、構詞的活動性。跟屬於基本詞彙的詞相對立的是一般詞或所謂詞彙的外圍部分。關於基本詞彙問題,詳見§4.5。

世界上絕大多數的語言都有或多或少的方言,因此在語言的詞彙裏也存在着地域性的差異。詞彙裏具有地域性特點的部分就是方言詞語。爲了跟所謂社會方言詞語相區別,我們可以管它叫地域方言詞語。

既然語言是人們在生産活動中、政治和文化生活中以及日常生活中交際和交流思想的工具,那麽很自然地我們可以依據不同的交際範圍把語言的詞彙分爲若干功能、風格的類別。在某些職業團體和社會集團所固有的詞彙裏,有相當一部分詞語可能是説同一語言的其他人所不知道或不熟悉的。這就是所謂社會方言詞語,包括行業語、隱語(黑話)、階級習慣語等。

跟地域方言詞語和社會方言詞語相對待的是全民詞彙。在全民詞彙裏還可以區分出不同風格的詞;這就是説,這些屬於全民詞彙的詞雖然是人人都可采用的,可是却有用於不同場合的區別。比如,有的詞用於口語,有的詞用於書面,有的詞用於日常的交談,有的詞用於正式的公開的講話,等等。

按照詞與詞的語義聯繫,可以區分出同義詞、反義詞、同音異義詞。這在下面將有專門章節討論。

　　詞的語義類別還有另一種分法，即所謂"主題分類"。見§4.2。

　　此外，從詞的表情能力着眼，可以把詞分爲中性詞語和表情詞語。這方面的問題很多屬於修辭學的領域，不過下面我們也將從詞彙學的角度對有關問題進行必要的討論。見§4.8。

§4.2　詞的語義分類

　　4.2.1　在詞彙領域裏，各個語言單位之間的聯繫主要是意義上的聯繫；我們要把一種語言的詞彙當作一個體系來研究，首先就得按照詞的語義聯繫進行分門別類的工作。詞的語義分類是詞彙研究的實際工作的一個不可缺少的步驟，具有重要的理論意義和實踐意義①。

　　最普通的一種詞的語義分類就是所謂主題分類，也就是按照詞的詞彙意義所表現的概念類別而作出的詞的分類。例如：人體各部分的名稱，動物名稱，植物名稱，自然現象的名稱，親屬稱謂，等等。

　　詞的這種語義分類還可以分爲兩類②。

　　(1) 聯用分類　有的詞由於它們所表示的對象或現象具有某種聯繫而常常用在一起，這些詞結合起來就構成一個聯用類別。例如，"信"、"郵局"、"郵票"、"掛號"、"投遞"等詞在言語裏常常同時出現，就可以按照聯用分類法把它們歸入一個類別。

　　(2) 邏輯分類　這是按照詞所表現的概念的種屬關係作出來的分類。一種語言的詞彙首先可以分爲幾個詞類，如名詞、動詞、形容詞等。每個詞類又可以分爲若干義類，其中每個義類還可以繼續再分下去。例如，名詞可以分爲生物名詞(如：人、孩

---

① 參看李友鴻《詞義研究的一些問題》，《西方語文》1958 年第 1 期，第 24—25 頁。
② 參看斯米爾尼茨基(A. И. Смирницкий)：*Лексикология английского языка*(《英語詞彙學》)，1956，стр. 174。

子、教師、演員)、具體的無生物名詞(如：桌子、房子、街、河)、物
質名詞(如：木頭、鐵、金屬、礦物)、過程和行爲名詞(如：工作、
閱讀)、抽象特徵名詞(如：偉大、愚蠢、長短、輕重)。在生物名
詞裏又可以分出來更小的類別，例如行爲者名詞(如：畫家、讀
者、駕駛員、旁觀者)。行爲者名詞還可以再分爲專業行爲者名
詞(如：畫家、駕駛員)和偶然行爲者名詞(如：旁觀者)。每個
義類的詞都可以這樣逐層分下去，直到不能再分爲幾個對立的
類別時爲止[①]。這就是所謂邏輯分類法，在這種分類裏，下一級詞
的意義跟上一級詞的意義的關係正相當於邏輯上種概念跟屬概
念的關係。例如，印刷：油印、石印、鉛印、影印；裝訂：平裝、精
裝、綫裝。

　　4.2.2　根據詞的這種語義分類的原則從詞所表達的概念出
發來編製的詞典，也就是按照詞的意義分組編排的詞典，叫做"概
念詞典"(conceptual dictionary)或"義典"[②]。我國最早的一部訓
詁書《爾雅》可以説就是一部雛形的概念詞典，全書把所收的詞按
照意義類別加以組織，分爲"釋詁"、"釋言"、"釋訓"、"釋親"、"釋
宮"、"釋器"、"釋樂"、"釋天"、"釋地"、"釋丘"、"釋山"、"釋水"、
"釋草"、"釋木"、"釋蟲"、"釋魚"、"釋鳥"、"釋獸"、"釋畜"，共十九
篇。東漢末年劉熙著的《釋名》也是把所收的詞按照概念範疇來
編排的，全書分爲"釋天"、"釋地"、"釋山"、"釋水"、"釋丘"、"釋
道"、"釋州國"、"釋形體"、"釋姿容"、"釋長幼"、"釋親屬"、"釋言
語"、"釋飲食"、"釋綵帛"、"釋首飾"、"釋衣服"、"釋宮室"、"釋床
帳"、"釋書契"、"釋典藝"、"釋用器"、"釋樂器"、"釋兵"、"釋車"、
"釋船"、"釋疾病"、"釋喪制"，共二十七篇。

　　在西方語言方面，最早的也是最著名的一部概念詞典是英國
的羅熱(Peter Mark Roget，1779—1869)花了五十年工夫編成的

---

① 參看黃景欣《試論詞彙學中的幾個問題》，《中國語文》1961年3月號，第19頁。
② 參看謝爾巴(Л. В. Щерба)《詞典學一般理論試探》，《語言學譯叢》1959年第3期，
　　第53—57頁；林語堂《語言學論叢》，開明書店，1933年，第314—324頁。

《英語詞語寶庫》(*Thesaurus of English Words and Phrases*,1852)①,全書把詞語分爲六大類,類下再分綱、目,總共一千個目(category)②。德語和法語也都有這類詞典。

羅熱説,他編《英語詞語寶庫》是"爲了便利概念(idea)的表達和幫助作文"。其實,概念詞典如果編製得好,不僅對寫作、翻譯和語文教學有很大的幫助,而且能給語言詞彙的系統研究(比如同義詞語的研究)提供有用的材料。不過要編出理想的概念詞典無論在原則上或技術上都有不少的困難,因爲這需要對所有的概念作出一個完全的、一貫的、詳細的分類,而這個任務的完成決不是輕而易舉的。這個任務的難處不僅在於接受分類的詞具有無窮的多樣性,而且在於語言詞彙的系統跟概念的系統不能完全符合:相當於同一個概念的可以有不同的詞,而同一個詞義可以表現不同的概念範疇。比方説,"長"、"短"、"先"、"後"這幾個詞,既可以歸到空間概念,又可以歸到時間概念。多義詞的存在更增加了問題的複雜性,因爲一個多義詞隨着意義的不同有時候就得歸入不同的邏輯類別。此外,語言裏有許多詞意義高度概括或者意義非常空靈,似乎歸入哪一個類別都行,或者歸入哪一個類別都不大合適。

詞的語義分類和概念詞典的編製雖然是困難的工作,但並非是不能進行的工作。事實上,在這方面語言學家們已經做了很多工作,取得不少成果。我們今後從事漢語詞彙的語義分類和編纂漢語概念詞典的工作,前人的這些研究成果是值得我們參考和借鑒的③。

① 此書新版本有勃朗寧(D. C. Browning)修訂的 *Everyman's Thesaurus of English Words and Phrases* (1955),貝芮(L. V. Berrey)修訂的 *Roget's International Thesaurus*(3rd ed.,1962),勞埃德(Susan M. Lloyd)修訂的 *Roget's Thesaurus of English Words and Phrases*(1982)。貝芮在"本書使用法"中説:"在詞典裏,你是從一個詞出發去查它的意義;在這本《詞語寶庫》裏,你是從你的概念出發去找到表現它的各個詞……"扼要地指明瞭這部書的特色和用途。
② 貝芮修訂本增至一千零四十個目,所收字數也大大增加。
③ 參看李友鴻《詞義研究的一些問題》,《西方語文》1958 年第 1 期,第 24 頁附注;謝爾巴(Л. В. Щерба)《辭典學一般理論試探》,《語言學譯叢》1959 年第 3 期,第 55—57 頁;А. И. Смирницкий: *Лексикология английского языка*,стр. 174 - 198。

4.2.3 現代美國描寫語言學派研究詞彙,是把它當作一個由同和異構成的體系來處理的。他們主張把只在某一個特徵上相區別的詞結合成類別①。比方說,表示相同的動作的動詞可以按照動作的持續性的差異而相區別,如 glance(看一眼,一瞥)～look(看)～gaze(注視),或者按照動作的強度的差異而相區別,如 call(叫)～shout(喊)～shriek(尖聲叫喊),toss(拋)～throw(扔)～hurl(擲);一些意義類似的名詞可以按照所指事物的大小而相區別,如 splinter(小木片)～chip(木片)～board(木板)～plank(長而厚的木板)～beam(樑),puddle(水坑)～pool(塘)～pond(池)～lake(湖)。這也不失為詞的語義分類的一種可行的方法。看來這種分類法對於語文教學特別是外語教學還是有一定的益處和用處的。

§4.3 地域方言詞語

4.3.1 所謂地域方言(以下簡稱"方言")詞語就是指流行於個別地區而沒有在標準語裏普遍通行的詞語。這些詞語在某個地區雖然是常用的,但是在別的地區就不用或者不常用;它們有地域的局限,不是全民族共同瞭解共同使用的詞語。

以漢語而論,主要的大方言有北方話、吳方言、湘方言、贛方言、客家方言、粵方言、閩南方言、閩北方言八種。這些方言除了全民語應用的詞彙以外,還各有本地區所特有的詞彙即方言詞彙。其中南方的粵方言和閩方言所擁有的方言詞語數量特別大。有人曾經對屬於閩南方言的潮州話的詞彙作過統計,發現跟普通話不同的詞語達 30％以上,這個數字顯然是夠大的了。

但是,方言詞彙和全民詞彙之間並沒有不可逾越的界限。全民語裏有一些詞語就是從方言詞彙裏吸收過來的。方言詞進入全民語,特別是書面語,往往是由於文學作品的影響。比方說,下

---

① 參看弗理斯(C. C. Fries):*Teaching and Learning English as a Foreign Language*(《作為外語的英語的教與學》),1947。

面這一些詞就是近代以來通過文學作品進入全民文學語言的：擺設、拌嘴、巴結、奔頭、鼓搗、草包、二流子、變卦、垃圾、尷尬、貨色、把戲、花頭、名堂、耗子、打擺子、垮、搞、整。無論過去或現在，方言詞彙都是文學語言豐富的源泉之一。

　　方言詞和古詞語也很有關係。現代方言詞彙裏保存着不少在全民語裏已經不用的古代語言的詞。例如：北京話"鋗"ₜtɕy（如"鋗碗"）①；河南話（南陽、鄧縣一帶）"紉（tʂənˀ）子"②；成都話"蠚"ₜxo③；閩北方言福州話"泥"ₜnɛ（軟纏）④，"暴（曝）"pʻuokₒ（曬），"底"ₜtɛ（何）⑤，"乞"kʻøykₒ（給，與）⑥，"燬"ₜhui（火）⑦。還有很多詞在現代漢語標準語裏只作爲古詞語保存着或者只作爲詞素而存在，可是在有的方言裏却還是活的口語詞。例如：福州話"啼"ₜtʻie（哭），"目"møykₐ（眼睛），"鬱"ɔukₐ（悶），"沃"uokₐ（澆，灌溉），"相"suɔŋˀ（看，打量），"共"køyŋˀ（和，跟，同），"汝"ₜny（你），"乍"tsiaˀ（剛剛），"博"poukₐ（換），"長"ₜtuɔŋ（剩餘，餘下）；閩南方言厦門話"行"ₜkɪā（走），"芳"ₜpʻaŋ（香），"暢"tʻiɔŋˀ（快樂），"炊"ₜtsʻe（蒸），"恬"ₜtiam（靜），"癖"pʻiaˀ（脾氣），"食"tsiaʔₐ（吃），"糜"ₜmue（粥）。

　　4.3.2　方言詞彙的研究具有重要的意義，現在以現代漢語方言詞彙爲例簡單説明如下。

　　（1）方言詞彙的研究有助於推廣普通話。漢語方言之間詞彙的分歧雖然没有語音的分歧那麼突出，但是也往往會妨礙人們的

────────────

① 《廣韻》入聲燭韻："鋗，以鐵縛物。居玉切。"
② 《説文》十三上糸部："紉，牛系也。"《廣韻》上聲軫韻："紉，牛紉。直引切。"
③ 《廣韻》入聲藥韻："蠚，蟲行毒。亦作蓋。又火各切。"《漢書・蒯通傳》："故猛虎之猶與，不如蜂蠆之致蠚。"
④ 元稹《遣悲懷》詩三首之一："顧我無衣搜藎篋，泥他沽酒拔金釵。"曹唐《小遊仙》詩九十八首之四十二："無央公子停鸞轡，笑泥嬌妃索玉鞭。"
⑤ 杜荀鶴《釣叟》詩："渠將底物爲香餌，一度擡竿一個魚。"
⑥ 【補】杜甫《戲贈鄭廣文虔兼呈蘇司業源明》詩："賴有蘇司業，時時乞酒錢。"參看李如龍《考求方言詞本字的音韻論證》，《語言研究》1988 年第 1 期，第 113 頁。
⑦ 《詩・周南・汝墳》："王室如燬。"毛傳："燬，火也。"

交際。方言詞彙的研究能够幫助方言區的人正確地使用普通話的詞語來代替自己方言的特殊詞語，克服交際中詞彙上的障礙。

（2）方言詞彙的研究是現代漢語規範化工作的必要前提之一。漢語詞彙規範化工作要很好地進行，就要求語言工作者對漢語方言詞彙有深入細緻的瞭解。比方説，現代漢語裹豐富多彩的同義詞有很多是從方言裹吸收過來的，同時好些不必要的絕對同義詞的存在也是方言詞彙分歧的結果。我們要在許許多多的同義的方言詞中決定哪些對於豐富民族共同語的詞彙能起積極作用，是應當吸收的，哪些對於共同語詞彙的發展没有積極的作用，是不需要吸收的，就不能不先弄清楚每一個方言詞的確切含義，及其通行地域的廣狹，使用頻率的大小，等等。

（3）方言詞彙的研究對於語文教學和文學創作也能産生積極的作用。現代許多優秀的作家都在自己的作品裹使用了一定數量的方言詞語，以達到增强藝術效果的目的。方言詞彙的研究一方面能够幫助讀者瞭解文學作品裹的方言詞語，另一方面也能够幫助作家更好地選擇和運用方言詞語。

（4）方言詞彙的研究有助於漢語史的研究。豐富的漢語方言詞彙是研究漢語詞彙史的寶貴材料，它可以用來跟書面材料互相印證，尤其是可以補書面材料之不足。許多現代詞的來源的考求都得通過方言詞的比較研究才能得到可靠的結論。例如，北京話管果核叫 $_{c}$xur，成都話叫 $_{c}$fu $_{c}$fu（< $_{c}$xu $_{c}$xu），以廣州話的 wat$_Ɔ$ 和臺山話的 wut$_Ɔ$ 相比較，就知道這個詞古音是濁聲母，入聲，韻尾是-t，跟《廣韻》入聲没韻户骨切"榾，果子榾也，出《聲譜》"的"榾"聲韻完全密合，可見這個詞是隋唐以前就有了的。古詞古義殘存於現代方言詞彙裹的很多（參看 4.3.1）。所以，從來研究古代漢語和漢語史的人都十分重視方言詞彙，例如章炳麟（1869—1936）就説過"今世方言……其寶貴過於天球九鼎"這樣的話[①]。

---

① 【補】《太炎文録》卷四"別録"二。引見郭誠永《國故論衡疏證》，中華書局，2008年，第 238 頁。

4.3.3　漢語方言詞彙的研究有悠久的歷史。遠在周秦時代我國就開始了收集方言詞彙的工作,如東漢應劭在《風俗通義‧序》裏所説,"周秦常以歲八月遣輶軒之使求異代方言"。世界上第一部關於方言詞彙的著作《輶軒使者絕代語釋別國方言》(簡稱《方言》)據傳是漢代著名學者揚雄(前53—後18)在兩千年前編寫的①。以後歷代學者也陸續進行過一些有關方言詞彙的收集和研究的工作②。

在20世紀20年代到40年代,我國漢語方言的調查研究工作有了新的發展,但是一般偏重於方音的研究,很少注意到方言詞彙。試拿當時出版的一些漢語方言調查報告來看,幾乎清一色是方音的描述和比較(主要是跟中古音即《切韻》音系的比較),至於詞彙,頂多是記錄極少量的方言詞並略加分類排比而已。

解放以後,我國的語言科學曾經一度得到空前的繁榮,漢語方言的調查研究也跨進了一個新的階段。50年代在全國範圍內進行了方言普查工作。有關方言的許多專題研究也取得了很好的成果。不過,跟方音的調查研究比起來,方言詞彙的調查研究工作還是落在後面的。在方言工作的第一階段,着重於語音的研究是完全必要的,但是目前漢語方言研究的工作已經到了全面深入的第二階段,方言詞彙的調查研究就成爲日程上特別重要的工作了。

可喜的是,1979年中國社會科學院語言研究所創辦了專門的學術刊物《方言》,對我國漢語方言(包括方言詞彙)的調查研究起了推動的作用,現在正繼續作出有益的貢獻。

4.3.4　研究方言詞彙,首先得收集豐富的材料。收集材料的範圍取決於研究工作的目的。如果只是爲了配合推廣普通話的工作,給學習普通話提供"正詞"的參考材料,那麼只要把方言裏跟普通話有顯著差別的詞收集攏來,用方言—普通話對照的方式編排起來就成了。如果目的不限於此,而是要深入地研究方言

①　參看周因夢《揚雄和他的〈方言〉》,《中國語文》1956年5月號。
②　參看崔驥《方言考》,《圖書館學季刊》第6卷第2期,1932年。

詞彙的特點,全面地展示方言詞彙的面貌,那就必須放寬收集的範圍。事實上,從漢語規範化工作的要求來說,也完全有必要對各地方言詞彙有一個比較全面而透徹的瞭解,這樣才能在斟酌取舍之際有所憑依。此外,方言詞典的編纂是方言詞彙研究的重要工作之一,而要編好各種類型的方言詞典就需要儘可能詳盡地掌握方言詞彙。所以,一般説來,我們收集方言詞彙,範圍是宜於從寬的。

　　在收集一個方言的詞彙的時候,首先要對這個方言區的自然情況和人文情況有一個初步的瞭解。詞彙是直接反映生產和生活的;不同的歷史條件,不同的自然、人文地理情況,不同的經濟、文化生活都會在詞彙上有所反映。瞭解了方言區的這些情況,我們才能更好地認識方言的詞彙特點。比方説,粵方言有一些特殊的方言詞就是由於地理、氣候的原因而形成的。這個方言區終年不見冰雪,這種自然條件在語言詞彙上的一個反映就是冰雪不分:普通話叫"雪"的,粵方言也叫"雪";普通話叫"冰"的,粵方言還是叫"雪"。例如:

廣州話	普通話
a) 雪花 ʃyt 3ː fa 55ː	雪花
雪山 ʃyt 3ː san 55ː	雪山
落雪 lɔk 2ː ʃyt 3ː	下雪
b) 雪糕 ʃyt 3ː kou 55ː	冰淇淋
雪屐 ʃyt 3ː kʻɛk 2ː	冰鞋
雪櫃 ʃyt 3ː kwɐi 22ː	冰箱

可以想見,山區居民所用的詞語必然有許多是沿海地區所沒有的;同樣,沿海地區必然也有許多詞語是山區居民所不用的。

　　調查方言詞彙,需要一個完善的調查大綱。製訂調查大綱的基本原則是要保證既能收集到各地方言的一般詞語,又能充分發掘出每個方言特有的詞語①。不過,調查大綱即使編製得相當完

①　參看 C. C. 維索茨特斯基《研究方言的方法》,《中國語文》1956 年 4 月號,第 47 頁;馬學良等《語言調查常識》,中華書局,1956 年,第 106—125、165—175 頁。

善,我們在進行調查的時候,還是得根據實際情況,觸類旁通,隨時加以增補、調整,只有這樣才能充分發掘出豐富多彩的方言詞語。特別是方言裏一些日常應用的動詞、形容詞、副詞之類,往往不是調查大綱所能完全反映出來的,這就需要我們從人民群衆的活的口語裏去多多發掘。比方説,像下列這些成都方言詞語就不一定是機械地照着大綱的項目去填寫所能調查出來的: ˍtsʻəu ˍxo(恭維,擡舉), ꞈli ˍma(清理、檢點), ˍtsʻo ꞈkuai(闖禍), ˍtsʻo ꞈtʻo(浪費、糟踏), saŋꜝ paiꜝ(咒駡), ˍtsʻe ꞈtɕin/ꞈko ꞈlie(口角), tsaiꜝ / ˍliau(縫), ꞈsu tɕʻiꜝ(漂亮), ꞈsuai ꞈtɕʻi/tɕiaꜝ sʅꜝ(竭力), ˍy ˍxuan(依舊), ˍtan ꞈli(重新,另行), ꞈi ˍlin(乾脆), ꞈtɕʻy ˍtsoŋ(從來), ˍxoŋ ˍxe/ˍxuan suanꜝ / ꞈtso ˍxuan(反正,橫豎), ˍləu ˍsəu / ˍua ˍlian(髒), ˍɕyan/ˍpʻi/ˍsai(遲緩), ꞈpa ˍlian(全部), ˍtɕiau(遍;很), ˍtɕiəu/ ˍliəu(形容"酸"), ˍpʻaŋ(形容"臭"), ˍmin(形容"甜"), ˍfei(形容"辣"等), ˍtsʻua(形容"白"), ˍkua ˍpi(形容"淡"), kʻanꜝ ꞈɕauꜝ ˍsər(冷眼旁觀,幸災樂禍), ˍko ˍsʅ ˍpu ꞈte(不和睦)。

收集方言詞彙,除了按照預先製訂的大綱進行調查以外,還必須通過一些成篇的語言材料來進一步發掘方言詞彙的特點。民歌和民間故事裏都包含着不少的方言詞彙材料,許多生動活潑的方言詞語往往只有從這類民間文學的材料中才能發現出來。所以,方言詞彙的調查工作如果跟"采風"的工作配合起來進行,一定能收到相得益彰的效果。此外,現代文學家的作品裏也有一些方言詞彙材料(例如李劼人和沙汀的小説裏就用了不少的四川方言的特殊詞語),也值得我們加以收集研究。

調查方言詞語,必須注意到詞和詞義的複雜性。方言裏的同義詞是十分豐富的,我們得儘量收集齊全。例如上面所舉的成都方言,表示"髒"和"遲緩"就各有幾個不同的詞(實際上還不止於此)。又如客家方言,表示"打"的同義詞就有十幾個之多[1]。對於方言詞彙裏這些同義詞的意義色彩、感情色彩、應用場合、出現頻

---

[1]　袁家驊等《漢語方言概要》,文字改革出版社,1960 年,第 169—170 頁。

率等,都應當弄個明白。細心和耐心是每個方言研究工作者必須具備的條件。在收集方言詞彙的時候,稍一疏忽就會出現遺漏或者錯誤。還有,在碰到難以用普通話對譯的方言詞語的時候,要注意避免隨便牽合以致失真。

4.3.5　收集了大量方言詞語之後,就應當進一步對這些材料加以整理分析,以便全面而系統地顯示出方言詞彙的面貌來。整理方言詞彙,首先得把收集到的材料加以分類。分類可以兼采兩種方法:一種是邏輯的分類,即按照概念範疇加以分類;一種是語法的分類,即按照構詞特點加以分類。關於前一種分類,可以參考《方言調查詞彙手册》、《昌黎方言志》、《鍾祥方言記》、《臨川音系》等書斟酌損益;關於後一種分類,可以參照一般漢語語法書的條例。

整理一個方言的詞彙,除了把材料加以分類排比而外,還必須通過跟普通話和其他方言的比較來分析這個方言的詞彙特點。

大致説來,整理漢語方言詞彙,分析它們的特點,可以從詞義、構詞特點和詞源三個方面入手。

(1)詞義方面:從這方面分析,可以看出來在方言詞彙和普通話詞彙的關係上普遍存在着兩種情況:一種是同一個詞(就歷史來源而言)所表示的概念有出入;一種是同一個概念用不同的詞來表示。前者如:廣州話和梅縣話的"水"兼指"雨","落水"="下雨";潮州話和梅縣話的"愛"除了表示"喜歡"以外,還表示"要"的意思,"我愛去"="我要去"。又如:廣州話"行"=普通話"走",廣州話"走"=普通話"跑";廣州話"屋"=普通話"房子",廣州話"房"=普通話"屋子"。後者如:

普通話	廣州話	潮州話
給	pei 35:	kʻωʔ 2:
找	wɐn 35:	tsʻue 11:
漂亮	lɛŋ 33:	ŋia 53:
能幹	lɛk 5:	gau 55:

又如：普通話説"醬油"，廣州話説"白油"；普通話説"自行車"，廣州話説"單車"；等等。

（2）構詞特點方面：從這方面分析，可以發現在方言詞和普通話詞之間存在着兩種異同情況：一種是詞素相同但次序不同，一種是詞素部分相同。前者如：普通話説"擁擠"，廣州話説"擠擁"；普通話説"拖鞋"，廈門話説"鞋拖"；普通話説"日曆"，廈門話説"曆日"。後者如：

普通話	廣州話
a）知道	知 tʃi 55；
窗户	窗 tʃʻœŋ 55；
尾巴	尾 mei 23；
甘蔗	蔗 tʃɛ 33；
螞蟻	蟻 ŋɐi 23；
b）鴨子	鴨 ap 33；
梯子	梯 tʻɐi 55；
椅子	椅 ji 35；
猫兒	猫 mau 55；
花兒	花 fa 55；
名兒	名 miŋ 21；
事兒	事 ʃi 22；
c）鼻子	鼻哥 pei22；kɔ55；
跛子	跛佬 pai；55；lou 35；
撐船的	撐船嘅 tʃʻaŋ55；ʃyn21；kɛ33；
d）汽船	電船 tin22；ʃyn21；
輪船	火船 fɔ35；ʃyn21；
白薯	番薯 fan55；ʃy21；
手套	手襪 ʃɐu35；mɐt2；
零碎	濕碎 ʃɐp5；sœy33；

（3）詞源方面：對於一些特殊的方言詞有必要從來源上加以

分析。有的方言詞來源很清楚；有的方言詞却很難查考出它們的淵源，必須聯繫語言歷史、人文歷史、風土習俗等進行深入細緻的分析，才能弄清楚它們的來龍去脈。實在無法查明來源的，可以暫時存疑。大致説來，特殊的方言詞有如下三個來源：

a) 從古漢語繼承下來的：現代漢語方言都是從古漢語發展而來的，因此每一種方言都可能保存一些其他方言已經不用的古漢語詞，不過由於語言發展的不平衡性，有的方言保存得多一些，有的方言保存得少一些罷了。也有一些古漢語詞，雖然現在許多方言都繼承了下來，但是在有的方言裏已經改變了用法，而在另外的方言裏却還保持着原來的用法。例如：

廣州話	厦門話	普通話
食 ʃik2：	食 tsiaʔ4：	吃
企 k'ei23：	企 k'ia22：	站
翼 jik22：	翼 sik4：	翅膀
面 min22：	面 bin22：	臉
着 tʃœk33：	＿＿＿	穿
話 wa22：	＿＿＿	説
卒之 tsœt5：tʃi55：	＿＿＿	終於
	寒 kūā 25：	冷
	目 bak4：	眼睛
	箸 ti22：	筷子

b) 從外族語言吸收進來的：在漢語方言裏，除了具有許多共同的外來詞以外，由於各個方言所接觸的外族語言有所不同，自然也就會産生一些各個方言所特有的外來詞。邊疆地區多接觸少數民族，因而容易吸收一些少數民族語言的詞；閩粵各地近海，對外貿易發達較早，出外華僑衆多，因而吸收外國語詞的機會比較多。例如，東北話裏的滿語借詞[1]：

① 參看袁家驊等《漢語方言概要》第48頁。

埋汰　ₘai t'aiˀ（骯髒）　　　撒拉　ᶜp'ie・la（淺器皿）

特勒　ᶜt'ə・lə（衣冠不整）　　扎孤　ₜsa・ku（治療）

喇忽　ᶜla・xu（疏忽）　　　　　ₜt'uₗlu（食言，爽約）

廣州話裏的英語借詞：

廣州話	英　語
波 pɔ55：（球）	ball
嘜 mak5：（商標，牌子）	mark
骨 kwat5：（一刻鐘）	quarter

廈門話裏的馬來語借詞：

廈門話	馬來語
雪文 sap bun（肥皂）	sabun
洞葛 tɔŋ kat（手杖）	tongkat
道郎 to dɔŋ（幫助）	tolong
黎瓏 de dɔŋ（拍賣）	lelong
老君 do kun（醫生）	dukun
巴刹 pa sat（市場，集市）	pasar
馬針 mā tsim（樣式）	macham
沙拉 sa da（錯處）	salah
牛籠 gu daŋ（棧房）	gudang
十巴堵 sip pa tu（皮鞋）	spatu

c) 方言的創新：方言詞彙裏的特殊詞語，除了來自古語和外族語的以外，很多是爲了反映本地特殊的自然環境和風土習俗，適應本地人民交際的需要而產生的。這些方言詞語都可以歸在方言的創新這一類裏。

舊時的學者研究方言詞語，着重於探索來源，考求本字。他們的工作對漢語詞彙學（包括詞源學）有一定的貢獻，可是他們的研究目的偏於以今證古，只看到詞彙的繼承性而忽視了詞彙的發展和創新。我們今天研究方言詞彙，不但要瞭解它的歷史繼承性，還要瞭解它如何發展和創新，這樣才既能對現代漢語詞彙規範化等工作作出貢獻,也能給漢語歷史詞彙學提供有用的資料。

4.3.6　上面談了漢語方言詞彙的整理和分析的問題。在整理和分析的過程中,有如下幾點值得注意:

(1)注意方言詞彙的發展趨勢。方言詞彙有它的獨特風貌,也有它的發展趨勢。我們對一個方言的詞彙進行了較爲深入的剖析,就可以看出這個方言的詞彙是沿着怎樣的道路發展過來的,它又將朝着哪一個方向繼續前進。瞭解了方言詞彙的發展趨勢,就有助於因勢利導地進行詞彙規範化的工作。

解放以來大量涌現的新詞語絕大多數是各方言共同的;同時,一些原有的方言詞語也逐漸爲普通話的詞語所代替。這都是普通話的傳播越來越廣,書面語的影響越來越深的結果。可見今天漢語方言詞彙發展的總趨勢是越來越靠攏普通話。但是另一方面我們也不能不看到,不但許多富有地方色彩的方言詞語仍然被保留下來,而且在發展新詞的過程中某些地方特點也還在一定程度上反映出來。方言特點的保留和一定程度的發展在一個相當長的時期內還將普遍存在。我們對待方言詞彙,既要看到它向民族共同語集中的主流,也要看到它另一方面的動向,這樣才能够全面地分析問題,處理問題。

(2)注意從多面進行對比。在整理方言詞彙的時候,除了跟普通話比較外,最好還能跟其他的方言對照,這樣不但更能看出一個方言的詞彙特點,而且有助於劃分方言的界限。

(3)注意方言詞語的確切含義及其使用情況。在整理分析方言詞彙的時候,必須弄清楚每一個詞的確切含義及其使用情況,不能似是而非,馬虎了事,否則就會降低我們研究的質量,給工作帶來損失。對於特殊方言詞語的使用情況,如使用範圍、使用條件等,都得作必要的説明。例如,客家方言梅縣話裏"朝"tsau44:、"晝"tsu42:、"夜"ja42:分別有"早飯"、"午飯"、"晚飯"的意義[1],但

---

① 北京大學中文系語言學教研室《漢語方言詞彙》,文字改革出版社,1964年,第92—93頁。

是只有當它們用在動詞"食"sət4；或"做"tso42；後面的時候才是如此。我們在記錄這三個詞並説明其意義的時候，就得把這一使用條件交代清楚。

此外，一個大方言裏的各個小方言在詞彙方面往往有或大或小的出入，我們在記錄和整理方言詞彙的時候得注意説明每一個詞語通行的具體地區或地點，不能只是籠統地説是某方言的詞語。

最後，我們整理方言詞彙一定得從材料出發，尊重客觀事實，不可主觀臆測，任意竄改。只有這樣才能保證我們研究工作的科學性。

§4.4   所謂社會方言詞語

社會方言是由於社會分化爲不同的職業團體和社會集團而産生的語言的支派①。社會方言的特點主要表現在詞彙上。跟地域方言的詞彙不同，社會方言的詞彙不是完全獨立的，它没有自己的表示所有的事物和行爲等的詞，只是使用社會方言的人爲了適應自己的需要和利益而創造出來的一定數量的特殊詞語罷了。

社會方言可以根據它的職能分爲兩個基本類別，即行業語和習慣語②。

（1）行業語（行話）   行業語是各種行業的從業者爲了適應自己的特殊需要而使用的詞語。這裏所説的"行業"的含義很廣，不限於工業、商業部門，任何同樣性質的職業或工作崗位（例如醫生或教師）也都算是行業。因此行業語的範圍也是很廣的。可以説，凡是有勞動分工的地方就有行業語存在。行業語在社會上起着有益的作用。因爲行業語所表示的事物和行爲等在標準語裏

---

① 參看斯托伊科夫（C. Стойков）《社會方言》，北京大學中文系編《語言學論叢》第 3 輯，上海教育出版社，1959 年，第 177—186 頁。

② 參看孫常叙《漢語詞彙》，吉林人民出版社，1956 年，第 291 頁以下。

往往沒有相應的詞來表示,行業詞彙在一定程度上有豐富標準語的詞彙的作用,即行業語的詞可以超越自己的專門範圍而變爲全民語的詞。

行業詞彙包括:生產工具的名稱,特別是生產工具的各種形式和各個部分的名稱;某種生產所特有的各個過程的名稱;生產所用的原材料及其性質的名稱;勞動成品及其各個部分和各種性質的名稱;跟勞動方式和各勞動組織等有關的行業詞語;等等。

行業詞彙的內容是很豐富的。許多跟生產活動和勞務活動相關的事物和行爲,在標準語裏往往只有一般的名稱,而在行業語裏卻有區分入微的各種專門名稱。此外,每一種行業語都有許多在標準語裏一般見不到的表示事物和行爲的名稱。勞動越複雜,分工越細緻,從事這種勞動的人們的行業詞彙也就越豐富,越多樣。

(2)習慣語　習慣語是個別的社會集團爲了自己的利益或偏好企圖在語言方面特殊化而創造出來的詞語。一般説來,習慣語在社會上不起什麼有益的作用。習慣語可以根據它的性質分爲三類:

a)隱語　這裏所説的隱語就是所謂黑話。隱語是個別的社會集團爲了隱蔽自己以便進行特殊活動而創造的。它的特點是秘密性。創造隱語的方式有:賦予語言裏已有的詞語以特殊的含義;按照一定的規則改造語言裏已有的詞語;引用局外人不懂的古語詞、方言詞或外國話的詞語。

b)集團語　集團語是在由於某種原因而生活在一起的人們中間自發地產生的。集團語跟隱語不同,它主要不是爲了使局外人不懂而使用的,而是爲了"好玩兒"而使用的。不妨説,集團語是一種特殊的語言遊戲。集團語比較常見於學生或其他青少年中間。集團語的詞彙有下列一些特點:富於表現力,特別是富於表情色彩;有一定數量的具有專門意義的詞;使用範圍十分有限,壽命也不長久。

c)階級習慣語　階級習慣語又叫階級方言,指的是社會上一定的階級所使用的一些特殊詞語。語言對於社會各階級是一視同仁的,可是個別的階級爲了自己的利益往往把一些特殊的詞語強加到語言裏去,故意運用一些其他社會集團的人很少用或根本不用的詞語,這樣就產生了階級習慣語。"在這一方面,那些脱離人民並且仇視人民的有產階級上層,如貴族、資産階級上層分子,表現得特別明顯。"[1]他們在生活上脱離人民大衆,在説話上也嫌人民的語言"粗野",而以使用一些來自古語或外語的詞爲"高雅"。階級習慣語是階級社會的産物,它也將隨着階級的消亡而消亡。

§4.5　新詞和舊詞,基本詞彙

4.5.1　詞彙是語言諸要素中最活動、發展最迅速的部分。語言的詞彙對社會上的一切變化感受特別靈敏:它不僅對政治、經濟的變化很敏感,而且對生產、文化和日常生活各方面的變化也同樣敏感。

比方説,在我國歷史上,古代封建制度的建立和發展,漢唐時代跟西域、南海各民族的接觸和往來,魏晉南北朝時期佛教的傳入和傳播,"五胡十六國"時代的民族遷徙和融合,元代蒙古族的入主中原,近代資本主義的萌芽,鴉片戰爭以後中國的半殖民地化和舊民主主義革命,"五四"新文化運動,抗日戰爭,新民主主義革命的勝利和社會主義建設的成就,史無前例的"十年動亂","四化"建設和民主與法制的新時期的來臨,無一不在漢語的詞彙上有所反映。

語言詞彙裏一切新的東西不只是由於社會經濟制度的變化而産生的,這是因爲語言不是上層建築,"它是同人的生產活動直接聯繫的,不僅同生産活動,而且同人的工作的一切領域(從生產到基礎、從基礎到上層建築)中的任何其他活動都有直接聯繫"[2]。

---

[1]　斯大林《馬克思主義和語言學問題》,《斯大林選集》,人民出版社,1979年,第508頁。

[2]　斯大林《馬克思主義和語言學問題》,《斯大林選集》,第505頁。

所以人的任何活動領域中新事物和新概念的出現都會引起新詞的産生。在這方面,歷史詞彙學給我們提供了豐富的例證①。從這些例證中可以看出來,不僅政治經濟、科學技術和文學藝術上的變化能促使新詞産生,就是日常生活中的變化,小而至於服裝樣式等的變化之類,也能導致新詞的出現。

4.5.2　詞彙豐富的主要手段是利用已有的詞素構造新詞。此外,各種語言還采取借用外語詞的辦法來充實自己的詞彙。完全不借用外語詞的語言是沒有的,只不過有的語言借得多些,有的語言借得少些罷了。借得多的如英語,現代英語詞彙裏有百分之七十的詞是外來詞;借得少的如漢語,因爲漢語習慣於用自己固有的構詞要素按照自己的構詞法則來創造新詞。詞彙豐富的第三種手段是擬聲,就是依據跟某種事物或現象有關的聲音來創造新詞。擬聲詞以摹擬鳥類和其他動物的聲音的爲最多。此外擬聲的感歎詞也不少。世界上各種語言都有相當數量的擬聲詞。在語言的歷史發展過程中,擬聲詞起着一定的豐富詞彙的作用。比方説,遠在上古時代,《詩經》的作者們就使用了不少新穎的擬聲詞,起到了豐富漢語詞彙的作用。例如:關關(雎鳩)、交交(黄鳥)、雝雝(鳴雁)、(鳥鳴)嚶嚶、(鷄鳴)喈喈、蕭蕭(馬鳴)、營營(青蠅)、喓喓(草蟲)、(蟲飛)薨薨、(伐木)丁丁、習習(谷風)②。在現代漢語裏,特別是在文學作品裏,擬聲詞的應用也很廣泛③。雖然如此,擬聲法在發展新詞上作用畢竟是很有限的。

4.5.3　詞彙學上所説的"新詞"(neologism)指的是爲了適應文化發展和社會生活變化的需要而新造的那些詞。新詞起初可能只有較少的人使用,可是隨着越來越多的人對這些詞所表示的

---

① 參看北京師範學院中文系漢語教研組《五四以來漢語書面語言的變遷和發展》,商務印書館,1959 年,第 76 頁以下。

② 漢語裏的擬聲詞,除了這一類"重言"(疊字)以外,多半是一些雙聲疊韻"聯綿字",例如杜甫《自京赴奉先縣咏懷》詩:"河梁幸未坼,枝撐聲窸窣。"又《漫成一絶》:"船尾跳魚撥剌鳴。"

③ 參看張培基《英語聲色詞與翻譯》,商務印書館,1979 年,第 5—55 頁。

新事物逐漸熟悉,它們就會不斷地擴大通行範圍,以致進入全民詞彙。當然,也有一些新詞是一出現就被人們廣泛使用的,這些詞所代表的事物或概念大都跟人民的生活有着重要關係。

新詞一般是利用語言裏已有的構詞材料按照既定的構詞規則産生出來的。這類新詞適合於現有的構詞手段和構詞方法的體系,不違背語言裏已經固定下來的模式,所以出現之後就可能通行開來①。例如"航天"、"録像"、"軟件"、"遥感"、"反饋"、"旅遊"、"離休"、"包産"、"待業",這些都是新詞,可是其中每一個詞的構詞材料却是漢語裏老早就有的,而構成這些新詞的複合構詞法也是漢語裏慣用的豐富詞彙的重要方法。又如"紅旗手"、"突擊手"之類也都是新詞,可是它們的構詞成分却是漢語裏固有的,而且這種構詞格式也是古代就有②而現代特别常用的。

有一些詞就它們的外部形式來看可以説是語言裏固有的,但是它們已經獲得了新的意義内容,而新義和舊義之間又没有明顯的聯繫,這樣的詞也應當算是新詞。例如:主義③、機關④、世紀⑤、經濟⑥、電流⑦、電影⑧。如果一個詞是語言裏原有的,現在雖然獲得了新義,但是舊義仍然存在,而且新義和舊義之間有着明顯的

---

① 參看格拉烏爾(A. Graur)《詞彙中的新的和舊的》,《格拉烏爾院士在華學術演講集》,科學出版社,1956年。
② 例如:水手(《舊唐書·食貨志》)、篙手(蘇軾《杭州召還乞郡狀》)、畫手(杜甫《冬日洛城北謁玄元皇帝廟》詩)、射手(《宋書·桓玄傳》)、射雕手(《北齊書·斛律光傳》)、射生手(《新唐書·百官志》)、弓弩手(杜甫《遭田父泥飲美嚴中丞》詩)、弓箭手(《宋史·李繼和傳》)。
③ 《史記·太史公自序》:"敢犯顏色以達主義,不顧其身。"
④ 《漢書·藝文志》:"技巧者,習手足,便器械,積機關,以立攻守之勝者也。"晉竺法護譯《生經》卷三"佛説國王五人經":"此人工巧,天下無雙,作此機關。"
⑤ 晉皇甫謐作《帝王世紀》。
⑥ 王通《文中子·禮樂》:"是其家傳七世矣,皆有經濟之道。"杜甫《上水遣懷》詩:"古來經濟才,何事獨罕有?"
⑦ 《太平廣記》卷五"茅濛"條引《洞仙傳》:"常歎人生若電流。"
⑧ 梁簡文帝蕭綱《雨後》詩:"雷音稍入嶺,電影尚連城。"庾肩吾《暮遊山水應令》詩:"雲峰没城柳,電影開岩壁。"唐王無競(一作宋之問,一作沈佺期)《巫山》詩:"電影江前落,雷聲峽外長。"

聯繫，那麼這個詞就不能算是新詞。例如：解放、檢討、恐慌、業務、戰綫①。

此外，也有極少數的新詞確是沒有任何理據可説，跟語言裏别的詞或詞素也無可比較；這應當看作新詞的一種例外情形，詞彙學上管它們叫"絕對新詞"。例如英語 spiv（不務正業的人，懶漢）和 nylon（尼龍）就是這樣的沒有理據的新詞。也有一些詞曾經被認爲是沒有理據可説，但經過探討之後其詞源又得到闡明的。例如"瓦斯"（gas）這個詞，過去被認爲是 17 世紀比利時物理學家赫爾蒙特（J. B. van Helmont，1577—1644）憑空造出來的，現在才知道它原來跟弗蘭芒語（Flemish）的 geest（氣）有關係。

絕對新詞往往是"著作家新詞"，所謂著作家新詞就是作家和學者所創造的詞。這類新詞如果富有表現力並且確屬必需，一經創造出來就會被人們采用，再進一步就可能進入語言的一般詞彙。

在我國歷史上，各個時代的偉大作家和學者創造了不少的新詞或者賦予了原有的詞以新的意義，從而豐富了漢語的詞彙。可惜這方面的研究工作過去做得很少，是值得我們今後努力從事的。

研究著作家新詞，有一點值得注意，就是一個新詞究竟是由某個著作家創造的或者僅僅是由他引進文學語言裏來的，往往難於確定，需要進行細緻的探討，不可貿然斷定。

我們説新詞是在語言裏已有的詞彙材料的基礎上產生的，並不意味着構成新詞的手段和方法是一成不變的。事實上，任何語言的構詞手段和構詞方法在歷史上都是變化着的。它們可以是能產的，也可以是不能產的。在語言發展的某一階段，在能產的構詞手段和構詞方法當中，有的是創造新詞時慣用的，而有的則用得少一些。在語言發展過程中，有的構詞手段和構詞方法的能產性可能增長，而有的則可能下降。比方説，在現代漢語裏，複合

---

① 參看周祖謨《漢語詞彙講話》，人民教育出版社，1959 年，第 91—92 頁。

構詞法和簡縮法的能產性正在增長，而"衍聲法"（即利用重言和雙聲疊韻一類手段來構詞的方法）的能產性則日益下降。

　　現代漢語的新詞絕大多數是複合詞，特別是用"聯合式"、"偏正式"和"支配式"構成的複合詞。例如：號召、贖買、評比，導彈、火箭、現場，分洪、跳傘、務虛。

　　簡縮法的大量應用也是現代漢語構造新詞的一條途徑。由於漢語詞的雙音化的强烈傾向，一方面許多原來的單音詞雙音化了，另一方面一些多音的詞語也簡縮成雙音的了[①]。前者例如：鼻子、石頭、老虎、月亮、頭髮，泥土、墻壁、驕傲、死亡；後者例如：科技、廠礦、排灌、化肥、彩電、僑務、師院、貨運、掃盲。

　　此外，詞綴構詞法（affixation），特別是後綴法（suffixation），在現代漢語新詞的構成中也起着一定的作用。在這些用來構成新詞的後綴裏有幾個是特別能產的，如"者"、"員"、"性"、"化"、"主義"等。

　　至於外來詞，如果撇開"仿譯詞"（見 4.6.3）不算，那麼它們在現代漢語新詞裏所占的比重是很小的。

　　在不同的詞彙類別裏新詞的發展是不平衡的。在專門詞彙裏，特別是在進展迅速的科技部門的專業詞彙裏，新詞產生得最多最快。比方說，隨着核物理、電子技術、航空和航天事業的發展，語言裏就相應地出現了許多新詞。

　　在巨大的社會震盪和變革的時代，新詞的涌現也較爲迅猛。比如，在我國幾次國內革命戰爭和抗日戰爭的年代裏，在從"五四"到 30 年代的新文化運動中，漢語詞彙都增加了大量的新詞。

　　研究語言詞彙的增補是很有趣味的。一方面，我們可以根據新詞的語義分析來考察一定歷史時期中人民生活的某些事實和現象以及社會政治和文化學術的發展趨勢。另一方面，觀察新詞的構詞過程（包括構詞的特點、詞彙增補的來源等）也有助於闡明

---

① 參看呂叔湘《現代漢語單雙音節問題初探》，《漢語語法論文集》（增訂本），商務印書館，1983 年，第 415—444 頁。

語言詞彙發展的傾向和規律性。

但是這種研究不是輕而易舉的。一則,語言裏的新詞是難於收集、難於統計的,因爲許多新詞生命還不長久,不見於詞典著錄。再則,要確定一個詞在什麽時候已經成爲一般的詞而不再是新詞,這也是很難的。例如,"汽車"、"火車"、"輪船"、"飛機"、"電話"、"電影"、"收音機"都曾經是新詞,但在今天還算不算新詞呢?一種說法是,當一個詞所表示的事物已經不再被人們感覺新穎的時候,它也就不再是新詞。但是這個標準也不好掌握,因爲在實際應用時容易摻雜主觀的成分。

4.5.4 在活語言裏,一方面不斷有新詞產生,另一方面也有一些詞逐漸陳舊和衰亡。一個詞在衰亡的過程中就逐漸過渡到古詞的範疇去了。詞彙學上所說的"古詞"(archaism)就是指那些仍然保存在語言裏但是平常口語已經不用的舊詞,它們所代表的概念已另有別的現代詞來表示。但是在特定的場合,它們有時候還被作爲修辭手段用來表現莊嚴、隆重或典雅的色彩,或者在文學作品裏描寫古代生活的時候用來創造真實的氣氛[1]。

古詞所代表的事物、現象等是現代生活中還存在的,所以每一個古詞在現代語裏都有跟它相當的同義詞,而古詞之所以變成古詞也是受到這些同義詞排擠和取代的結果。例如:目～眼睛、面～臉、口～嘴、日～太陽、犢～小牛、雉～野鷄、湯餅～麵條兒、食～吃、飲～喝、伐～砍、辛～辣。

意義相對應的古詞和現代詞可以是詞根根本不同的,如上面所舉的例子;也可以是詞根或部分詞素相同的,這在漢語裏的表現形式一般是古詞是單音詞而現代詞是雙音詞。例如:鼻～鼻子、舌～舌頭、耳～耳朵、眉～眉毛、唇～嘴唇、鼠～老鼠、膚～皮膚。

雖然古詞是語言裏的舊的成分,但某些古詞(包括虛詞)有

---

[1] 參看上海外國語學院、哈爾濱外國語學院《語言學引論》,時代出版社,1958年,第211—212頁。

時候也會重新獲得生命力,跟它們的較爲年輕的同義詞一樣通行。這些恢復了生命力的古詞具有豐富語言詞彙的作用。我們有必要發掘古代語言中還有生氣的東西,充分地合理地加以利用①。

　　4.5.5　如上所述,古詞是被現代語裏具有同樣意義的詞所排擠和取代的舊詞。除此以外,還有所謂歷史詞(historism)。歷史詞也是一種舊詞,這種詞之所以變舊或死亡乃是因爲它們所表示的事物和概念已經陳舊了或者根本不存在了。例如,現在作戰已經不使用戈、戟,因而"戈"、"戟"就成了歷史詞。

　　歷史詞在現代語裏沒有相當的同義詞,它們是表示有關概念的唯一的説法,這是歷史詞跟古詞不同的地方。

　　歷史詞可以按照"主題"來歸類。下面是幾個例子:

　　(1)表示武器和其他軍事裝備的詞:彎、矛、殳、冑、兜鍪、刁斗;

　　(2)表示舟車的詞:蒙衝(艨艟)、樓船、輺車、軺軒、輼輬;

　　(3)表示樂器的詞:瑟、筑、塤(壎)、篪、箜篌、觱篥、羌笛、畫角;

　　(4)表示服飾的詞:玄端、章甫、冕旒、黼黻、簦、鞶鞶;

　　(5)表示職官的詞:尚書、侍郎、御史、太守、刺史、太監、幕友。

　　此外,還有表示過去的社會關係和物質文化的歷史詞,它們的數量也是很大的,這裏不一一舉例了。

　　4.5.6　上面我們講了詞彙的活動性和變化性,但是並非詞彙的所有部分都是同樣地活潑易變的。詞彙裏也有比較穩定的部分,這就是所謂基本詞彙②。

　　基本詞彙對於語言來説是很重要的。"語言的語法構造及其

---

① 毛澤東《反對黨八股》,《毛澤東選集》第三卷,人民出版社,1966 年,第 794—795 頁。
② R. Lagane《基本詞彙的概念》,《國外語言學》1983 年第 3 期,第 31—33 頁。

基本詞彙是語言的基礎，是語言特點的本質。"①語言在歷史發展
中的穩定性和統一性、語言的民族特徵和全民性都是由基本詞彙
和語法構造決定的。

　　隨着社會的發展以及生產、文化和科技的進步，基本詞彙也
在不斷地緩慢地變化着。不過由於一般詞彙的發展要迅速得多，
基本詞彙在整個詞彙裏的數量就逐漸相對地縮小。所以，語言越
原始，基本詞彙在詞彙裏所占的比重越大，語言越發展，基本詞彙
在詞彙裏所占的比重越小。

　　基本詞彙的核心是根詞，根詞不能再劃分詞素，只有一個詞
彙成分，而不包含附加成分和詞尾。除了根詞以外，基本詞彙也
包括一些合成詞，這些合成詞已經在語言裏生了根，並且成了構
詞的新的中心。

　　1950 年斯大林關於語言學的著作發表以後，討論詞彙和基本
詞彙的著作很多。但是在一些基本問題上並沒有一致的認識。
分歧較大的是對如下幾個問題的看法：1) 基本詞彙包括些什麼，
比如包括不包括虛詞之類；2) 提選基本詞彙的原則是怎樣的，基
本詞彙的特徵或標志是什麼；3) 怎樣確定詞彙的這個中心部分的
界限。由於不能精確地劃定這個界限，有人甚至對提選基本詞彙
的必要性也產生了懷疑。

　　一般都承認，屬於基本詞彙的詞的特徵是：全民性、穩定性和
構詞的活動性（能產性）。但是僅僅指出它們具有這些特徵是不
夠的，還需要進一步考察究竟是哪些性質造成了它們的穩定性，
使它們在全民語言裏鞏固下來並且比其他的詞具有更大的構詞
能力。

　　除了上述三個特徵以外，有的語言學家還指出了別的一些特
徵，如所表示的概念的必要性和重要性；常用性；多義性；風格色
彩和感情色彩的中性；單音節性。其中有的其實也就是造成詞的
穩定性的原因。

---

① 　斯大林《馬克思主義和語言學問題》，《斯大林選集》，人民出版社，1979 年，第 517 頁。

關於基本詞彙的學説是對詞彙發展的客觀規律性的概括,有助於瞭解語言的歷史發展的某些特點,只是結合具體語言進行研究還做得很不够,有待於今後繼續努力探討①。

§4.6 外來詞

4.6.1 借用外語詞是豐富詞彙的重要方法之一,儘管在不同的語言裏外來詞的地位和作用並不一樣。外來詞在某種語言詞彙裏的地位和作用決定於該語言歷史發展的具體情況。

就一個語言的詞彙體系來説,其中較活動的部分(如有關文化的詞,即所謂"文化詞")較容易滲進外來詞,各個語言之間往往互相借用。

一種語言受另一種語言的影響因而出現詞語"借用"(borrowing)的現象,這是由歷史的原因造成的;民族間的戰爭、征服、貿易往來和文化交流都能導致不同語言的相互接觸和影響,促成它們之間詞語的借用。由於具體的歷史條件的變化,一種語言在不同的時期所吸收的外語詞的數量也是很不相同的,有時吸收得很多,有時却吸收得較少。

4.6.2 過去關於外來詞的一些研究在方法上往往帶有片面性和形式主義的傾向,即是説,只注意外來詞的來源和傳入的時間,頂多也不過再探討一下借用的原因和條件而已。自然,這種研究是完全必要的,但是我們不能以此爲滿足。我們不僅要研究一個外來詞是從哪裏傳來的,什麼時候傳來的,爲什麼傳來的和怎樣傳來的,而且要研究它是怎樣被同化的,也就是説它是怎樣服從或適應借方的語音系統(包括音節構造)和語法結構(包括構詞法)的,它的意義發生了什麼變化,這些變化是怎樣發生的,它的出現引起了借方詞彙裏的哪些變化,等等。只有這樣,才能通過外來詞的研究闡明語言詞彙發展的規律性,説明詞彙中發生的

---

① 參看林燾《漢語基本詞彙中的幾個問題》,《中國語文》1954 年 7 月號。

現象及其原因,揭示個別詞語的歷史、語言的歷史和人民的歷史三者之間的關係。

4.6.3　語言詞彙裏的外來詞可以作如下三種分類:1) 按照借用的來源和時代分類;2) 按照借用的方式分類;3) 按照同化的程度分類。

以漢語為例,按照第一種分類法,外來詞可以分為:

(1) 先秦兩漢時代來源於中亞諸語言的外來詞;

(2) 魏晉南北朝時代來源於梵語的外來詞;

(3) 唐宋元時代來源於突厥語、蒙古語的外來詞;

(4) 戊戌政變(1898)至辛亥革命(1911)時期來源於日語的外來詞;

(5) "五四"運動(1919)以後來源於英語的外來詞;

(6) 中華人民共和國成立以後來源於俄語的外來詞;

(7) 其他來源於南海諸語言和國內少數民族語言的外來詞;等等。[①]

按照第二種分類法,漢語裏的外來詞可以分為借詞(音譯詞)、仿譯詞、形譯詞三類:

(1) 借詞(loan-word):當我們把別的語言裏的詞連音帶義都接受過來的時候,這種詞就叫做"借詞",也就是平常所説的"音譯詞"。借詞是最地道的外來詞。例如:坦克＜英語 tank,蘇打＜英語 soda,咖啡＜英語 coffee,彌撒＜拉丁語 missa。漢語裏的借詞有時在譯音之外再在後面加上一個"類名",這種由一部分外語成分和一部分本語言成分組成的詞也叫"混合詞"(hybrid)。例如:卡片(card)、卡車(car)、啤酒(beer)、雪茄煙(cigar)、芭蕾舞(ballet)、法蘭絨(flannel)[②]、邏輯學(logic)。

(2) 仿譯詞(calque):當我們保留外語詞的形態結構和内部

---

① 參看高名凱、劉正埮《現代漢語外來詞研究》第2—3章,文字改革出版社,1958年。

② 孫常敘著《漢語詞彙》把"法蘭絨"跟"印度綢"、"羅馬字"等相提並論,作為"以'民族'或'國家'作條件進行分化"的例(第114頁)。這顯然是錯誤的。

形式不變、用自己語言的材料逐"字"(詞、詞素)翻譯過來的時候，這種詞就叫做"仿譯詞"。例如：馬力（horse-power）、籃球（basket-ball）、汽船（steamboat）、蜜月（honeymoon）、超人（Übermensch）、閃電戰（Blitzkrieg）。如果是使用自己語言的構詞材料和構詞方法創造新詞來引進外語詞所代表的概念，而這個新詞跟相當的外語詞的內部形式和形態結構又並不相同，那麼這種詞就只是一般的新造詞而不能算作外來詞。例如：火車（train）、輪船（steamer）、飛機（airplane）、自行車（bicycle）。

（3）形譯詞：這是漢語借用日語詞時的一種特殊現象。這種外來詞的出現是由於日語采用漢字來書寫詞語，並且經常利用漢語詞素來構造新詞，而漢語在借用這些詞的時候就連形帶義搬過來了。例如：破產（hasan）、幹部（kanbu）、現實（genjitsu）、客觀（kakkan）、情報（jōhō）〔以上用漢語詞素構成〕，場合（baai）、手續（tetsuzuki）〔以上用日語固有詞素構成〕。

按照第三種分類法，外來詞可以分為：

（1）完全同化的外來詞，即在音節構造、詞形等方面已經完全符合借方的語文規範的外來詞。這些詞一般人已經把它們當作本語言固有的詞而不覺得是外來的了。其中有些詞甚至進入了語言的基本詞彙，可以用來構成新的複合詞或派生詞了。例如：獅（子）、葡萄、苜蓿、菠（菜）、玻璃、琉璃、菩薩、尼（姑）、佛、塔、劫、魔、站、幽默、邏輯。

（2）未完全同化的外來詞，即在音節構造、詞形等方面仍然帶着明顯的外語特點、面貌還很不像本語言的詞的那些外來詞。例如：塞頗胝迦或頗黎（梵語 sphaṭika，巴利語 phalika）、璧流離或吠瑠璃（梵 vaiḍūrya，巴利 veḷuriya）、菩提薩埵（梵 bodhisattva）、苾芻尼或比丘尼（梵 bhikṣuṇī）、浮屠或佛陀（梵 Buddha）、窣堵波（梵 stupa）、劫波（梵 kalpa）、魔羅（梵 māra）、奧伏赫變（aufheben）、布爾喬亞（bourgeois）、普羅列塔利亞特（proletariat）、歇斯底里（hysteria）、阿司匹林（Aspirin）、卡路里（calorie）、卡通（cartoon）、拷貝（copy）、蒙太奇（montage）、布爾什維克（большевик）、康拜因

（комбайн）、喀秋莎（катюша）、布拉吉（платье）。

外來詞同化程度的不同決定於借用時間的長短，常用性的大小，是通過口頭還是書面傳入的，等等。

4.6.4　一個詞被別的語言借用之後常常會發生語義上的變化，也就是說，外來詞的意義和原語詞的意義不是完全吻合的。這有如下三種情況：1）外來詞只保存原詞的意義的一部分，即外來詞的意義範圍比原詞的意義範圍縮小了。例如：英語 humour 有"詼諧"、"心情"、"情緒"等意義，而漢語裏的外來詞"幽默"却只有第一個意義。2）外來詞的意義範圍比原詞的意義範圍擴大了。例如：英語 sofa 只指一種長的、可以坐幾個人的"沙發"，而在漢語裏單人坐的也叫"沙發"。3）外來詞獲得了原詞所沒有的意義或色彩。例如，梵語"劫"（kalpa）本是"遠大時節"即極長的一個時期的意思①，傳入漢語以後又引申出了"大灾禍"的意思。梵語 Buddha 在印度佛經裏本是釋迦牟尼的一種尊號，但漢語借詞"浮圖（屠）"却又可以指和尚②，以至指塔了③。日語"取締"（tori-shimaru）本是"管理，監督"的意思，傳入漢語以後却成了"明令取消或禁止"的意思。英語 modern 是個不帶感情色彩的中性詞，但漢語裏的"摩登"却帶上了感情評價色彩。

4.6.5　由於語言詞彙的系統性，詞彙裏新增加的成分不可能不對原有的別的成分產生某種影響，因此一個外來詞的出現很自然地會引起語言裏原有的有關詞語的意義、色彩或用法的變化。例如"幽默"的出現顯然就對"詼諧"、"滑稽"的詞義和用法有所影響。

也可能出現這樣的情況，就是新的外來詞排擠了原有的意義

---

① 佛教認爲世界經歷若干萬年毀滅一次，重新開始，這樣一個周期叫做一"劫"。一"劫"包括"成"、"住"、"壞"、"空"四個時期，到"壞劫"時有火、水、風三灾出現，世界歸於毀滅。
② 如王安石《遊褒禪山記》："唐浮圖慧褒始舍於其址。"
③ 如韓愈《張中丞傳後叙》："抽矢射佛寺浮圖。"

相同的詞,^①例如"泵"(pump)取代了"唧筒"。這是因爲絕對同義詞是難以在語言裏勢均力敵地長期共存的：最後不是在意義、色彩或用法上分工,就是把不必要的詞排擠出去。這就是語言現象的系統性的一般規律在詞語借用上的一種表現形式。

4.6.6　關於外來詞還有一種特殊現象值得一提。這就是甲語言借用了乙語言一個,後來乙語言又把這個詞重新借回去；由於在借用過程中發生了詞義的變化和語音的傳訛,這個"歸僑"的聲音面貌也就跟原來不一樣了。例如：將軍→蒙語 sänggün→桑昆,太子→蒙語 taiji→台吉,博士→蒙語 bagsi→把式(勢),夫人→滿語 fujin→福晉(親王、群王、世子的正妻)^②,大風→英語 typhoon^③→颱風,船(閩南語)→馬來語 jong→艭。

§4.7　詞的風格分化——口語詞彙和書語詞彙

4.7.1　我們在第三章講詞的"詞彙意義"和"意義結構"的時候就提到過：詞彙意義不是一個邏輯的範疇而是一個語言的範疇,它不僅表現概念而且還帶有一定的感情色彩和風格色彩。

一種語言的詞彙的風格體系跟使用這種語言的人民的具體歷史條件有密切的聯繫,所以在不同的語言裏或者在同一語言的不同發展階段上詞彙的風格類別都可能有所不同。不過,在詞彙裏區分口語詞彙和書語詞彙兩大類別,這是各種語言共通的。

區分口語詞彙和書語詞彙的根據是運用言語的不同條件。運用口語的時候,説話的雙方有直接的接觸,可以使用語言的和

---

① 當然,也可能是外來詞終於站不住脚,被本語言原有的或新造的詞排擠掉,如"擴音器"代替了"麥克風"。

② 參看聶崇岐《滿官漢釋》,《燕京學報》第 32 期,1947 年,第 100 頁。

③ 關於 typhoon 的語源,參看 Yuan Jiahua（袁家驊）："English Words of Chinese Origin"（源自漢語的英語詞）,*Journal of Chinese Linguistics*,Vol. 9, No. 2,1981, pp. 273 – 281。

非語言的各種輔助表現手段，如停頓、語調、指點、手勢、姿態、面部表情等。説話的情境就起着上下文的作用。口語交際通常以"對話"（dialogue）的形式進行，也沒有預先的考慮或準備。口語的詞彙量比較小，常用多義詞、語義寬泛的詞、帶感情色彩的詞、具體而形象的詞。就漢語而言，口語詞彙還有一個特點，就是它的基本成員是單音節詞。

　　書語一般是"獨白"（soliloquy）。説話人可能不認識或不看見聽話的對方，也不能立時檢驗對方的反應，不知道他們是否瞭解得正確。這時候就要求語言無須藉助於輔助的表現手段就能準確地表達思想。不過，使用書語可以預先準備，可以從容選詞，這就使書語能比口語更準確更周密。跟叙述或描寫的準確性和周密性相適應，書語的詞彙也就比口語的詞彙更爲豐富多樣，在同義詞的選擇上也更爲仔細。

　　分別口語詞彙和書語詞彙並不意味着前者只能用於言語的口頭形式而後者只能用於言語的書面形式。比方説，劇本和小説中的對話就是書面形式的口語，而演説、報告、講課等正式的公開談話就往往是口頭形式的書語。

　　4.7.2　口語可以分爲文雅口語、家常口語和俚語三種。文雅口語或稱典雅口語，是最接近於書語規範的口語。它的特點是語法正確，不用方言詞和習慣語（jargon），感歎詞、語氣詞和其他助詞以及形象性詞語用得比書語多一些。家常口語，或稱日常口語，不如文雅口語那麼整飭，規範化的程度差一些，比較容易吸收方言詞和習慣語，表愛詞（如漢語的"兒化"詞）用得較多。俚語的特點是在語法和語音上帶有較重的土話色彩，在詞彙上使用方言詞、習慣語和鄙俗詞（vulgarism）比較多。

　　書語詞彙多用在議論文裏，即多用在修辭學（rhetoric）和風格學（stylistics）上所謂"學術語體（文體）"和"政論語體（文體）"裏。

　　就漢語而論，口語詞彙多半是單音節詞，而跟它們相當的書語詞彙則是雙音節詞。例如：住～居住、送～贈送、讀～閲讀、買～購買、聽～聆聽、愛～喜愛、怕～懼怕、窄～狹窄、窮～貧窮、病～疾病、進～進入、睡～睡眠、挑～挑選。這裏每一對中雙音節詞和單音節詞的意義或意義色彩並不完全相同。一般説來,雙音節詞的意義要狹窄一些,確定一些;在風格上雙音節詞"文"一些,單音節詞"白"一些①。

4.7.3　術語是書語詞彙裏一個獨立的類別。術語詞彙内容豐富,生長迅速而支派繁多,值得特别加以研究②。

所謂術語就是用來準確地表達某個知識部門、生産部門或文化部門所特有的概念的詞和詞組。例如:詞素(語言學)、聲門(解剖學)、磁場(物理學)、氧化(化學)、天綫(無綫電)、脚燈(戲劇)、配音(電影)。

術語之所以能够做到含義準確是因爲在專門文獻和各科《名詞》裏所下的定義確切地指明瞭每個術語的内容和界限。

作爲一類特殊的詞,術語的特點首先表現在它的意義結構上,即術語只包含具有明確的語義範圍的稱謂意義(自由意義)或直接意義。在專門應用範圍内,術語的意義是不變的。

術語可以是專門創造的詞語,這些詞語只在專門領域裏應用,不是本門的行家是根本不懂的。例如漢語音韻學術語:等呼、介音、陰聲、陽調、全濁、次清。但是術語也可以不是專門創造的詞語,而是取自全民語的一般詞彙、賦以特定的術語意義而成的。這時這個術語意義也就進入這個全民詞的意義結構,成爲它的一個組成部分。例如語言學術語:同化、形態、屈折、底層。

術語詞彙和全民詞彙有着緊密的聯繫,其間經常有互相交换和影響的現象發生。某一部門的術語詞彙和其他部門的術語詞彙之間的關係也是如此。例如,genus(屬)和 species(種)既是邏

①　參看北京大學中文系漢語教研室《現代漢語》中册,第 4 章第 6 節,高等教育出版社,1960 年。
②　參看布達哥夫(Р. А. Будагов):Очерки по языкознанию,1953,стр. 18－23;漢譯本《語言學概論》,時代出版社,1956 年,第 20—26 頁;陳原《語言與社會生活》,三聯書店,1980 年,第 71—76 頁。

輯學的術語，又是生物學的術語，morphology（形態學）既是生物學和地質學的術語，又是語言學的術語。隨着科學文化的普及和新的發明創造的深入人民生活，原來只有專家才知道的一些術語也就會進入一般詞彙並按照其他全民詞的方式繼續發展。

新術語的構成方式一般跟全民語裏表示新概念的詞的構成方式相似，儘管其中每種方式所占的比重可能有些不一樣。由於術語詞彙是語言裏的一個特殊部分，在這個部分最容易發生不同語言的交流，因而外來詞所占的比重較大，國際化的傾向也表現得特別明顯。

術語跟非術語不同的地方在於它的單義性、準確性和所表達的概念的嚴格分化。術語必須具備並保持這三個根本特徵才能成其爲術語。不過，當其用於別的非專門的"語體"（文體）裏，術語也可能獲得轉義。如果這個轉義已經在語言裏鞏固下來，或者這個術語所表示的概念已經是衆所周知，那麼這個詞就不再是一個單純的術語而是全民詞彙的一員了。例如：具體、抽象、比重、結晶、前哨、陣地、序幕、插曲、解剖、麻醉。

詞彙像這樣從一個應用領域轉到另一個應用領域同時伴隨着有規律的語義變化，乃是詞彙發展的重要途徑之一，值得加以專門的研究。

4.7.4　某個學科或專業部門的術語（term）所代表的概念是彼此聯繫並構成一定的體系的，所以這些術語本身也是彼此聯繫並結合爲一個體系的。我們所說的某個部門的術語詞彙（terminology），指的就是這樣的術語體系。

跟一般詞彙比起來，術語詞彙的一個特點是造詞和用詞的高度有意識性；每個學科或專業部門都時常有整理和審訂術語詞彙的專書出版就是一個證明。一個術語必須具備的最基本的條件是它的單義性。但是實際上並非所有的術語都能符合這個條件，因爲不同的學者，特別是不同的學派，對同一個術語常常給以不同的定義。術語具有多義性是術語詞彙的一大缺點。如果一個術語的不同意義分屬於不同的專業，那還不至於引起混淆；如果一個術語在同一專業範圍内就是多義的,那就會造成理解上的困難。

術語詞彙的另一個特點是它們只表達概念而不包含感情色彩。

最後,提一下術語跟行業語的區別。術語跟行業語的區別主要在於行業語一般只用於口頭交際形式,常常帶有感情色彩、詼諧意味和形象性,並且往往是多義詞,而術語則不是如此。

4.7.5　專門術語及其歷史的研究可以顯示語言史跟社會史和文化史之間的聯繫,因爲專門詞彙的發展清楚地反映了科學、技術和文化的歷史。

§4.8　表情詞彙

4.8.1　根據是否帶有感情色彩,可以把詞彙分爲中性詞彙和表情詞彙。中性詞彙只表現概念而不指明説話人對它的態度。例如:山、水、門、墙、跑、看、拿、做,大、小、上、下。表情詞彙除了表現概念以外還表現説話人對它的感情和態度。例如:英雄、烈士、崇高、豪邁、堅定、慈祥,流氓、行徑、叫囂、勾結、卑鄙、狠毒、猖狂、放肆。

感情色彩和風格色彩不是一回事,但是二者有密切的聯繫。比如,風格學上所謂"崇高"(sublime)這樣一種風格色彩就同時是一種感情色彩,因爲所有"崇高的"詞,只要不是用作反語(irony),都表示對於所説對象的尊敬或欽佩,而後者無疑是屬於感情的領域的。感情色彩和風格色彩的聯繫在俚語(slang)上也可以看出來。一方面,俚語詞彙一般只用於口語,這是它的風格特徵;另一方面,俚語詞彙的表情能力特別强,這就是它的感情色彩上的特徵了。

4.8.2　詞的情感意義表示説話人對思想對象的態度、對客觀事物和現象的評價。在表情詞彙裏這種情感意義占着重要的地位。語言裏也有只具備情感意義而没有實體-邏輯意義的詞,如感歎詞。不過就表情詞彙裏的大部分詞來説,情感意義是來自實體-邏輯意義並與之密切結合的。

最富於表情詞彙的是口語,尤其是家庭和學校裏使用的口語。

4.8.3　詞語表現感情色彩有如下幾種手段:

(1) 加詞綴(後綴)。這有表愛的和表憎的兩種。比較①:

來了一個老頭兒。	瞧這老頭子,多不懂理!
這是誰家的小孩兒啊?	小孩子家! 少管大人的事!
王師傅是我們頭兒。	他是竊盜集團的頭子哪。
我買了倆燈泡兒。	到處是破電綫、爛燈泡子。
還是你心眼兒透亮。	那傢伙一肚子壞心眼子!

(2) 重疊。以漢語形容詞爲例,比較:

喜喜歡歡	糊里糊塗
舒舒服服	囉里囉嗦
乾乾净净	慌里慌張

(3) 其他修辭手段。例如詞的形象比喻用法、夸張用法等。

4.8.4　某些表情詞語常常用作"插入語",這類插入語並不給説話的内容增添些什麼,只不過使它帶上某種感情色彩罷了。這種用詞特點在粗俗語裏表現得特別顯著,有的方言管它叫説話帶把(bà)子。我們在日常生活中就可以碰到很多例子。爲了防止"語言污染",保持語言美,我們説話應當避免使用這類粗鄙的插入語。

4.8.5　表情詞彙的研究是很重要也很有趣的,但是過去做得不多,許多有關的問題(例如表情詞彙究竟應當包括哪些内容的問題)都還有待於通過深入的探討來加以闡明。

①　參看俞敏《漢語的愛稱和憎稱的來源和區別》,《中國語文》1954 年 2 月號,第 15—17 頁。

第五章　同義詞、反義詞、同音詞

§5.1　同義詞的性質

5.1.1　語言詞彙的發展不僅表現在數量的增長上，而且表現在質量的改進上。要使語言更好地實現表情達意的功能，就要求詞彙具有意義的多樣性，有充分的表現力，能夠準確地表達各種細緻的思想感情。這些要求就是導致同義詞產生的原因。同義詞的存在乃是語言的豐富性和精密性的標志之一。

5.1.2　所謂同義詞（synonym）就是語言詞彙裏具有一個或幾個意義相同或很相近的詞，同義詞通常屬於同一個詞類。

由於有一個或幾個意義相同或很相近，同義詞在一定範圍内是可以互相代替的。例如："顏色很漂亮"的"漂亮"可以用"美麗"來代替；"門前遲行迹，一一生綠苔"（李白《長干行》二首之一）的"生"可以用"長"來代替。但是，"話説得很漂亮"的"漂亮"就不能説成"美麗"，"父兮生我，母兮鞠我"（《詩·小雅·蓼莪》）的"生"也不能説成"長"。可見，同義詞的代替只是在一定範圍内才是可能的；超出這個範圍，它們在意義上或用法上就可能大不相同。有人給同義詞下定義，説"可以互相代替使用或是片面代替使用的詞是同義詞"①，這顯然是不恰當的。

同義詞的存在可以使人們能够更加確切地表現思想、感情和

---

① 　何靄人《普通話詞義》，新知識出版社，1957年，第35頁。

態度。無論對於從事語言研究或語文教學的人來説，同義詞的審辨和分析都是一件十分重要的工作。審辨同義詞，不但要指出它們一致的一面，更重要的是要揭示它們差異的一面。這些差異可能涉及詞的補充意義、風格特徵、感情色彩、跟其他詞的搭配關係等。一般説來，同義詞之所以常常不能互相代替，就是因爲它們之間存在着這些差異。

　　除少數"絕對同義詞"以外，在一組同義詞裏，一個詞的意義結構是不會跟另一個詞的意義結構完全符合的。兩個或兩個以上的詞可能在一個或幾個意義上是同義詞，但是在其餘的意義上就不一定是同義詞。例如，"生"有"發生"、"生長"、"生育"等意義，在"發生"、"生長"的意義上它跟"長"是同義詞，但是在"生育"的意義上它跟"長"就不是同義詞。

　　所以，如果一個詞有幾個意義，那麼在每個意義上它都可以有各自的同義詞，即一個詞可以分屬於幾個同義詞群。例如：

$$\begin{cases} 研究——鑽研——研討——探討 \\ 研究——考慮——商量——討論 \end{cases}$$

$$\begin{cases} 痛快——舒暢——高興——喜歡 \\ 痛快——爽快——乾脆——利落 \end{cases}$$

在這種情況下，屬於不同詞群的詞一般不是同義詞，如上例中的"商量"和"鑽研"就不是同義詞。這就是説，如其兩個詞分別跟第三個詞是同義詞，這兩個詞不一定就是同義詞。"A＝C，B＝C，所以 A＝B"的公式在這裏是不適用的。

　　只有明白了這個道理，我們才能正確地使用《爾雅》、《廣雅》等匯集同義詞群來作解釋的古代訓詁書①。例如《爾雅‧釋言》："穀、鞠，生也。""生"可作不及物動詞當"活"講，又可作及物動詞當"養，養活"講。在前一意義上，它和"穀"是同義詞，如《詩‧王

---

① 參看張永言《論郝懿行的〈爾雅義疏〉》，《中國語文》1962 年第 11 期，第 507 頁；又：《訓詁學簡論》，華中工學院出版社，1985 年，第 144—168 頁。

風‧大車》：“穀則異室，死則同穴。”在後一意義上，它和“鞠”是同義詞，如《詩‧小雅‧蓼莪》：“父兮生我，母兮鞠我。”但是，“穀”和“鞠”卻不兼具這兩種詞性和意義，所以它們不是同義詞。“穀、鞠，生也”只能理解為“穀，生也”，“鞠，生也”；假若由此就得出“穀，鞠也”的結論，那是完全錯誤的。這類錯誤過去的訓詁學者和古書注釋者常常犯。有的是由於不明訓詁義例，無意地犯；有的是為了證明某一説法，有意地犯。這是值得我們注意並引為鑒戒的。

5.1.3　在一個詞的意義裏可以區別出：實質意義（反映事物或現象的本質特徵的）、補充意義（反映某些伴隨觀念的）、風格特徵和感情色彩。只有實質意義一致的詞才能成為同義詞。但是，在指稱同一事物或現象的時候，各個同義詞往往着重於它的不同的補充特點或不同的方面，並表現出各種風格上或感情上的區別，這樣同義詞就起到了豐富語言詞彙的作用。比較：靜～清靜～寂靜～岑寂，嚇～嚇唬～恐嚇～恫嚇，飛～飛翔～翶翔，亮～晶瑩，主人～主子，婦女～女人，贊美～恭維，贊成～附和。

同義詞在補充意義、風格特徵和感情色彩上的區別都是使得同義詞不能互換的原因。除此以外，詞的搭配關係的不同也足以妨礙同義詞的互相代替。例如：

維持（秩序、生活、現狀等）～保持（清潔、安靜、健康等）
轉移（目標、陣地、視綫等）～轉變（態度、思想、作風等）
交換（資料、禮品、意見等）～交流（經驗、思想、文化等）
擴大（生產、眼界、影響等）～擴充（資金、設備、軍備等）

在語法上，各個同義詞的用法也可能有所不同。例如：英語副詞 also 和 too 是同義詞，但是在句子裏 also 用在被修飾語的前面或後面，而 too 則一般用在句末。

我們説，同義詞通常屬於同一個詞類，詞類不同的詞儘管意義很相近，一般也不看作同義詞，就是因為詞類不同詞的語法特點和用法也就有較大的差異。例如：“智慧”和“聰明”意義很相近,但是“智慧”是名詞而“聰明”是形容詞,所以我們不把它們當作同義詞①。不過在有的語言裏也有例外的情況,即屬於不同詞類的詞有時可以結合在一個同義詞群裏。例如,英語形容詞breathless(氣喘吁吁的)就跟分詞 panting 和 puffing 是同義詞,因爲英語的分詞同時帶有形容詞的性質。

到這裏我們可以給同義詞下一個比較周密的定義:同義詞就是語言詞彙裏具有一個或幾個類似意義的詞,這些意義表現同一個概念,但是在補充意義、風格特徵、感情色彩以及用法(包括跟其他詞的搭配關係)上則可能有所不同。

§5.2　同義詞的分類

5.2.1　根據一組同義詞中各個詞相互間的差異所在,同義詞可以分爲意念同義詞、風格同義詞和絕對同義詞。

意念同義詞,又叫“意義上的同義詞”②,就是在補充意義上或者跟其他詞的搭配關係上彼此有差別的同義詞,但是更常見的情況是它們在這兩方面都有差別,因爲詞的用法是跟詞的意義緊密地聯繫着的。例如:“拉”、“拽(zhuài)”、“拖”、“扯”這四個詞指的是一種基本上相同的動作,但是“拉”表示一般的拉,“拽”表示用力拉,“拖”表示用力往前拉或者用力拉住不讓往前動,“扯”表示不規則的拉③。這樣,“拉、拽、拖、扯”就構成一組意念同義詞。同樣,“看、望、瞧、瞟、瞅、盯、瞪”也是一組意念同義詞。

可見,一組意念同義詞能够代表某個基本特徵和使它帶上特殊色彩的其他特徵的不同結合情況。

意念同義詞也可以在所表示的特徵的程度上或者感情的強度上有差別。例如:“磕、碰、撞”,“忽視、輕視、蔑視”,“阻止、制

---

① 　但是當“聰明”名物化用作名詞的時候(如“這人還有點兒小聰明”),它就可以看作“智慧”的同義詞。參看高慶賜《同義詞和反義詞》,新知識出版社,1957 年,第 12 頁。

② 　參看上海外國語學院、哈爾濱外國語學院《語言學引論》第 199 頁。

③ 　參看魏建功《同義詞和反義詞》,《語文學習》1956 年 9 月號。

止”,“請求、懇求”,“感動、激動”,“失望、絶望”。這一類同義詞又叫“相對同義詞”。相對同義詞的範圍必須限制得很嚴,因爲一個特徵的量的增減常常導致質的差異,而不同强度的情感也往往有本質的區別。這就是説,不能把語義上有聯繫的詞通統看成同義詞,否則同義詞就會漫無界限了。比方説,表示上位概念和下位概念的詞一般説來就不能看作同義詞,如:樹～柳樹、菜～白菜、衣服～制服、牲口～馬、莊稼～高粱、作家～詩人、考試～口試。

5.2.2　風格同義詞,又叫“修辭上的同義詞”①,就是意義相同或很相近但是應用場合不同的詞,在一組風格同義詞裹不同的詞適用於不同的語體(文體)。例如:爸爸～父親、媽媽～母親、小孩兒～兒童、生日～誕辰、辦法～措施、死～逝世、埋～安葬、給～給予、溜達～散步、耗子～老鼠、土豆～馬鈴薯、玉米～玉蜀黍、好字眼兒～褒義詞、壞字眼兒～貶義詞、水銀～汞、番茄～西紅柿、先生～密司脱、靈感～煙士披利純、引擎～發動機。在成對的風格同義詞裹,有時一個是舊詞一個是新詞,或者一個是方言詞一個是全民詞,或者一個是固有詞一個是外來詞,或者一個是一般詞一個是術語。現代漢語裹由一個單音節詞和一個雙音節詞配成對的同義詞也多半是風格同義詞②。

5.2.3　介乎意念同義詞和風格同義詞之間的是感情色彩有區別的同義詞。例如:結果～後果、行爲～行徑、堅持～固執、積存～積壓。跟相對同義詞一樣,這類同義詞的範圍也必須限制得很嚴,否則我們就會把非同義詞錯看成同義詞。例如,“臉”和“嘴臉”、“領袖”和“頭子”、“頑强”和“頑固”就不能看作同義詞。

5.2.4　絶對同義詞就是意義結構相重合的詞,即意義完全一致的詞。這類同義詞在語言裹是爲數不多的,它們多半是一些表示事物名稱的詞,例如:鐵路～鐵道、教室～講堂、大衣～外套、星期日～禮拜天、盤尼西林～青霉素、照相～攝影。這類同義詞

①　參看上海外國語學院、哈爾濱外国語學院《語言學引論》第 199 頁。
②　參看北京大學中文系漢語教研室《現代漢語》中册,第 316—317 頁。

在術語詞彙裏比較常見一些,例如:語法～文法、元音～母音、輔音～子音、音强～音勢、音色～音品、内動詞～自動詞～不及物動詞、外動詞～他動詞～及物動詞。

　　一般詞彙裏的絶對同義詞有的在言語裏可以起到調整音節、避免重複的作用,有的則完全是語言的贅疣,是規範化的對象;術語詞彙裏的絶對同義詞更是沒有益處,應當加以規範。

　　絶對同義詞的來源是多方面的,如譯名的紛歧、方言詞的滲入、古詞的挪用等。

§5.3　同義詞的來源和作用

　　5.3.1　人們對於客觀現實的認識是不斷發展的。隨着人們認識的加深,語言裏表現意義和色彩的各種細微差别的同義詞也就不斷地産生出來了。大致説來,同義詞産生的途徑和來源有下面這一些:

　　(1) 新詞的創造　　這在專門術語上表現得最爲明顯,例如:國語～普通話、文法～語法、行話～行業語、癆病～肺結核。

　　(2) 古詞的襲用　　例如:輕視～鄙夷、爬行～匍匐、挑撥～離間、消滅～殲滅、暗藏～潛伏、天亮～黎明、多少～若干、多麽～何等、完全～全然、幾～數、的～之、和～與、要是～假使、越～愈。

　　(3) 方言詞的吸收　　例如:頭～腦袋、玉米～玉麥、蟬～知了[①]、烏鴉～老鴰、湯匙～調羹兒、中午～晌午、做～搞、難堪～尷尬、什麽～啥(子)。

　　(4) 外語詞的借用　　例如:詼諧～幽默(humour)、時髦～摩登(modern)、水泥～水門汀(cement)、發動機～引擎(engine)、維生素～維他命(vitamin)、青霉素～盤尼西林(penicillin)、資産階級～布爾喬亞(bourgeoisie)、論理學～邏輯(logic)、公尺～米(mètre)。

---

① 當即古語"蛁蟟"的音變。

（5）婉詞（euphemism）的應用　語言裏有不少的同義詞是作爲婉詞而出現的。婉詞的應用本是一種修辭手段，目的在於用比較温和、委婉的詞來代替粗魯、猥褻的詞，或者説，用好字眼兒來代替壞字眼兒，以表示文雅、禮貌或客氣[1]。例如，不説"拉屎、撒尿"而説"大便、小便"，"解手"，"盥手"[2]，"更衣"[3]；不説"厠所"而説"洗手間"或"盥洗間"；不説"死"而説"去世"之類。

婉詞是詞彙裏很活動的、時常有更替的一部分。這是因爲婉詞一常用就又會跟所指的對象和伴隨的不愉快情感緊緊聯繫起來，從而失去其婉言的性質。比方説，"大便、小便"早已顯得有些粗俗了，於是改説"解手"；現在"解手"也顯得不夠委婉了，於是有的人又改用其他的説法了。

5.3.2　至於同義詞在言語裏的作用，大致説來有下面這一些：1）表達精確細緻的思想感情；2）避免詞語的單調重複；3）協調語句的音節；4）構成各種類型的成語[4]。這些在各種"現代漢語"教本和參考書裏都有所論列，這裏就不多談了。

§5.4　反　義　詞

5.4.1　反義現象（antonymy）是跟同義現象（synonymy）相對立的詞與詞之間的一種語義關係。處於反義關係的兩個詞互

---

[1]　婉詞的産生跟所謂忌諱（taboo）有密切的關係，忌諱也是造成詞彙變化的原因之一。參看布拉霍夫斯基（Л. А. Булаховский）：*Введение в языкознание*（《語言學引論》），第 48—52 頁；布達哥夫（Р. А. Будагов）：*Очерк ло языкознанию* стр. 76 - 81，漢譯本《語言學概論》第 89—94 頁；陳原《語言與社會生活》第 77—92 頁；吕叔湘《語言作爲一種社會現象》，《讀書》1980 年第 4 期，第 97 頁。

[2]　南宋韓元吉《南澗甲乙稿》卷十六《書朔行日記後》："駐車乞漿，下馬盥手。"

[3]　《史記·魏其武安侯列傳》："坐乃起更衣，稍稍去。"《論衡·四諱》："夫更衣之室，可謂臭矣！"

[4]　例如：驕傲自滿、挑撥離間、粗心大意、小心謹慎、忠誠老實、希奇古怪、奇形怪狀、發號施令、幸災樂禍、聚精會神、養精蓄鋭，生離死別、説長道短、千變萬化、鬼哭神號（嚎）、面紅耳赤。

爲反義詞(antonym)。反義詞就是語音不同、意義相反的詞。

語言裏的詞不是都有反義詞的，因爲並非每一個概念都有相當的對立概念。比方説，一些具體事物的名稱，如"臉"、"鼻子"、"椅子"，就沒有反義詞。

凡是含有性質意義的詞都有反義詞，不論它是名詞（如"利"～"害"）、動詞（如"凝固"～"溶化"）、形容詞（如"長"～"短"）或副詞（如"逐漸"～"突然"）。因爲形容詞多半是表示性質的，所以在這個詞類裏反義詞特別豐富。例如：大～小、美～醜、好～壞、厚～薄、冷～熱、光明～黑暗、單純～複雜、深刻～膚淺、勇敢～怯懦、高尚～卑鄙。

表示時間、空間的名詞（包括所謂方位詞）也可以有反義詞。例如：日～夜、春～秋、冬～夏、古～今、始～末、開頭～結尾、天上～地下、上面～下面、東～西、南～北、前～後、左～右。

表示人的活動和狀態的動詞也常常有反義詞。例如：來～去、死～活、愛～恨、喜歡～討厭、工作～休息、前進～後退、尊重～輕視。

5.4.2　正如一個詞由於具有多義性可以進入幾個同義詞群一樣，一個多義詞也可以有幾個反義詞。例如：老$_1$（年長）～幼、少、小，老$_2$（舊）～新，老$_3$（不嫩）～嫩；進$_1$～退，進$_2$～出。

5.4.3　多數語言學家傾向於只把詞根不同的意義相反的詞看作反義詞，而不把在一個詞根上加否定詞綴構成的詞看作反義詞。例如，英語 happy（快樂）和 unhappy（不快樂）、like（喜愛）和 dislike（不喜愛）就不算反義詞。爲了不使反義詞的範圍過分擴大，上述看法是可取的，儘管有的學者對此還有異議[1]。

漢語沒有像印歐語那樣的否定詞綴，而只有否定副詞和否定性動詞。由這類否定詞和另一個詞構成的語言單位一般只能看作詞組，如：小心～不小心、有出息～沒出息。這就是説，這裏用

---

[1]　參看 A・A・基列耶夫《論反義詞》，《俄語同義詞、反義詞及同音異義詞研究》，時代出版社，1955 年，第 20、25 頁；高慶賜《同義詞和反義詞》第 45、48 頁。

來表達對立概念的是句法手段而不是構詞手段。顯然，這類結構是不能看作反義詞的。

　　5.4.4　語言裏反義詞之間的聯繫是十分緊密的，所以在言語裏它們常常用在一塊兒。反義詞的並用或連用有時候是一種修辭手段，用來突出事物或現象的對比或矛盾，增強語言的表現力。因此，無論在文藝作品、政論文獻或哲學著作裏我們都經常可以見到這類例子。如狄更斯（Charles Dickens，1812—1870）《雙城記》（*A Tale of Two Cities*）全書開頭的一段著名文章：

　　　　It was the *best* of times, it was the *worst* of times, it was the age of *wisdom*, it was the age of *foolishness*, it was the epoch of *belief*, it was the epoch of *incredulity*, it was the season of *Light*, it was the season of *Darkness*, it was the spring of *hope*, it was the winter of *despair*, we had *everything* before us, we had *nothing* before us, we were all going direct to Heaven, we were all going direct the other way...（這是最好的時世，這是最壞的時世；這是智慧的年代，這是愚昧的年代；這是信仰的時代，這是懷疑的時代；這是光明的時節，這是黑暗的時節；這是希望之春，這是失望之冬；我們面前什麽都有，我們面前什麽都没（méi）；我們都在直登天堂，我們都在直下地獄……）

這説的是法國大革命前的時代。我們不妨比較一下政論文中關於法國革命時代的描述：

　　　　法國資産階級革命從 1789 年爆發到 1875 年第三次共和國成立，經過了八十六年，中間交織着進步和反動，共和和帝制，革命的恐怖和反革命的恐怖，内戰和外戰，征服外國和投降外國，尤其動盪不寧。（《再論無産階級專政的歷史經驗》，見《胡喬木文集》）

再看一個古代哲學著作裏的例子：

　　　　天下皆知美之爲美，斯惡矣；皆知善之爲善，斯不善矣。

故有無相生，難易相成，長短相形，高下相傾，音聲相和，前後
相隨。(《老子》第二章)

這位哲學家在這裏利用反義詞的對比生動地説明了事物和現象
相反相成的辯證關係。

5.4.5　漢語很喜歡用反義詞素來構詞，主要是表示抽象意
義的詞。例如：利害、得失、是非、異同、動靜、消長、存亡、去就、買
賣、大小、輕重、長短、深淺、疏密、多少、上下、高低、左右、反正、橫
竪、春秋、東西。

漢語也很喜歡用反義詞來構成成語。例如：去粗取精、棄暗
投明、陽奉陰違、裏應外合、無獨有偶、東張西望、南腔北調、大驚
小怪、説長道短、啼笑皆非、本末倒置、左右爲難、進退兩難、口是
心非、眼高手低、懲前毖後、深入淺出、避重就輕、三長兩短、九死
一生、七上八下。

§5.5　同　音　詞

5.5.1　語言裏發音和寫法相同而意義不同的詞叫做同音
詞，或稱同音異義詞。例如：漢語"詞$_1$"(語言的單位)～"詞$_2$"(一
種長短句押韻的文體)，"杜鵑$_1$"(鳥名)～"杜鵑$_2$"(花名)；英語
spring$_1$(春天)～spring$_2$(泉)；俄語 коса$_1$(鐮刀)～коса$_2$(辮子)。

同音現象跟同義現象相反而跟多義現象相近，同音現象和多
義現象都表現爲：同一個語音單元具有幾個不同的意義。如果我
們只把來源不同的詞在語音上的相合看作同音現象[1]，那麼劃分
同音現象和多義現象的界限是很簡單的事情。可是如果我們把
某些多義詞意義結構的解體也看作同音現象，那麼這個劃界問題
就變得十分複雜了。即使如此，同音現象和多義現象還是有區別
的。多義詞的各個意義構成一定的體系，這個體系的各個成員之

---

[1]　參看 M. A. Pei and F. Gaynor：*A Dictionary of Linguistics*(《語言學詞典》，1954)
"homonym""homophone"條，p. 92。

間的聯繫是説話的人意識得到的。例如"把俘虜放了"、"放手"、"放牛"、"放砲"的"放","開門"、"開學"、"開商店"、"開礦"、"開槍"的"開",這是多義現象。與此相反,同音詞的意義之間的聯繫是説話的人覺察不到的,儘管從歷史詞彙學的觀點來看其間有着某種聯繫。例如:漢語"信₁"(誠信)～"信₂"(書信)、"管₁"(管子)～"管₂"(掌管),英語 capital₁(首都)～capital₂(大寫字母)～capital₃(資本),俄語 свет₁(世界)～свет₂(光明)①。

5.5.2　上面我們把"同音詞"(homonym)規定爲發音和寫法都相同只是意義不同的詞。至於只是發音相同而意義和寫法都不同的詞,我們另稱之爲"等音詞"(homophone),以示區別。例如:漢語"枇杷"～"琵琶"、"樹木"～"數目",英語 write(寫)～right(權利)～rite(儀式),俄語 плод(果實)～плот(木筏)。不過在漢語的一般用法上,"同音詞"也往往兼指"等音詞"。

在語文應用中對於等音詞要注意寫法的正確,不可混淆,例如"權利"和"權力"、"反應"和"反映"、"十足"和"實足"之類。

此外還有意義和發音都不同只是寫法相同的詞,我們稱之爲"同形詞"或"同形異義詞"(homograph)。例如:漢語"行₁"(xíng)～"行₂"(háng)、"重₁"(zhòng)～"重₂"(chóng)、"地道₁"(dì dào)～"地道₂"(dì dao),英語 tear₁〔tiə〕(眼泪)～tear₂〔tɛə〕(撕)、lead₁〔li:d〕(引導)～lead₂〔led〕(鉛),wind₁〔wind〕(風)～wind₂〔waind〕(繞),俄語 мýка(苦痛)～мукá(麵粉)、зáмок(城堡)～замóк(鎖)。同形詞跟同音詞和等音詞性質完全不同,這裏只是附帶提到,不需多加討論。

在正字法能反映詞的實際讀音的語言裏,不同的寫法就代表發音不同的詞,發音不同的詞寫法也就不同,因此等音詞和同形詞都很少。可是在漢語裏,由於漢字不是拼音文字,同一個語音可以寫成許多不同的漢字,同一個漢字又可以代表幾個不同的語

① 參看加爾金納-費多魯克(Е. М. Галкина-Федорук)《談談俄語同音異義詞問題》,《俄語同義詞、反義詞及同音異義詞研究》第 39 頁。

音，所以等音詞和同形詞都很多。

5.5.3　同音詞（包括等音詞，下同）可以根據不同的原則來分類。下面提出來的一種詞彙-語法的分類所根據的是：1）不同的詞彙單位是整個兒地同音呢，還是只有個別的詞形同音？2）一組同音詞是詞彙意義不同呢，還是語法意義不同，還是二者都不同？3）它們是屬於同一詞類呢，還是屬於不同的詞類？按照這個標準，同音詞可以分爲如下幾類：

（1）詞彙同音詞，即語法意義相同（屬於同一詞類）而詞彙意義不同的同音詞。這又分兩種：

a）完全詞彙同音詞，即各個詞形都同音的，例如：英語 draw₁（拉）～draw₂（畫）、die（死）～dye（染），俄語 мир₁（世界）～мир₂（和平）。

b）部分詞彙同音詞，即只有一部分詞形同音的，例如：英語 lie₁（躺）～lie₂（說謊）。比較：

不定式	lie（躺）	lie（說謊）
第三人稱，單數，現在時	lies	lies
過去時	lay	lied
過去分詞	lain	lied
現在分詞	lying	lying
動名詞	lying	lying

（2）語法同音詞，即詞彙意義相同而語法意義不同（屬於不同詞類）的同音詞。例如：英語 saws₁（名詞 saw 的複數）～saws₂（動詞 saw 的第三人稱單數現在時）。

（3）詞彙-語法同音詞，即詞彙意義和語法意義都不相同的同音詞。例如：漢語"在"～"再"、"試"～"事"，英語 light₁（光）～light₂（輕）、mean₁（下賤）～mean₂（意指）、may₁（可以）～May₂（五月），俄語 знать₁（知道）～знать₂（貴族）。

5.5.4　同音詞的產生不外乎兩個途徑：1）歷史上來源於同一個詞，由於詞彙意義或語法意義的分離達到了失去聯繫的地步,因而成爲幾個同音詞;2)歷史上來源於不同的詞,由於語音演變或發音偶合而成爲同音詞。這裏第一類中由多義詞分裂而造成的同音現象,有的語言學家仍然把它看成多義現象的一種;只有第二類同音現象,才是語言學家們共同承認的。

同音詞來源的探討主要是個別語言歷史詞彙學範圍內的事,這裏只能作一個簡略的概述。

(1)所謂多義詞的分裂就是指一個多義詞的某個意義跟這個詞的意義體系相脱離的現象。如果這個意義跟其餘意義的聯繫説話的人已經覺察不到了,這就形成了一個跟原詞同音的獨立的詞。這種語義聯繫的斷絶往往是由於某個中間環節失落的結果。如:"信₁"(誠信)~"信₂"(書信)。此外,某一詞類的詞經常用於主要是別一詞類所具的功能,也可能導致這個詞的詞彙-語法意義的分化,因而形成同音詞。如:"怪₁"(形容詞)~"怪₂"(副詞)、"老₁"(形容詞)~"老₂"(副詞)。

有人認爲只有起源上没有聯繫的發音相同的詞才是真正的同音詞。他們不贊成把多義詞意義體系分裂的情況也歸屬於同音現象,主要是爲了避免給主觀主義地處理問題開闢道路。我們認爲這種看法是不妥當的,因爲一則這後一類同音詞雖然有時跟多義詞難於分別,可是總的説來它們之間還是有一個客觀存在的界限的,再則按照這種看法必然要求把全部同音現象都移交給歷史詞彙學去處理,這樣就會影響到現代語言的共時的描寫。因此,這種看法是我們所不取的。

(2)由於來源不同的詞在語音上的重合而形成同音詞,這是語言裏很普遍的現象。在漢語裏這一類同音詞是十分豐富的,因爲漢語的語音系統(特別是聲母系統和韻尾系統)在歷史發展過程中曾經有過重大的變化,變化的結果是語音系統(包括音節結構)的簡化,從而促成了同音現象的發展,即是説,許多原來不同音的詞變成同音詞了。例如:布[p-]~步[b'-]、訂[t-]~定[d'-],腔[k'-]~槍[ts'-]、輕[k'-]~青[ts'-]、孝[x-]~笑[s-],味[m-]~魏[ŋ-]~衛[ɣ-]、林[-m]~鄰[-n]、立[-p]~栗[-t]~力

[-k]～利[-0]。其次,利用語言裏已有的詞素造詞也會因語音偶合而造成同音詞。例如：儀表₁(儀容)～儀表₂(儀器)。最後,借用外語詞也可能因與固有詞語音偶合而形成同音詞。例如：漢語"米₁"～"米₂"(<法語 mètre)、"瓦₁"～"瓦₂"(<英語 watt),英語 ball₁(球)～ball₂(<法語 bal"舞會"),俄語 брак₁(婚姻)～брак₂(<德語 Brack"廢物")。

　　5.5.5　從以上的論述可以看出來,同音詞的産生是語言在發展中必然出現的現象。沒有同音詞的語言幾乎是沒有的。但是同音現象的存在並不是語言的理想狀況。一種語言裏如果同音詞太多,就有可能造成詞義的混淆,從而削弱語言的表達能力;特別是詞類相同的詞、屬於同一應用範圍的詞、常在相同的上下文裏出現的詞,如果同音,更容易引起誤解,妨礙交際。例如：期中～期終、修養～休養、郵船～油船、出版～初版、越劇～粤劇、寓言～預言、鈾～油、烯～硒。這類同音現象的處理是現代漢語規範化和漢字改革的重大課題之一①,這裏不能討論。我們需要注意的是在運用語言的時候不濫造同音詞並避免使用可能引起混淆的同音詞。

　　上面所説是同音現象在語言裏的消極作用。另一方面,同音現象也有它一定的積極作用,這就是可以利用它構成"雙關語"(pun),作爲一種修辭手段使用。雙關語運用得好,可以使言語顯得新鮮活潑,從而增强表現力。在漢語裏這種雙關語在先秦文學裏已經可以看到。例如,《詩·小雅·大東》："維南有箕,不可以簸揚;維北有斗,不可以挹酒漿。"這裏詩人利用同音詞"箕₁"(簸箕)～"箕₂"(二十八宿中的箕宿)和"斗₁"(酒器)～"斗₂"(斗宿),借天上的星象來諷刺人間的尸位素餐者。在六朝樂府民歌裏雙關語運用得尤其廣泛②,例如：

---

① 參看周有光《同音詞分化問題》,《中國語文》1959 年 8 月號。
② 參看王運熙《論吳聲西曲與諧音雙關語》,《六朝樂府與民歌》,古典文學出版社,1957 年,第 121—166 頁。

（甲）始欲識郎時，兩心望如一。理絲入殘機，何悟不成匹！（《子夜歌》）

暫出後園看，見花多憶子。烏鳥雙雙飛，儂歡今何在？（《江陵樂》）

一夕就郎宿，通夜語不息。黃蘗萬里路，道苦真無極。（《讀曲歌》）

（乙）罷去四五年，相見論故情。殺荷不斷藕，蓮（憐）心已復生。（同上）

奈何許！石闕生口中，銜碑（悲）不得語。（同上）

奈何不可言，朝看暮牛迹，知是宿蹄（啼）痕。（同上）

憐歡好情懷，移居作鄉里。桐樹生門前，出入見梧（吾）子。（《子夜歌》）

再看一個外語的例子①。在馬克·吐温（Mark Twain，1835—1910）的一篇題爲《談嬰兒》（Speech on Babies）的即席演説裏有這麽一句：

In another 〔cradle〕 the future great historian is lying and doubtless will continue to lie until his earthly mission is ended.（在另一個〔搖籃〕裏，那未來的偉大歷史學家正躺着，而且無疑地將繼續躺着，直到他現世的使命終了的時候。）

所謂"現世的使命終了的時候"當然是指死的時候，可是一個人怎麽會一直到死都還躺在搖籃裏呢？原來這位幽默家在這裏利用了同音詞 lie_1（躺）～lie_2（説謊）和 $lying_1$（躺着）～$lying_2$（説着謊）來一語雙關，使這句話同時含有另一個意思："在另一個〔搖籃〕裏，那未來的偉大歷史學家正在説謊，而且無疑地將繼續説謊，直到他現世的使命終了的時候。"這不是對某些歷史學家的尖刻的譏刺嗎？

此外，同音詞還常常用在諧謔語裏。例如唐高彦休《唐闕史》

① 董星南《英文的雙關語》，《英文月刊》1947 年 6 月號，第 23—24 頁。

（《太平廣記》卷二五二引）所載如下一個故事：

> 唐咸通中，俳優人李可及……嘗因延慶節緇黃講經畢，
> 自稱三教論衡。偶坐者問曰："既言博通三教，釋迦如來是何
> 人?"對曰："婦人。"問者驚曰："何也?"曰："《金剛經》云：'敷
> 座而坐。'或非婦人，何煩夫坐然後兒①坐也!"……又問曰：
> "太上老君何人?"曰："亦婦人也。"問者益所不諭。乃曰：
> "《道德經》云：'吾有大患，爲吾有身……'倘非爲婦人，何患
> 於有娠乎!"……又問曰："文宣王何人也?"曰："婦人也。"問
> 者曰："何以知之?"曰："《論語》云：'沽之哉，沽之哉! 我待價
> 者也。'向非婦人，待嫁奚爲!"

---

① 唐代女性自稱爲"兒"，如《木蘭詩》："木蘭不用尚書郎，願借明駝千里足，送兒還
故鄉。"

第六章 熟　　語

　　6.1　詞是現成的語言材料，不是説話人在交際過程中臨時造出來的。一般的詞組和句子則不然，它們不是現成的語言材料，而是人們在説話的時候臨時造出來的。例如，在"反對侵略戰爭"這個詞組裏，"反對"、"侵略"、"戰爭"都是語言裏固有的單位——詞，它們不是説話時現造出來的，它們的組成也是不能改變的，但是"反對侵略戰爭"就不是現成的固定的語言單位，而是詞的自由組合，我們可以根據需要改變它的成分，比如説成"反對侵略活動"、"制止侵略戰爭"，等等。

　　語言裏也有一些特殊的詞組和句子，它們跟詞一樣，不是在人們説話的時候臨時組織起來的，而是以現成的形式和固定的意義存在於語言裏的。例如："事情已經水落石出了"這句話裏的"水落石出"這個詞組就跟"事情已經清楚了"這句話裏的"清楚"這個詞一樣，是語言裏的現成材料，不是説話人臨時用"水"、"落"、"石"、"出"組織起來的，而且"水落石出"的結合形式非常固定，不同於詞的一般自由結合，正如"清楚"不能説成"明楚"或"楚清"一樣，"水落石出"也不能説成"水淺石出"、"水降石現"或"石出水落"。

　　語言裏的這一類現成的固定詞組或句子（主要是固定詞組）就叫做熟語。研究熟語的語言學學科叫做熟語學[①]。因爲熟語跟詞一樣是現成的語言材料，而作爲熟語的主要部分的固定詞組則是詞的等價物（equivalent），所以一般都把熟語學當作詞彙學的一個分科。

---

① 　參看《俄語詞彙學·緒論》，《俄文教學》1956 年第 1 期，第 34—35 頁。

6.2　熟語包括語言裏的成語、諺語、格言、慣用語等。

成語是固定詞組(包括"句子形式"的詞組)的一種，是熟語的主要部分。成語的意義和結構都很完整，是一個不可分割的統一體。在邏輯上成語一般表示概念，在語法上成語起句子成分的作用。所以，無論從意義上或功能上看，成語都相當於語言裏的詞。

每一種語言都有各式各樣的成語。例如：漢語"百折不撓"、"千篇一律"、"萬古長青"，英語 by leaps and bounds（突飛猛進）、break a fly on the wheel（小題大做），俄語 ни ответа ни привета（杳無音信）、из огня да в полымя（每況愈下）、положить в долгий ящик（束之高閣）。

漢語的成語絕大多數是"四字格"[1]。例如：街談巷議、豐衣足食、好大喜功、一敗塗地。有許多本來不是四個字組成的成語，在發展過程中也逐漸"就範"，成爲四字格了。非四字格的成語漢語裏當然也有，不過爲數較少，所占的地位也不那麼重要。

6.3　成語在語法功能上可以相當於不同的詞類，所以從語法的角度來看成語可以分爲如下幾類：1）名詞性成語；2）動詞性成語；3）形容詞性成語；4）副詞性詞語；5）感歎詞性成語。

在不同的成語裏，整體和組成部分之間以及各個組成部分之間的語義關係都可能有所不同，也就是說，成語裏的各個詞保存自己語義獨立性的程度存在着差別。根據這種差別，成語可以分爲"融合性成語"、"綜合性成語"、"組合性成語"三個類型[2]：

① 參看陸志韋《漢語的並立四字格》，《語言研究》第 1 期，1956 年。
② 參看維諾格拉多夫(В. В. Виноградов)：*Русский язык*（《俄語》）緒論第 4 節《俄語熟語單位的基本類型》；加爾金納-費多魯克(Е. М. Галкина-Федорук)《現代俄語詞彙學》(*Современный русский язык：лексика*，1954)，漢譯本，商務印書館，1958 年，第 153 頁以下；伏爾諾(Е. Ф. Ворно)等《英語詞彙學》(*Лексикология английского языка*，1955)，漢譯本，商務印書館，1959 年，第 149—150 頁；庫寧(А. В. Кунин)《英語熟語的幾個問題》，《西方語文》第 2 卷第 3 期，1958 年。

　　(1) 融合性成語　　這類成語在語義上是一個不可分割的
統一體,整體的意義已經不能從部分的意義推導出來。因此,
有時候人們儘管知道這類成語裏每一個詞的意義,然而未必
就能正確理解整個成語的意義。例如:漢語"青出於藍"、"胸
有成竹"、"膾炙人口",英語 kiss the hare's foot（姍姍來遲）,俄
語 собаку съесть（擅長,精通）。人們如果不經過學習是無法根
據這些成語裏每一個詞的意義來瞭解整個成語的意義的。就
是知道這些成語的意義的人,也不一定明白它們爲什麼具有
這樣的意義。這就是説,在現代語言裏這類成語的理據已經
消失或者模糊了。其所以如此,有多種多樣的原因,如:由於
所指的社會實踐已經成爲歷史陳迹,由於忘記了所由産生的
歷史事件,由於離開了最初使用時的上下文,由於含有古語成
分,等等①。不過,正如我們能藉助於歷史語言學來揭示一個
詞的已經隱晦的理據一樣,我們也能通過歷史的研究來闡明
這類融合性成語的理據,只是闡明起來有時比較容易,有時比
較困難而已②。

　　這類成語的構成十分固定,一般不允許作任何變動。例如:
"胸有成竹"不能説成"胸中有竹"或"胸有成樹",kiss the hare's
foot 不能説成 kiss the rabbit's foot,собаку съесть 也不能説成
собаку скушать。

　　這類成語由於其意義不等於各個組成部分的意義的總和,所
以一般不能直譯成另一種語言。例如,kiss the hare's foot 不能
譯成"親兔子的脚",собаку съесть 也不能譯成"吃狗"。

　　這類成語每一種語言裏都有;語言的歷史越悠久,民族的文
化越豐富,這類成語也就越多。

　　(2) 綜合性成語　　這類成語從現代語言的觀點來看都是有理

---

① 參看庫寧(А. В. Кунин)《英語熟語的幾個問題》,《西方語文》第 2 卷第 3 期,第
　303—304 頁。

② 參看布達哥夫(Р. А. Будагов）: *Очерки по языкознанию*,стр. 81－83;漢譯本《語言
　學概論》第 95—97 頁。

據的,整個成語的意義可以由各個組成部分的意義推導出來。因此人們即使沒有經過學習也有可能根據構成成語的各個詞的意義推尋出整個成語的意義來。這類成語的一個重要特徵是形象化,其中許多是以比喻性轉義或借代性轉義作爲基礎的。例如:漢語"興風作浪"、"興妖作怪"、"對牛彈琴"、"懸崖勒馬",英語dance on a tightrope（在繃索上跳舞＝對付艱危）、turn over a new leaf（翻開新的一葉＝改過自新）,俄語 выносить сор из избы（家醜外揚）、держать камень за пазухой（懷恨在心）。

這類成語跟融合性成語一樣,也具有結構的定形性;成語的各個組成部分不能隨便用同義詞語去掉換,也不能把各個成分的次序加以顛倒。例如,"興風作浪"不能說成"興風揚波"或"作浪興風",等等。

這類成語跟融合性成語不同,往往可以譯成另一種語言裏意義相同、形象相同或相近的成語,例如:

漢　　　語	英　　　語	俄　　　語
火上加油	pour oil on fire	подлить масла в огонь
混水摸魚	fish in troubled waters	в мутной воде рыбу ловить
赴湯蹈火	go through fire and water	в огонь и в воду
隨波逐流	swim with the stream	плыть по течению
一箭雙雕	kill two birds with one stone	одним ударом убить двух зайцев
晴天霹靂	a bolt from the blue	гром среди ясного неба

（3）組合性成語　這類成語也都是有理據的,整個成語的意義直接由組成成語的各個詞的意義合成。所以這類成語是分析性最強的成語,知道了構成成語的各個詞的意義就能瞭解整個成語的意義。值得注意的是,在這類成語裏往往有一個成分具有不自由的受制約的意義。例如:英語 bear a grudge（或 spite）（懷恨

在心）、bear malice（心懷惡意）^①，俄語 страх берёт（恐懼）、зависть берёт（妒忌）^②。

漢語裏"粗心大意"（比較"粗枝大葉"）、"驕傲自滿"（比較"趾高氣揚"、"目空一切"）這一類詞組或許可以看作組合性成語。

組合性成語雖然不像前兩類成語那麼固定，但是它們也不像一般自由詞組那麼不固定。因此有人把它們看作介乎自由詞組和成語之間的一種類型。

6.4　正如對詞的理據的誤解造成民間詞源一樣（見2.3.6），對成語的理據的不正確的解釋也會導致民間詞源的產生。例如，"斤斤計較"裏的"斤斤"本來是"明察的樣子"的意思^③，可是現在好些人都把這個成語的理據錯誤地理解爲"一斤一兩都不含糊"了^④。

成語的理據被人們作了新的解釋就會使一個融合性成語轉化爲綜合性成語，這就是説，從現代語言的角度看來一個理據不明的成語變成了一個理據明白的成語。例如，英語成語 wear one's heart on one's sleeve（不善含蓄、鋒芒畢露）本來是説"〔騎士〕把意中美人的花朵佩帶在袖子上"，可是現在人們却把它講成好比一個人"把心掛在袖子上"了。

6.5　一種民族語言的成語跟這個民族的歷史背景、自然環境、經濟生活、文化傳統、風俗習慣、心理狀態都是密切相關的，因此成語具有很強的民族特性^⑤。往往同一個意思在各種語言裏有

---

① 在這些成語裏 bear 有了一個熟語制約意義"懷有（某種感情或意圖）"，它跟別的詞的搭配是受限制的，例如不説 bear kindness、bear love、bear sympathy 等。

② 在這些成語裏 берёт（<брать）有了一個熟語制約意義"產生（某種感情）"，它跟別的詞的搭配是受限制的，例如不説 радость берёт、наслаждение берёт 等。

③ 《爾雅·釋訓》："斤斤，察也。"《釋文》引舍人注："斤斤，精詳之察。"又引孫炎注："重慎之察也。"《詩·周頌·執競》："斤斤其明。"毛傳："斤斤，明察也。"

④ "顧客：'我買的這斤白糖斤兩不足。'營業員：'同志，買東西不要斤斤計較嘛。'"（《故事會》1984年第7期，第10頁）

⑤ 參看向光忠《成語與民族自然環境、文化傳統、語言特點的關係》，《中國語文》1979年第2期。

不同的成語表現形式。比較：漢語"雨後春筍"～英語（appear 或 spring up）like mushrooms～俄語 как грибы после дождя（雨後蘑菇），漢語"袖手旁觀"～英語 look on with folded arms（抱臂旁觀），漢語"一敗塗地"～英語 meet one's Waterloo。

　　一般的内容相似的成語在不同語言裏的表現形式也往往有各種差別，值得語文學習者和研究者注意。比較：英語 face to face（面對面）～法語 tête à tête（頭對頭）～俄語 с глазу на глаз（眼對眼）～德語 unter vier Augen（在四只眼睛之間），漢語"如坐針氈"～英語 sit on thorns（如坐荆棘），漢語"噤若寒蟬"～英語 mute as a fish（噤若池魚），漢語"如履薄冰"～英語 tread on eggs（如履鷄蛋），漢語"亂七八糟"～英語 at sixes and sevens，漢語"非驢非馬"～英語 neither hay nor grass（非秣非草）或 neither fish nor fowl（非魚非禽），漢語"無立錐之地"～英語 no room to swing a cat in（無轉猫之地）。

　　但是，另一方面，我們也不能不注意到，在成語裏也像在詞的理據上和其他一些語言現象上一樣，既可以看到各種語言的相異之點，也可以看到它們的相似之點①。比較：

漢　　語	英　　語
空中樓閣	castles in the air
如坐針氈	sit on pins and needles
沽名釣譽	fish for compliments
墨瀋未乾	before the ink is dry
洗手不幹	wash one's hands of
同舟共濟	be in the same boat with
咬牙切齒	grind one's teeth
捕風捉影	catch at shadows
葬身魚腹	become food for fishes
一帆風順	sail before the wind

---

①　成語的借用（如英語借法語的好些成語）不在此列。

三心二意	of two minds
顛倒黑白	talk black into white
行屍走肉	walking skeleton
狐群狗黨	a pack of wild dogs
狼吞虎咽	have a wolf in the stomach
劍拔弩張	at daggers drawn
付之一炬	commit to the flames

6.6　成語的來源很多①。多數成語是從民間來的。關於這一點,著名的英國作家和語文學家斯密司(Logan Pearsall Smith,1865—1946)在他的《詞和成語》裏有一段話說得很好,他說:"我們的比喻性短語和慣用成語大部分來源於民間,出自一般民眾的愛好和職業。成語的製作者跟詞的製作者一樣,主要屬於非知識分子階層。我們最好的成語跟我們最生動最有活力的詞一樣,不是來自圖書館或者會客室或者華麗的劇院,而是來自作坊、廚房和農場。"②來自民間的成語一般都很生動、形象,這些成語對於豐富文學語言起着重要的作用。

傑出的作家、思想家和政治家的著作裏的話也是成語的一個重要來源,例如:舉一反三(出《論語·述而》)、大器晚成(出《老子》第四十一章)、吹毛求疵(出《韓非子·大體》)、後來居上(出《史記·汲鄭列傳》)、一視同仁(出韓愈《原人》),等等。

此外,有不少成語出自宗教經典。例如漢語裏出自佛典的成語,如:一塵不染、五體投地、現身說法、佛頭着糞。英語裏出自《聖經》(*the Bible*)的成語,如:an apple of Sodom(金玉其外,敗絮其中)、David and Jonathan (莫逆之交)、the bowels of mercy(慈悲心腸)、kill the fatted calf (熱烈款待)、cry from the house-

①　參看上海外國語學院、哈爾濱外國語學院《語言學引論》第 206 頁;伏爾諾(Е. Ф. Ворно)等《英語詞彙學》,漢譯本,第 151—152 頁。
②　L. P. Smith: *Words and Idioms: Studies in the English Language*, 1943, p. 212.

tops（公開宣佈，到處宣揚）、make bricks without straw（爲無米之炊）。

　　古代希臘、羅馬的文化對近代歐洲各國的文化有很深的影響，因此現在歐洲各民族語言裏有很多成語是出自古代希臘、羅馬的文學作品（包括神話和傳説）。例如英語：an apple of discord（不和之源）、Achilles' heel（可乘之隙）、the sword of Damocles（臨頭之險）、in the arms of Morpheus（身在睡鄉，夢入黑甜）、make fit the Procrustean bed（削足適履）、cut the Gordian knot（快刀斬亂麻）。

　　6.7　成語是從人民口語和著名作品中提煉出來的精華。成語運用得當，可以豐富語言的詞彙，可以使語言精練或形象化。例如："一曝十寒"、"一視同仁"、"千篇一律"、"千鈞一髮"、"實事求是"、"譁衆取寵"、"錦上添花"、"雪中送炭"、"臨渴掘井"、"飲水思源"這些成語的含義，如果不用成語來表達，不但話要説得長一些，而且不一定能説得這樣恰切。

　　凝煉爲固定詞組的"典故"也是成語的一種①。這類典故運用得好，也能使語言精練而生動，收到言簡意賅的效果。例如：揠苗助長（出《孟子·公孫丑上》）、守株待兔（出《韓非子·五蠹》）、刻舟求劍（出《吕氏春秋·察今》）。

　　運用成語是爲了增加語言的表達力，而不是爲了炫耀淵博，所以我們反對濫用成語。要能適當地運用成語，就必須很好地研究、掌握成語的意義、用法以及它們的變化和發展。

　　6.8　諺語是語言裏現成的固定的句子。諺語也是熟語的一種，它和成語的區別在於：在邏輯上成語一般表示概念，而諺語則表示判斷和推理；在語法上成語一般用作句子成分，而諺語則是獨立的句子②；就漢語而言，成語絶大多數是四字格，而諺語則不如此。諺語是人民智慧的結晶，能以淺近的語言表達深刻的道

① 參看王力《漢語史稿》下册，中華書局，1980年，第588—594頁。
② 成語在結構上也有是"句子形式"的，但它的作用一般只相當於一個詞。

理。例如：漢語"少壯不努力，老大徒傷悲。""天下無難事，只怕有心人。""只要功夫深，鐵杵磨成針。"英語 Constant dropping wears away a stone.（滴水可以穿石。）No pains，no gains.（不努力，無所得。）A friend in need is a friend indeed.（患難朋友才是真朋友。）Birds of a feather flock together.（物以類聚。）俄語 Без труда не вытянешь и рыбку из пруда.（不花勞力，池裏的小魚也撈不到。）Друзья познаются в беде.（患難之中見朋友。）Рыбак рыбака видит издалека.（漁夫老遠就望見漁夫。＝同氣相求。）

　　漢語裏的歇後語也可以看作熟語的一種①。歇後語一般由兩部分組成：前一部分大都是比喻，像謎面；後一部分是本意，像謎底。後一部分可以説出來，也可以不説出來。例如：猫哭老鼠——假慈悲，啞子吃黄連——有苦説不出，泥菩薩過河——自身難保。許多歇後語比喻生動，含義深刻，而且往往帶有幽默、諷刺的色彩。

　　此外，慣用語也可以歸在熟語之列。所謂慣用語就是日常生活中經常使用的套語，如"您好"、"您早"、"再見"之類。慣用語的意義就是由組成它的各個詞的意義合成的；它跟一般句子的區別在於：它不是説話的時候臨時造的，而是語言裏現成的説法，説話人不過加以運用使其在言語裏再現而已。

___

① 參看温端政《關於"歇後語"的名稱問題》，《語文研究》1980 年第 1 期。

一部有中國氣派的詞彙學專著[*]
——評張永言的《詞彙學簡論》

世　曉

　　詞義研究在我國傳統的語言學中起步最早,成果最豐。但自從《馬氏文通》問世以來,語言研究的注意力大部分都轉到語法問題上去了,詞彙問題成了語言研究中的薄弱環節,理論詞彙學更是長期被人忽視了的學科。近年來這方面出現了可喜的苗頭,先後出版了一系列有關的論著。張永言的《詞彙學簡論》就是其中比較引人注目的一部。

　　《簡論》1982 年 9 月由華中工學院出版社出版,是一部理論詞彙學性質的專著。作者廣羅中外,博采古今,或臚列衆説,評得失是非;或披沙揀金,采一家之言;或創新開拓;或撥亂反正。特別是立足於漢語詞彙學的問題研究普通詞彙學,把選擇性吸收和批判性繼承結合起來,洋爲中用,推陳出新,在用新的科學觀點方法研究和繼承我國訓詁學的豐富遺産方面作出了可貴的探索。作者書中提出要建立新型的中國氣派的詞彙學,我們認爲,用它冠以《簡論》,不爲溢美之辭。

　　通覽全書,可以看出三個特色:

　　(一) **論述精要**　詞彙研究有微觀、宏觀之分。從微觀方面説,詞是語言系統中代表一定意義的符號,有内容和形式兩個方面。因此,詞彙研究既要抓詞的理據,研究詞的内部形式,又要抓意義和形式之間的關係,作意義到形式、形式到意義的雙向考察。

＊　原載杭州大學中文系《語文導報》1986 年第 4 期。

作者正是兼顧這兩個方面論列詞彙學的一系列關鍵問題。什麼
是語言單位中的詞，這是研究詞彙首先碰到的棘手問題，作者從
詞的本質和特徵入手，論述詞和所指之間、詞的語言形式和意義
內容之間的關係，再從形式和意義兩方面劃出詞跟詞組和詞素的
界限，區別開多義詞和同音詞，得出語言單位中的詞是形式和意
義的統一體。這樣從意義、形式以及意義和形式的聯繫多方面來
認識詞的符號性、分離性和同一性問題，就使論述比較深刻透徹。
從宏觀方面說，任何一種語言的詞彙都是在歷史上形成的，研究
詞彙問題不能割斷詞彙的歷史，而現實的以及歷史發展中任何一
個階段上的詞彙都是一個完整的體系，詞的形式之間、意義之間
以及形式和意義之間都有着各種各樣的聯繫。《簡論》正是以這
種現代詞彙學的理論和方法爲指導，采用索緒爾"共時"和"歷時"
的學說，論述中，一方面對詞彙作靜態描寫，研究詞彙體系中的各
種關係與類別，另一方面聯繫社會文化歷史考察詞的發展變化，
作演化的探討，例如，討論名稱和事物的關係、詞的內部形式，作
者從詞源學和歷史詞彙學角度入手，窮源竟委；討論詞的分離性、
同一性問題，先作共時考察，再作歷時探討；而闡釋多義詞和同音
詞的關係，則在說清它們的歷史淵源的基礎上完全用共時的標準
定奪。共時研究與歷時探討既加以區別又交叉運用，把這些問題
的來龍去脈解釋得清清楚楚，又描寫出它們的現時面貌，給人以
立體感。這樣的論述既有利於歷史詞彙學的研究，又能加深對詞
彙現狀的深透理解，把詞彙研究向深度展拓了一步。作者把微觀
的研究和宏觀的研究結合，框架全書。第四章"詞彙體系中詞的
類別"是個節點，前面是幹，後面是枝。雖然對詞彙學中各個關鍵
問題都有所論列，但是章節之間脈絡分明，一氣貫通，體例謹嚴有
序，全書顯得簡而精要。

　　我國傳統的訓詁學源遠流長，成就甚大，但是由於缺乏現代
詞彙學理論指導，沒有能系統地對詞彙問題進行理論上的研究。
作者之所以能站在今天時代的理論高度，既深入到詞的內部，從
形式和意義兩方面來考察它們，又能從縱橫兩方面鳥瞰詞彙嬗變

的綫索和詞彙描寫的系統,是與他采用辯證唯物主義和歷史唯物主義的方法分不開的。作者把重點放在漢語詞彙的基本問題上,探討普通詞彙學的理論問題。既不苛求古人,又不惑於古人;既不唐突國外的理論,又不照搬國外理論。批判繼承,合理吸收,全書既有一定的理論高度,又有豐實的材料爲根據,這就是論述得以精要的關鍵所在。

(二)引證豐實　《簡論》精要地論列了詞彙學的一系列關鍵問題,這就需要以"大量的、批判地審查過的、透徹地掌握住了的歷史資料"(恩格斯《論馬克思的〈政治經濟學〉》)作爲推論的基礎。作者具有一種旁搜遠紹、鈎沉輯佚的"網羅力"。據粗略統計,全書引證古今中外的文著三百數次之多,涉及到的對象語言,有英語、法語、俄語、德語、日語、梵語、古希臘語、拉丁語、斯堪的納維亞、巴利語、蒙古語和藏語、壯語、苗語等近二十種不同民族的語言,漢語中除北方話以外涉及到其他方言的十多種土語。不但引用這些語言和方言的現代素材,而且考證它們的古今嬗變、因革之理。引用別人的觀點或例證都一一注明出處,絕無掠美之嫌疑。凡提出自己的見解,必定以豐富翔實的具體事實爲論述的根據,對已成爲結論性的説法,作者也力避人人筆下有的陳辭俗例,代之以新鮮的材料,讀來使人耳目一新,心悦誠服。詞的定義問題,歷代語言研究者都作了很多嘗試和努力,但還是不能反映詞的全部特徵,不適用於普通語言學。對此,作者並不標新立異,而是列舉了梅耶、斯威特、薩丕爾、布龍菲爾德、索緒爾、汪德里耶斯、陸志韋等著名語言學家的觀點,指出他們的不足和片面,引導讀者思索。詞義變化的原因往往同時涉及到語言學和社會歷史兩方面,這是詞彙學中的定論,但書中的例釋却頗有獨到之處。swine(豬),ox(牛),sheep(羊)是英語固有的三個詞,以後又從法語借來了三個分別相當於上面三個詞的 pork、beef 和 mutton,這時詞義發生了變化,固有的專指活的牲畜,外來詞則指已經屠宰的牲畜及其供人食用的肉。作者解釋説,這裏同義詞的意義劃分了界限是由於語言學的原因,而其所以如此劃分則跟社

會歷史條件密切相關,因爲 11 世紀法國的諾曼底人征服英國之
後,飼養牲畜的是口操本土語的薩克遜族農奴,而享用這些牲畜
肉的却是諾曼底貴族以及在宫廷府邸供職的嫻習外來語的英國
上層人士。僅此材料確鑿、論述透徹的一例,就把一個重要的理
論問題闡釋得明明白白。漢語的材料,作者運用得更是得心應
手。用同族詞"確(鳥之白)"、"牪(白牛)"、"騜(馬白頷)"等來解
釋"鶴"得名於"白色";"蝦"、"瑕"、"碬"、"霞"、"赧"、"葭"都有紅
義,推斷"蝦"的理據是紅色,從而説明詞多有其内部形式,都是以
引證的翔實有其説服力。但是作者並不迷信現代的結論,也不惑
於已往的材料,而是從自己的研究出發,或者發揚新義,或者撥亂
反正。古人釋詞多用《爾雅》"穀、鞠,生也"這種格式,因此很多人
就認爲"穀,鞠也",作者就具體證例説明這是個常見的錯誤,A=
C,B=C,所以 A=B 的公式,在詞義解釋中是不適用的。通過去
僞存真,書中的引證既豐富又確鑿,論點都建立在翔實的論據上,
使整個的論述有理有據。

(三)見解新穎 一本有學術價值的著作,最根本的還在於觀
點方法上有所突破。《簡論》發前人未發、見時人未見之處,俯拾
皆是。

詞彙是不是也像語法和語音一樣有自身的體系? 這個問題
一直有不同的看法。過去一般的詞彙學著作,對於詞彙的描寫大
多停留在把詞彙分爲各種類集,不分析詞彙的結構組織、語義系
統。作者認爲語言裹的詞互相結合而構成一個統一的整體,這就
是語言的詞彙體系。在這個體系裹詞與詞之間存在着複雜的語
義聯繫。一個詞的意義既依賴於它的同義詞和跟它屬於同一"義
類"的别的詞,也依賴於在使用中跟它相結合的别的詞。與此相
對應,作者提出詞的意義結構問題,認爲一個詞不同的意義以及
在不同的上下文中産生的感情色彩、風格色彩、意義色彩和用法
特點構成這個詞的整個意義體系,並以此分析詞的各種語義聯
繫。詞彙具有系統性的觀點無疑是正確的。客觀事物、現象之間
是普遍聯繫的,作爲體現概念並指稱一定事物現象或表達事物現

象之間概念上的關係的詞,當然具有體系性。詞彙體系是建立在詞彙的語義體系上的。詞彙裏一有新的成分出現或舊的成分消失,就會導致詞義的重新分配,就是詞彙體系裏的各個單位在語義上彼此聯繫、相互制約的佐證。確立詞彙體系的認識是詞彙研究的一大進步。

作者對詞的內部形式的研究也有獨到之處。在解釋不同語言裏表達同一概念的詞可能具有不同的內部形式時,作者指出,任何事物或現象都具有多種特徵或標志,可是人們給一個事物或現象命名,却只能選擇它的某一種特徵或標志作爲依據,由於這種選擇在一定程度上是任意的,所以在不同的語言裏同一事物獲得名稱的依據都可能有所不同。這個解釋突破了把詞的音義聯繫一概籠統地名之爲不可理喻的"約定俗成"的説法,詞的音義聯繫的任意性中有强制性。因爲即使最初的詞和所指之間是没有必然聯繫的,但後起的詞多是在已有的詞和概念的基礎上形成的,它們的音義之間往往是有理據的,只是不同的語言有不同的理據而已。詞的內部形式的研究有助於瞭解詞義的來源,發展和建立語義之間的聯繫,對詞彙體系的建立也有促進作用。

嚴學宭在這本書的弁言中説:《簡論》"適合作爲普通詞彙學的入門向導。對漢語詞彙的研究,也富有指導意義"。出版以來,《簡論》一直受到語言學界的好評和重視。我們相信,讀者看了這本書一定會覺得受益不淺。當然,任何一本學術著作都不可能是完美無缺的,書中有些觀點是可以爭論的,有些没有反映出最新的理論方法,例如作者引用了 1954 年蘇聯布拉霍夫斯基的觀點,認爲語義學是詞彙學中專門研究詞的意義和意義的變化的學科,而當代語義學已經深入到語義研究的微觀領域,作義素分析,進而擴大到研究句義和話語意義。但是作者以辯證唯物主義的觀點,用新的科學理論和方法整理、研究和繼承傳統語言學的豐富遺產,在建立新型的中國氣派的詞彙學方面的探索精神却永遠是值得稱道的。

訓詁學簡論

（增訂本）

目　　録

第一章　概　　説

一、什麼是訓詁

我們學習、研究訓詁學，首先得知道什麼是“訓詁”。許慎《説文解字》（以下簡稱《説文》）三上言部：“訓，説教也。”段玉裁注：“‘説教’者，説釋而教之。”“説釋”就是解釋，在語文方面就是指字、詞、句的解釋。“詁”指古語，如吕忱《字林》所釋：“詁，故言也”[①]；特別是指異於今語的古語，如張揖《雜字》所釋：“詁者，古今之異語也。”[②]解釋古語也叫“詁”，如《説文》言部：“詁，訓故言也。”段注：“‘訓故言’者，説釋故言以教人。”[③]對典籍中的古語所作的解釋也叫“詁”（亦作“故”[④]），如《漢書·藝文志》所載《詩經》的注釋有《魯故》、《韓故》、《齊后氏故》、《齊孫氏故》[⑤]。

“訓詁”二字連用，由來已久。如《漢書·儒林傳》：“〔賈〕誼爲《左氏傳訓故》”[⑥]，《後漢書·張衡傳》：“著《周官訓詁》”；或作“詁訓”，如《漢書·藝文志》所載《毛詩故訓傳》。無論“訓詁”或“詁

---

① ② 　陸德明《經典釋文》卷二十九“爾雅音義·釋詁第一”引。
③ 　王筠《句讀》讀作“詁訓，故言也。”疑非。
④ 　《説文》“詁”字段注：“漢人傳注多稱‘故’者，‘故’即‘詁’也。”
⑤ 　魯詩只有“故”。韓詩和齊詩除“故”外另有“傳”，如《韓内傳》、《韓外傳》、《齊后氏傳》、《齊孫氏傳》。毛詩則合“故訓”與“傳”爲一書。大抵“故”或“故訓”主於解釋詞義、句義，“傳”則主於引證事實，闡發文意。不過《毛詩故訓傳》實際上以“故訓”爲主，“傳”的分量很小。如注《邶風·二子乘舟》引述衛宣公伋、壽二子事；注釋《檜風·素冠》引述子夏、閔子騫三年之喪事；注釋《小雅·巷伯》引述顔叔子、魯男子避嫌事；注釋《大雅·緜》引述公亶父去豳事。這些就是所謂“傳”。
⑥ 　引文中六角號内的字爲引用者所補，下同。

訓”，都是指對典籍中古語所作的解釋。

　　如上所述，“訓詁”的本義是“解釋古語”或“古語的解釋”。引申起來，解釋方言也在訓詁的範圍之內，比如我國第一部訓詁專書《爾雅》，就不僅“釋古今之異言”，而且“通方俗之殊語”（《爾雅·釋詁》“初，始也”條郭璞注）。推廣開來，解釋古語、方言以外的其他詞語也屬於訓詁的領域。如《爾雅·釋親》：“男子先生爲兄，後生爲弟。”“兄”和“弟”兩個詞在當時顯然就既不是古語，也不是方言。

　　雖然最初所謂“詁”或“訓詁”主要指詞、句的解釋①，但後來其範圍逐漸擴大，古書的各種注解（如“傳”、“箋”、“章句”、“義疏”等）也都可以包括在內②；這就是説，用任何方式對古書上任何語言事實加以解釋説明，幾乎都可以叫做“訓詁”了。

　　總之，訓詁的範圍是廣闊的，內容也是多方面的，略舉如下：

　　（一）解釋字義、詞義　如《詩·衛風·氓》：“氓之蚩蚩，抱布貿絲。”毛傳：“氓，民也③；蚩蚩，敦厚之貌；布，幣也。”

　　（二）串講句義　如《楚辭·九歌·國殤》：“車錯轂兮短兵接。”王逸《章句》：“言戎車相迫，輪轂交錯，長兵不施，故用刀劍以相接擊也。”

　　（三）寓詞義、語法的解釋於串講之中　如《詩·鄘風·載馳》：“陟彼阿丘。”毛傳：“升至偏高之丘。”在句義串講中以“升”釋“陟”，以“偏高之丘”釋“阿丘”。《邶風·柏舟》：“微我無酒，以敖以游。”毛傳：“非我無酒可以敖游忘憂也。”在串講中以“非”釋“微”，同時顯示這兩個詩句在語法上只是一個句子④。

① 參看楊樹達《離騷傳與離騷賦》，《積微居小學述林》，中華書局，1983年，第260—261頁；又：《漢書窺管》，科學出版社，1955年，第161、286頁。
② 關於古書注解的各種體式，參看張舜徽《廣校讎略》，中華書局，1963年，第54—58頁；又：《中國古代史籍校讀法》，上海古籍出版社，1980年，第46—50頁。
③ 《説文》十二下民部：“氓，民也。從民亡聲，讀如盲。”段注引《孟子》“則天下之民皆悦而為之氓矣”，謂“氓”與“民”小別，蓋自他歸往之民則謂氓，故字從“民”“亡”。
④ 參看黃侃關於“音節句”和“文法句”的區別的論述。見黃焯、王慶元《略談黃季剛先生對〈十三經〉白文的斷句》，《中華文史論叢》1982年第3期，第221頁。

《小雅·白駒》："爾公爾侯，逸豫無期。"毛傳："爾公爾侯邪！何爲逸樂無期以反也？"在串講中以"樂"釋"豫"，並表明詩句的語氣。

（四）**説明表現方法或修辭手段**　如《詩·周南·關雎》："關關雎鳩，在河之洲。"毛傳："興也。"説明這篇詩的開頭是用的"賦"、"比"、"興"三種表現方法中的"興"，即借另一事物以引起所咏事物的方法①。《文選》卷十六江淹《恨賦》："或有孤臣危涕，孽子墜心。"李善注："心當云危，涕當云墜；江氏愛奇，故互文以見義。"這就是説這裏作者使用了一種特殊的"互文見義"的修辭手段②。

（五）**申述篇章旨意**　如《詩·齊風·盧令》首章："盧令令，其人美且仁。"毛傳："言人君能有美德，盡其仁愛，百姓欣而奉之，愛而樂之，順時遊田，與百姓共其樂，同其獲，故百姓聞而説之，其聲令令然。"趙岐《孟子章句·梁惠王上》"寡人之於國也"章："章指言：王化之本在於使民養生之用備足，然後導之以禮義，責己矜窮，則斯民集矣。"

（六）**説明典章制度**　如《詩·召南·鵲巢》："之子于歸，百兩御之。"毛傳："諸侯之子嫁於諸侯，送御皆百乘。"《秦風·駟驖》："奉時辰牡。"毛傳："冬獻狼，夏獻麋，春秋獻鹿豕群獸。"

（七）**引證史實、故事**　如《詩·邶風·二子乘舟》："二子乘舟，汎汎其景。"毛傳："二子，伋、壽也。宣公爲伋取於齊女而美，公奪之，生壽及朔。朔與其母愬伋於公。公令伋之齊，使賊先待於隘而殺之。壽知之，以告伋，使去之。伋曰：'君命也，不可以逃。'壽竊其節而先往，賊殺之。伋至，曰：'君命殺我，壽有何罪？'

---

① 關於"興"，參看錢鍾書《管錐編》第一册，中華書局，1979 年，第 62—65 頁；段熙仲《談賦比興》，《雨花》1962 年第 8 期；顧頡剛《論興詩》，《史林雜識初編》，中華書局，1963 年，第 257—261 頁；劉光義《釋詩賦比興之興》，《大陸雜誌》34 卷 2 期（1967 年）；吳枝培《賦比興詮證》，《南京大學學報》1978 年第 2 期；周ば謨《中國古代詩歌的比興和想象》，（京都大學）《中國文學報》第三十六册（1985 年），第 1—3 頁。

② 參看《管錐編》第 4 册，中華書局，1979 年，第 1413 頁。

賊又殺之。國人傷其涉危遂往，如乘舟而無所薄，汎汎然迅疾而不礙也。"

（八）**評論原文** 如《資治通鑒》卷一百六十一《梁紀十七》"武帝太清二年"條："外山崩，壓賊且盡。……賊積死於城下。"胡三省注："死於城下者豈真賊哉！侯景驅民以攻城，……積死於城下者得非梁之赤子乎！"①

由此可見，所謂訓詁不只涉及字義、詞義，而且涉及句意、章旨；不只涉及語義，而且涉及語法、修辭；不只涉及詞語意義，而且涉及典章制度、歷史事實；不只是叙述性的解釋，而且有評論性的説明。但是，我們也必須認識到，不管訓詁的範圍多廣，它畢竟還是以詞句意義的解釋作爲核心內容的。

二、爲什麼需要訓詁

訓詁之所以需要，主要是因爲人們對古書的語言有了不懂的地方，必須加以解釋。陳澧《東塾讀書記》卷十一《小學》："蓋時有古今，猶地有東西、有南北，相隔遠則言語不通矣。地遠則有翻譯，時遠則有訓詁。有翻譯則能使別國如鄉鄰，有訓詁則能使古今如旦暮，所謂通之也。訓詁之功大矣哉！"劉師培《中國文學教科書》（《劉申叔先生遺書》本）第三十二課："言語之遷變略有數端：有隨時代而殊者，……若欲通古言，必須以今語釋古語；有隨方俗而殊者，……若欲通方言，必須以雅言釋方言；通俗之文必與文言之文有別，則書籍所用之文又必以通俗之文解之。"這兩段話就已經把訓詁的必要性和重要性闡述得很明白了。

爲什麼古書的語言會有難懂的地方呢？這主要是因爲語言隨着時、地的不同而有了變化。如果仔細分析起來，産生理解上的困難出自多種多樣的具體原因。現約舉如下。

---

① 參看陳垣《通鑒胡注表微》，科學出版社，1958年，第149—150頁。

（一）語言的原因

（1）古語。這又有兩種情況。第一，某個時代通行的詞語後世不用了，因而難以理解。例如《詩·大雅·蕩》："內奰于中國，覃及鬼方。"毛傳："奰，怒也。"即今語"發脾氣"。《孟子·梁惠王上》："爲長者折枝，語人曰：'我不能。'是不爲也，非不能也。"趙岐注："折枝，案摩，折手節、解罷枝也。"①劉熙注（《後漢書·張皓王龔傳論》李注引）："折枝，若今之案摩也。"可見漢代人對此還有共同的正確的理解。但唐宋人就不免誤解了。如陸善經注（孫奭《孟子音義》引）："折枝，折草樹枝。"朱熹注："爲長者折枝，以長者之命折草木之枝。"又如李商隱《重過聖女祠》："一春夢雨常飄瓦，盡日靈風不滿旗。""夢雨"爲唐人語②，指春天的濛濛細雨③，"夢"當即"濛"的口語變音④。後人不解，於是有誤改"夢雨"爲"猛雨"的⑤。第二，一個詞語的某一意義或用法後世不通行了，因而容易誤解。例如："即"在先秦西漢有"若，如果"義⑥。如《史記·留侯世家》："即欲捐之，捐之此三人。"有的選本却釋"即"爲"即使"⑦。"奇"在漢末魏晉有"美，美好"義。如陶潛《感士不遇賦》："伊古人之慷慨，病奇名之不立。"又《讀史述九章·管鮑》："奇情雙亮，令名俱完。""奇""令"互文。有的注本却釋"奇"爲"非常"⑧。"信"在

---

① 錢鍾書云："折，抑搔也。"見《管錐編增訂》，中華書局，1982年，第45頁。按：《禮記·內則》鄭注："抑，按；搔，摩也。"

② 比較韋莊《長安清明》："早是傷春夢雨天，可堪芳草正芊芊。"宋人也沿用，如蘇軾《次韻林子中春日新堤書事》："爲報年來殺風景，連江夢雨不知春。"

③ 胡玉縉《許廎學林》（中華書局，1958年）卷九《答問》："夢之言蒙也。《爾雅·釋地》'雲夢'《釋文》：'本作蒙。'《說文·夕部》：'夢，不明也。'……是'夢'本爲不明之貌。'夢雨'者，猶言陰雨也。"（第236頁）

④ 唐代俗文學中有把"夢"寫作"蒙"的，如敦煌變文《廬山遠公話》："遠公蒙中驚覺。"又《王昭君變文》："不應玉塞朝雲斷，直爲金河夜蒙連。"可爲旁證。

⑤ 馮浩《玉谿生詩集箋注》："夢，一作猛。"

⑥ 參看王引之《經傳釋詞》卷八，中華書局，1958年，第188—189頁；錢鍾書《管錐編》第1冊，第291頁。

⑦ 《兩漢文學史參考資料》，中華書局，1978年，第143頁。

⑧ 逯欽立校注《陶淵明集》，中華書局，1979年，第151、181頁。

魏晉南北朝有"信使,使者"義①。如《周書·劉璠傳》:"尋而家信至②,云其母病。""家信"指家中的使者,而有的詞典卻誤爲家中寄來的信函③。《晉書·陸機傳》:"我家絕無書信④,汝能齎書取消息不?""書信"指傳送書札的使者⑤,而容易誤解爲書札。"時世"在唐代有"時髦,入時"義⑥,"險"有"怪,怪異"義⑦。如秦韜玉《貧女》:"誰愛風流高格調,共憐時世險梳妝。""憐"猶言"愛"。二句語意正相反對。"時世險梳妝"就是"時髦的怪異打扮"⑧。別本"險"作"儉",當是出於後人臆改,而有的選本卻據此釋爲"儉樸",又釋"時世"爲"當代"⑨,並誤。又如"見"在東漢魏晉可作指代性副詞,用於主動語態動詞之前⑩。如宋子侯《董嬌饒》:"不知誰家子,提籠行采桑,纖手折其枝,花落何飄颺! 請謝彼姝子:'何爲見損傷?'""何爲見損傷"就是"〔你〕爲什麼損傷我啊"。而有的選本

---

① 參看張永言《兩晉南北朝"書""信"用例考辨》,《語文研究》1985年第2期。
② 比較梁武陵王蕭紀《咏鵲》:"今朝聽聲喜,家信必應歸。"
③ 《辭源》(修訂稿)第一册(1964年版)"信"字條。
④ 比較《南齊書·魚復侯子響傳》:"臣累遣書信,喚〔茹〕法亮渡。"
⑤ 此義《辭源》(修訂本)第二册(1980年版)"書信"條失收。王力《漢語史稿》下册(中華書局,1980年):"在第六世紀以後,有'書信'二字連用的例子。……但是這'書信'也只是'書與使者'的等立仂語。"(第547頁)此説似欠全面。
⑥ 如白居易《新樂府·上陽白髮人》:"小頭鞋履窄衣裳,青黛點眉眉細長;外人不見見應笑,天寶末年時世妝。"又《江南喜逢蕭九徹》:"時世高梳髻,風流澹作妝。"牛嶠《女冠子》:"綠雲高髻,點翠勻紅時世。"參看陳寅恪《元微之悼亡詩及艷詩箋證》,《歷史語言研究所集刊》第20本上册,1948年,第8頁。此義《辭源》(修訂本)第二册"時世"條失收。
⑦ 此義南北朝已有,如《南史·周弘正傳》:"〔劉〕顯縣帛十匹,約曰:'險衣來者,以賞之。'衆人競改常服,不過長短之間。顯曰:'將有甚於此矣!'既而弘正緑絲布袴,綉假種,軒昂而至,折標取帛。"孫楷第《鮑照與蕪城賦》云:"險者,不平易之謂。六朝人謂服怪衣裳爲險衣。"見《滄州後集》,中華書局,1985年,第301頁。"險服",見《顏氏家訓·誠兵》。
⑧ 參看《新唐書·車服志》:"文宗即位……而禁高髻、險妝、去眉、開額。"
⑨ 《唐詩選》下册,人民文學出版社,1978年,第352頁。
⑩ 詳見呂叔湘《"見"字之指代作用》,《漢語語法論文集》,科學出版社,1955年,第46—50頁;又增訂本,商務印書館,1984年,第116—121頁。

却誤解"見"爲"被",釋爲"我爲什麼被你給損傷了"①。

(2)方俗語,即見於歷代各類作品的方言、俗語。例如《詩·
小雅·采綠》:"五日爲期,六日不詹。"《方言》卷一:"詹,至
也,……楚語也。"《楚辭·離騷》:"扈江離與辟芷兮。"王逸注:
"扈,被也,楚人名被爲扈。"杜甫《戲作俳諧體遣悶》二首之一:"家
家養烏鬼,頓頓食黃魚。"沈括《夢溪筆談·藝文三》:"杜甫詩有
'家家養烏鬼,頓頓食黃魚',〔劉〕克乃按《夔州圖經》稱峽中人謂
鸕鷀爲烏鬼。"郝懿行《爾雅義疏·釋鳥》:"〔鸕鷀〕蜀人畜以捕魚。
杜甫詩'家家養烏鬼',或説即此,即江蘇人謂之水老鴉。"②柳宗元
《柳州峒氓》:"青箬裹鹽歸峒客,綠荷包飯趁虛人。"吳處厚《青箱
雜記》卷三:"嶺南謂村市爲虛。""趁虛"就是趕集或趕場。顧況
《送張衛尉》:"綠樹村中謝豹啼。"陸游《老學庵筆記》卷三:"吳人
謂杜宇爲謝豹。……若非吳人,殆不知謝豹爲何物也。"黃庭堅
《乞猫》:"秋來鼠輩欺猫死,窺甕翻盤攪夜眠;聞道狸奴將數子,買
魚穿柳聘銜蟬。"史容注:"銜蟬,用俗語也。"這裏"銜蟬"即猫。

(3)譯語,即音譯的外來語。除見於佛典的專門用語外,古籍
中譯語並不很多,但是往往需要考釋。例如《逸周書·克殷》:"〔武
王〕先入,適于所,乃克射之,三發而後下車,而擊之以輕呂,斬之以
黃鉞。"孔晁注:"輕呂,劍名。"《漢書·匈奴傳下》:"單于以徑路刀、
金留犁撓酒。"應劭注:"徑路,匈奴寶刀名。"據近人研究,"輕呂"、
"徑路"乃是突厥語kingrak的音譯,指一種寬身刀或兩刃刀③。又

---

① 《兩漢文學史參考資料》第540頁。
② 參看夏鼐《真臘風土記校注》,中華書局,1981年,第153頁。
③ 夏德(Friedrich Hirth):*The Ancient History of China*,1908,pp.65-67。參看高
本漢(Bernhard Karlgren):*Philology and Ancient China*,1926,p.137;伯希和
(Paul Pelliot):Notes sur *Chau Ju-kua de F. Hirth et W. W. Rockhill*, *T'oung
Pao*, Vol. 13, 1912, p.470, n.3;岑仲勉《突厥集史》下册,中華書局,1958年,第
1112頁;又:《兩周文史論叢》,商務印書館,1958年,第310頁。江上波夫在《徑路
刀與師比》(見《歐亞大陸古代北方文化》,1948年)一文中主張"徑路"是
Achaemenes王朝時代波斯和南俄斯基泰人(Scythians)所用兩刃短劍的希臘名稱
akinakes的譯語。亦可備一説。參看張永言《"輕呂"與"烏育"》,《語言研(轉下頁)

如白居易《新樂府·陰山道》："陰山道,陰山道,紇邏敦肥水泉好。"據陳寅恪考證,"紇邏敦"乃是突厥語 kara tunā 的音譯,義爲"青草地"①。

(4)代語。這裏所説的"代語",指的是爲了修辭等目的用來代替某一事物或事情的本來説法的詞語②。例如:許慎《説文解字叙》："粤在永元,困頓之年。"用"歲陰"名的"困頓"代替十二支的"子"③,"困頓之年"指東漢和帝永元十二年庚子。《古詩十九首》之十七:"三五明月滿,四五蟾兔缺。"以"蟾兔"代月亮。李白《贈宣城趙太守悦》："願借羲和景,爲人照覆盆。"以"羲和"代太陽。陶潛《庚子歲五月中從都還,阻風於規林》二首之二:"山川一何曠,巽坎難與期。"以"巽"、"坎"代"風"、"水"。王維《老將行》："昔時飛箭無全目,今日垂楊生左肘。"以"楊"代"柳","柳"又通"瘤"④。王安石《南浦》："含風鴨緑鱗鱗起,弄日鵝黄裊裊垂。"以"鴨緑"代春水,以"鵝黄"代柳絲。陸游《雪夜感舊》："緑沉金鎖俱塵委,雪灑寒燈淚數行。"以"緑沉"代長槍,以"金鎖"代鎧甲⑤。李清照《金石録後序》:"余自少陸機作賦之二年至過蘧瑗知非之兩歲,三十四年之間憂患得失何其多也!"以"少陸機作賦之二年"代十八歲⑥,以"過蘧瑗

(接上頁)究》1983年第2期。

① 陳寅恪《元白詩箋證稿》,上海古籍出版社,1978年,第255頁。

② 參看錢鍾書《談藝録》(補訂本),中華書局,1984年,第247—250頁;程會昌《詩詞代語緣起説》,《國文月刊》第78期,1949年,第1—7頁,程千帆《詩詞代語緣起説》,《古詩考索》,上海古籍出版社,1984年,第231—257頁。

③ 見《爾雅·釋天》。參看《辭源》(修訂本)第二册"干支"條。

④ 《莊子·至樂》:"支離叔與滑介叔觀於冥伯之丘,……俄而柳生其左肘。"王先謙《集解》:"瘤作柳,聲轉借字。"

⑤ 杜甫《重過何氏》五首之四:雨抛金鎖甲,苔卧緑沉槍。

⑥ 杜甫《醉歌行》:"陸機二十作《文賦》。"據今人考證,陸機(261—303)《文賦》實作於公元301年機四十歲左右。見逯欽立《〈文賦〉撰出年代考》,《學原》第2卷第1期,1948年,第61—64頁,收入《漢魏六朝文學論集》,陝西人民出版社,1984年,第421—434頁;Ch'en Shish-hsiang(陳世驤):"Literature as Light against Darkness:I. Lu Chi's Life and the Correct Date of his 'Essay on Literature'",(轉下頁)

知非之兩歲"代五十二歲①。《史記·魏其武安侯列傳》:"坐乃起更衣,稍稍去。"以"更衣"代"如厠"②。

（5）雙關語。雙關語有的是利用詞的多義性構成,有的是利用同音現象構成。前者如《詩·小雅·大東》:"維南有箕,不可以簸揚;維北有斗,不可以挹酒漿。""箕"雙關簸箕和天空的箕宿,"斗"雙關酒斗和天空的斗宿。後者如南朝樂府《讀曲歌》:"三更書石闕,憶子夜題碑。""題碑"雙關"啼悲"。又:"明燈照空局,油然未有棋。""油然（燃）"雙關"猶（悠）然","棋"雙關"期"。

（6）成語。古漢語中固有的和源於歷代詩文作品的成語是非常豐富的,理解不確,就易致錯誤。例如《史記·魏其武安侯列傳》:"與長孺共一老禿翁,何爲首鼠兩端?""首鼠兩端"同"首施兩端"（見《後漢書·鄧訓傳》）,即首尾兩端③,是遲疑不決的意思。如果望文生義,拘泥"鼠"字作釋,就可能陷於穿鑿。又如"明日黄花"出自蘇軾《九日次韻王鞏》詩:"相逢不用忙歸去,明日黄花蝶也愁。"詩意是:賞菊要趁今天重陽節,到了明天佳節已過,菊花就是不應節的過時的東西了。有人不求甚解而又自作聰明,把這個成語改爲"昨日黄花"來用,以爲這樣才能表現"陳舊、過時"的意思,其實大錯特錯了。

（7）典故。古代詩文多用典④,或稱"用事",這也往往造成理解上的困難,從而需要注釋。注家除了指示典故出處、詞語來歷而外,還得說明作者用典的命意所在,否則就會産生"釋事而忘

（接上頁）*National Peking University Semi-centennial Papers*,No. 11,1948;Chou Ju-ch'ang（周汝昌）:"An Introduction to Lu Chi's *Wen Fu*",*Studia Serica*,Vol. 9,pt. 1,1950,pp. 45–46。參看錢鍾書《管錐編》第 3 册,中華書局,1979 年,第 1206—1207 頁。

① 《淮南子·原道》:"蘧伯玉年五十而知四十九年之非。"
② 《義府》卷下"更衣"條:"古時入厠名更衣。"參同卷"涸軒"條。見《字詁義府合按》,中華書局,1984 年,第 169 頁。
③ 參看王念孫《讀書雜志·餘編上》"首施兩端"條。劉大白《〈辭通〉序》説"首鼠"是雙聲聯緜詞,跟"躊躇"同源。似不可信。
④ 這裏説的"用典"是取其廣義,凡使用有出處的詞語都包括在内。

義"的缺點。例如杜甫《傷春》五首之五："聞説初東幸,孤兒却走多;難分太倉粟,競棄魯陽戈。"注家自然得注明"太倉粟"、"魯陽戈"的出處①,但同時還得讓讀者知道:這裏用"太倉粟"是表示唐王朝儲備的糧食多,用"魯陽戈"是表示羽林軍使用的兵器精②。詩意是説,廣德元年十月吐蕃軍進攻長安時,唐朝禁衛軍雖然人數衆多,給養和裝備都很不錯,但一旦臨陣,却不能抵抗敵人而紛紛敗逃③。關於用典,有一種情況值得注意,即所謂"用事不使人覺"④。這就是説,典故用得隱而不顯,讀者不知有典,也能瞭解文意,如果知道出典,就能理解得更深一些⑤。這種地方也是需要注家點明的。例如劉長卿《長沙過賈誼宅》:"秋草獨尋人去後,寒林空見日斜時。"這兩句詩看來是直道眼前景物情事,但其中的"人去"、"日斜"又是有出典的,而且就出自賈誼自己的《鵩鳥賦》:"庚子日斜兮,鵩集予舍。……野鳥入室兮,主人將去。"又如白居易《欲與元八卜鄰,先有是贈》:"明月好同三徑夜,緑楊宜作兩家春。""三徑"的典故人所共知。"緑楊"句是説:與元八(元宗簡)爲鄰之後,兩家可以平分春天的柳色。意思明白易曉。其實這句是暗用了南齊陸慧曉和張融結爲佳鄰的典故⑥。此外還有一種情況,就是看似無出處而實有出處,看似不用典而實是用典,而且必須知道出典,才能理解語意。例如吴偉業《圓圓曲》:"爲君別唱吴宮曲,漢水東南日夜流。"末句是用李白《江上吟》:"功名富貴若長

---

① 《漢書·賈捐之傳》:"太倉之粟紅腐而不可食。"《淮南子·覽冥》:"魯陽公與韓搆難,戰酣日暮,援戈而撝之,日爲之反三舍。"
② "孤兒"即"羽林孤兒",爲漢代禁衛軍之一,借指唐朝的左右羽林軍。
③ 參看《資治通鑒》卷二百二十三《唐紀三十九》"代宗廣德元年冬十月"條。
④ 《顔氏家訓·文章》:"邢子才常曰:'沈侯文章用事不使人覺,若胸臆語也。'深以此服之。"子才,邢邵字。沈侯,指沈約。
⑤ 錢鍾書説王安石詩"一水護田將緑繞,兩山排闥送青來"二句,"可是不知道這些字眼和句法的'來歷',並不妨礙我們瞭解這兩句的意義和欣賞描寫的生動;……所以這是個比較健康的'用事'的例子。"見《宋詩選注》,人民文學出版社,1989年第2版,第48頁。
⑥ 《南史·陸慧曉傳》:"與張融并宅,其間有池,池上有二株楊柳。〔何〕點欸曰:'此池便是醴泉,此木便是交讓。'"

在，漢水亦應西北流。”李詩説：只有漢水改道向西北流，功名富貴才能長在；吳詩説：漢水既然依舊日夜不息地向東南流，功名富貴又何能長在！如果我們不知道吳句出處①，就無從瞭解詩人暗示並預言烜赫一時的吳三桂功名富貴終歸不能長保的意思②。又如黃遵憲《七月十五夜暑甚，看月達曉》：“滿酌清尊聊一醉，漫愁秋盡落黃花。”這兩句詩看似平易，實則暗用了一個出自《隋書·五行志》的故事③：“武平末，童謠曰：‘黃花勢欲落，清樽但滿酌。’時穆后母子淫僻，干預朝政，時人患之。穆后小字黃花，尋逢齊亡，‘欲落’之應也。”如果我們不知道黃詩用典，就不能瞭解詩人指斥當時淫僻干政的那拉后的用意④。有時知道了古典，也未必就能瞭解作者的用意，還須知人論世，即結合“今典”，才能瞭解。陳寅恪曾反復論此，以其論《再生緣》跋語為例：“噫！所南心史，固非吳井之藏；孫盛陽秋，同是遼東之本。點佛弟之額粉……”僻典與俗典並用。“點佛弟”出北魏吉迦夜共曇曜譯《雜寶藏經》。

　　（8）語法。這包括詞法、句法、虛詞三方面的問題，分述如下。

　　a）屬於詞法的問題。例如《墨子·耕柱》：“大國之攻小國，攻者農夫不得耕，婦人不得織，以守為事；攻人者亦農夫不得耕，婦人不得織，以攻為事。”《公羊傳·莊公二十八年》：“春秋伐者為客，伐者為主。”這裏“攻者”的“攻”和“伐者為主”的“伐”都是被動

---

①　靳榮藩《吳詩集覽》（卷七上）注：“李詩：‘漢水亦應西北流。’”失引上句，吳詩用典之意未明。

②　此詩舊説作於順治十六年，非是。馮沅君考定吳作於順治七年前後，陳寅恪考定為作於順治八年初冬。馮説見《吳偉業〈圓圓曲〉與〈楚兩生行〉的作期》，《文史》第4輯，1965年，第121—124頁，《馮沅君古典文學論文集》，人民文學出版社，1980年，第392—399頁；陳説見《柳如是別傳》中册，上海古籍出版社，1980年，第491頁。周法高《吳梅村詩叢考》（香港中文大學中國文化研究所學報6卷1期，1973年）引馮文，主張《圓圓曲》作於順治七年前後。後撰《錢牧齋陳寅恪詩劄記》（《大陸雜誌》66卷6期，1983年）又改從陳説，謂“其（馮）説不如寅恪先生《圓圓曲》作於順治8年冬季之説”（第2頁）。

③　參看《北齊書·後主穆后傳》：“後主皇后穆氏，……小字黃花。……先是童謠曰：‘黃花勢欲落，清觴滿盃酌。’言黃花不久也。”

④　錢仲聯《人境廬詩草箋注》下册，上海古籍出版社，1981年，第898頁。

語態動詞，當時在語音上跟主動語態的"攻"、"伐"應有區別①，但是寫法却一樣；這種現象，前人叫"施受同辭"②。如果不知道這一點，對上引《墨子》和《公羊傳》的文句就會疑惑不解了。《漢書·楚元王傳》："季父不吾與。"顏注："不吾與，言不與我同心。"其實"與"是動詞，訓"助"③，顏師古誤認爲介詞，於是不得不增字爲訓④。劉禹錫《金陵五題·烏衣巷》："朱雀橋邊野草花，烏衣巷口夕陽斜。""花"跟"斜"相對，也是動詞，義爲"開花，開着花"⑤；如果把"花"理解爲名詞，就不符原意了。杜甫《茅屋爲秋風所破歌》："高者掛罥長林梢，下者飄轉沉塘坳。""沉"應是形容詞，訓"深"；"沉塘坳"和"長林梢"相對，同爲偏正結構。如果把"沉"解爲動詞"沉没，沉入"⑥，就不合事理了⑦。

b) 屬於句法的問題。例如《墨子·非樂上》："啓乃淫溢康樂，野於飲食。"《左傳·昭公十九年》："其一二父兄懼隊宗主，私族於謀，而立長親。"又："諺所謂'室於怒，市於色'者，楚之謂矣。""野於飲食"即"飲食於野"；"私族於謀"即"謀於私族"；"室於怒，市於色"即"怒於室，色於市"。這種"倒句"乃是遠古漢語語法的殘留⑧。又如《左傳·隱公元年》："不義不暱，厚將崩。""不義不暱"

---

① 何休《公羊傳解詁》："伐人者爲客，讀'伐'長言之；見伐者爲主，讀'伐'短言之。"
② 參看楊樹達《古書疑義舉例續補》卷一"施受同辭例"，見《古書疑義舉例五種》，中華書局，1956年，第189頁。
③ 參看楊樹達《漢書窺管》第222頁；祝鴻杰《顏師古和他的〈漢書注〉》，《語文研究》1982年第3期，第120頁。
④ 所謂"增字爲訓"，指的是因誤解或曲解詞義，以致文義難通，因而加字彌縫。不是説訓釋古書絶對不許可增加字、詞。
⑤ 比較杜甫《遣懷》："愁眼看霜露，寒城菊自花。"李白《憶東山》："不向東山久，薔薇幾度花。"早期的用例有《詩·小雅·出車》："昔我往矣，黍稷方華（花）。"
⑥ 如《杜甫傳》，人民文學出版社，1980年，第87頁。
⑦ 參看劉岫、商文光《對"沉塘坳"解釋的意見》，《語文學習》1957年第5期；吳小如《詩詞臆劄·説杜句"下者飄轉沉塘坳"》，《蘭州大學學報》1980年第2期；宋今《關於"沉塘坳"的商榷》，《社會科學輯刊》1984年第5期。
⑧ 參看俞敏《倒句探源》，《語言研究》（華中工學院）創刊號，1981年，第81頁。

是表示因果關係的緊縮式偏正複句,等於説"不義則不暱"①。"不義"就是上文"〔共叔段〕多行不義"的"不義"。"暱"通"䵑"②,訓"黏",即黏着、黏附,引申爲親附。"不暱"指衆人不親附(共叔段)。"不義不暱"必須這樣解釋,句法、語義方合,也才能跟"厚將崩"聯貫起來,構成一個完整的比喻。杜預《春秋經傳集解》釋"不義不暱"爲"不義於君,不親於兄",誤解原文爲並列關係的聯合複句,於是不得不增字爲訓③。又如杜甫《秋興八首》之八:"香稻啄餘鸚鵡粒,碧梧棲老鳳皇枝。"兩句都是名詞謂語句,即"香稻|啄餘鸚鵡粒,碧梧|棲老鳳皇枝",等於説"此香稻乃鸚鵡啄餘之粒,此碧梧乃鳳皇棲老之枝",極言其名貴,不同尋常。因爲這樣的詩句中不宜用判斷詞,所以只能采取這種句式。杜句只不過把"鸚鵡啄餘"、"鳳皇棲老"分別倒裝爲"啄餘鸚鵡"、"棲老鳳皇"而已。如果把這兩句詩看作動詞謂語句,解爲"鸚鵡啄餘香稻粒,鳳皇棲老碧梧枝"④,那就未免顛倒過甚,也未必合於原意⑤。

　　c) 屬於虛詞的問題。例如《詩·邶風·終風》:"終風且暴。"⑥毛傳、朱熹集傳釋"終"爲名詞"終日"。其實"終"是關聯詞,訓"既"⑦。《文選》曹丕《與吳質書》:"歲月易得,別來行復四年。"《五臣注》張銑釋"行"爲動詞"(四時)運行"。其實"行"是副詞,義爲"即將,快要"⑧。

　　(9) 句讀。古書没有標點符號,更没有分詞連寫,因而句讀往

---

① 比較《論語·述而》:"不憤不啓,不悱不發。"等於説"不憤則不啓,不悱則不發"。

② 《説文》七上黍部:"䵑,黏也。從黍,日聲。《春秋傳》曰:'不義不䵑。'"

③ 參看錢鍾書《管錐編》第 1 册,第 169 頁。

④ 《古代漢語》(修訂本)第四册,中華書局,1981 年,第 1534 頁。

⑤ 比較杜甫《陪鄭廣文遊何將軍山林》十首之五:"緑垂|風折筍,紅綻|雨肥梅。"等於説"此緑而垂者乃風所折之筍,此紅而綻者乃雨所肥之梅",而不是"風折筍垂緑,雨肥梅綻紅"。

⑥ 《説文》十一上水部:"瀑,疾雨也……《詩》曰:'終風且瀑。'"

⑦ 説詳王引之《經傳釋詞》卷九,中華書局,1958 年,第 192—194 頁;又《經義述聞》卷五"終風且暴"條。

⑧ 參看祝廉先《文選六臣注訂譌》,《文史》第 1 輯,中華書局,1962 年,第 206 頁。

往難定,成爲訓詁工作的一個課題①。例如《論語·里仁》:"富與貴是人之所欲也,不以其道,得之不處也;貧與賤是人之所惡也,不以其道,得之不去也。"②通常以"得之"屬上讀,這樣後一句就不好理解了③。《論語·顏淵》:"君子之德,風;小人之德,草。草,上(=尚)之風,必偃。"尚之風,猶言加之以風;必偃之主語爲"草",非"草上之風"。可比較《孟子·滕文公上》:"君子之德,風也;小人之德,草也。草上(本作'尚')之風,必偃。"趙岐注:"尚,加也;偃,伏也。以風加草,莫不偃伏也。"《孟子·梁惠王上》:"《詩》云:'他人有心,予忖度之。'夫子之謂也夫!"通常以"夫"字屬下讀。但是先秦古籍引《詩》之後接上以"也夫"結尾的感歎句是習見的語例④,《孟子》此文似以"夫"字屬上讀爲宜。《左傳·莊公十年》:"吾視其轍,亂;望其旗,靡。""視"的賓語是"轍",不是"其轍亂";"望"的賓語是"旗",不是"其旗靡"。故《左傳》此文宜標點如上。《禮記·禮運》:"昔者仲尼與於蜡,賓事畢,出,遊於觀之上。""與於蜡"即參與蜡祭,"仲尼與於蜡"跟《禮記·雜記下》"子貢觀於蜡"語例相同;"賓"通"儐","賓事"指孔子本人承擔的助祭贊禮之事。通常以"賓"字屬上讀,似有未當。《史記·留侯世家》:"五日平明,良往,父已先在,怒曰:'與老人期,後,何也? 去!'曰:'後五日早會。'五日雞鳴,良往,父又先在,復怒曰:'後,何也? 去!'曰:

---

① 參看武億《經讀考異》(《授堂遺書》本、《皇清經解》本);楊樹達《古書句讀釋例》,中華書局,1957 年;呂叔湘《資治通鑒標點斠例》,《呂叔湘語文論集》,商務印書館,1983 年,第 210—245 頁;章秋農《古書記言標點易誤舉例》,《中國語文》1979 年第 3 期。

② 俞琬《書齋夜話》即如此句讀,丁聲樹認爲可從,見《釋否定詞"弗"、"不"》,《歷史語言研究所集刊·慶祝蔡元培先生六十五歲論文集》下册,北平:國立中央研究院歷史語言研究所集刊外編第一種,第 983 頁。

③ 參看章秋農《古書句讀數例述辨》,《中華文史論叢》1962 年第 2 輯,第 269 頁。

④ 如《左傳·僖公二十四年》:"《詩》曰:'彼己之子,不稱其服。'子臧之服不稱也夫!"又《成公八年》:"《詩》曰:'愷悌君子,遐不作人?'求善也夫!"又《襄公二十四年》:"《詩》云:'樂只君子,邦家之基。'有令德也夫!''上帝臨女,無貳爾心。'有令名也夫!"參看俞樾《古書疑義舉例》卷七"誤讀'夫'字例";俞敏《漢藏虛字比較研究》,《中國語文學論文選》,日本光生館,1984 年,第 344—345 頁。

'後五日復早來。'"通常把兩個"去"作爲傳中叙述語。但是,據古書一人之辭中加"曰"字之例①,以及王充本於《史記》而寫的同一記事②,《留侯世家》此文似應標點如上。就是訓詁專家,在古書句讀上也難免有所失誤,值得我們注意③。例如,《漢書·爰盎傳》:"且陛下從代來,每朝,郎官者上書疏,未嘗不止輦受。其言不可用,置之;言可采,未嘗不稱善。"王念孫讀作"……未嘗不止輦受其言。不可用,……"於是認爲"不可用"之前應補一"言"字作爲主語(《讀書雜志·漢書九》"不可用"條)。其實"止輦受"的是"書疏",不是"其言"。句讀一正,文義自通,無須增字。又《杜周傳》:"茂陵杜鄴與欽同姓字,俱以材能稱京師,故衣冠謂欽爲'盲杜子夏'以相別。"王念孫讀作"……俱以材能稱,京師故衣冠……"於是認爲"故"字當移在"京師"之前(《讀書雜志·漢書十一》"京師故"條)。其實"以材能稱京師"猶言"以材能稱於京師"。這類處所補語前省略"於"字的句法古書習見。原文並無誤倒,不須乙正。又《蕭望之傳》:"國兵在外④,軍以夏發、隴西以北、安定以西吏民並給轉輪。"王念孫讀作"國兵在外,軍以夏,發隴西以……"於是認爲文不成義,應補充爲"充國兵在外,軍以(通'已')經夏,……"(《讀書雜志·漢書十三》"國兵在外軍以夏"條)其實原文文義通順,並無脱字,不須增補。

(二) 語言外的原因

(1) 文字上的原因。這可以分爲古字、通假字、訛誤字和避諱字四項來談。

1. 古字。例如:"現"古作"見"。《史記·項羽本紀》:"軍無見糧。"《漢書·王嘉傳》:"故少府、水衡見錢多也。""弃"古作"去"。

---

① 俞樾《古書疑義舉例》卷二"一人之辭而加'曰'字例"。
② 《論衡·紀妖》:"五日平明,良往,父已先在,怒曰:'與老人期,後,何也? 去! 後五日早會。'五日鷄鳴,復往,父又已先在,復怒曰:'後,何也? 去! 後五日復早來。'"此"去"只能是老父語。
③ 參看楊樹達《漢書窺管》第293—294、365、478—479頁。
④ 比較《漢書·項籍傳》:"國兵新破。"

《漢書・陳遵傳》：“性善書，與人尺牘，主皆藏去以爲榮。”《三國志・魏書・華佗傳》：“何忍無急去藥以待不祥？”《論衡・道虛》：“武帝去桓公鑄銅器。”吳承仕曰：“去字疑誤。”即因不知“去”即“弆”之古字①。“屍”古或作“死”。《韓非子・內儲説上》：“棺椁過度者戮其死。”《漢書・陳湯傳》：“漢遣使三輩至康居求谷吉等死。”“他”古或作“也”。《漢書・霍去病傳》：“其在塞外，卒乏糧，或不能自振，而去病尚穿域蹋鞠。也事多此類。”

　　2. 通假字。例如《詩・王風・中谷有蓷》三章：“中谷有蓷，暵其濕矣。”“濕”是“㬥”的通假字②，《毛傳》、《鄭箋》解“濕”爲“水濕”，非是③。《陳風・衡門》：“泌之洋洋，可以樂飢。”“樂”是“療（療）”的通假字④，《毛傳》釋“樂飢”爲“樂道忘飢”，增字爲訓，其説非是。《禮記・學記》：“今之教者，呻其佔畢。”“佔”是“笘”的通假字，“佔”、“畢”同義連文，指寫書的竹簡。鄭注釋“佔”爲“視”⑤，釋“佔畢”爲“所視簡之文”，其説迂曲，似不可信⑥。《左傳・隱公元年》：“莊公寤生，驚姜氏。”“寤”是“牾”的通假字，義爲“逆、倒着”，“寤生”是説難産。杜注釋“莊公寤生”爲“寤寐而莊公已生”，望文生訓，其説非是⑦。

　　3. 訛誤字。例如《孟子・盡心下》：“今之與楊墨辯者，如追放

① 參看蔣禮鴻《讀〈論衡集解〉》，收入《懷任齋文集》，上海古籍出版社，1986年，第240頁。

② 玄應《一切經音義》卷二十二引《通俗文》：“欲燥曰㬥。”比較《集韻》入聲緝韻：“㬥，胸脯，一曰乾也。”

③ 參看王引之《經義述聞》卷五“暵其濕矣”條，又卷三十二《通説下》“經文假借”條。

④ 《魯詩》、《韓詩》“樂”作“療”。《説文》七下疒部：“療，治也……療，或从尞。”

⑤ 鄭玄當是讀“佔”爲“覘”，故釋爲“視”。

⑥ 參看桂馥《説文解字義證》五上竹部“笘”字條；王引之《經義述聞》卷十五“呻其佔畢”條，又卷三十二《通説下》“經文假借”條。

⑦ 參看焦竑《焦氏筆乘》續集卷五“寤生”條；臧琳《經義雜記》卷六“莊公寤生”條；黃生《義府》卷上“寤生”條；王應麟《困學紀聞》卷六“寤生”條全祖望注；郝懿行《爾雅義疏・釋言》“逆，寤也”條；沈欽韓《春秋左傳補注》隱公元年本條；劉文淇《春秋左氏傳舊注疏證》本條；錢鍾書《管錐編》第1冊“牾生”條，第167—168頁。

豚，既入其苙，又從而招之。”“招”爲“挌”之誤①。“挌”（盧各切）通
“絡”，訓“縛”。《荀子·儒效》：“爭之則失，讓之則至；遵道則積，
夸誕則虛。”“道”爲“逪”之誤。“遵逪”即“逡巡”，義爲“退讓”。
又：“身不肖而誣賢，是猶傴伸而好升高也。”“傴伸”不詞，“伸”當
爲“僂”字之誤。

4. 避諱字。歷代都有因避帝王名諱而更改古書文字的事
情，值得訓詁工作者充分注意。例如《楚辭·招魂》：“肴羞未通，
女樂羅些。”“通”字原本當作“徹”，漢朝人爲避武帝劉徹的名諱
而改，正如改“蒯徹”爲“蒯通”、改“徹侯”爲“通侯”一樣。《南
史·劉秀之傳》載秀之《議》：“人敬官長，比之父母。”據《宋書》，
“人”本作“民”，唐朝人爲避太宗李世民的名諱而改。“民”、
“人”所指不同，一經更改，義遂大異②。《淮南子·本經》（據清
莊炘刻本）：“元元至碭而運照。”高誘注：“元，天也。元，氣也。”
宋、明本正文和注文的第一個“元”字作“玄”，莊本是因避清聖祖
玄燁的名諱而改。俞樾《諸子平議》（卷三十“淮南内篇二”）把“元
元”校改爲“元光”，新舊《辭源》和《辭海》（“碭”字條）把“元元”回
改爲“玄玄”，並誤。

（2）其他原因。包括名物、制度、風俗習慣等。關於名物
的，例如《元曲選·楊氏女殺狗勸夫》第二折《三煞》：“你懷揣着
鴉青料鈔尋相識。”吉川幸次郎、入矢義高、田中謙二著《元曲選
釋》（第三册）注：“鴉青，紙名。……此以‘鴉青’言紙幣，未聞其
詳。”按：元代貨幣“寶鈔”是用一種叫做“鴉青紙”的青黑色紙張

---

① 段玉裁謂此“招”爲“豕”之假借。《説文》九下豕部：“豕，豕絆足，行豕豕。从豕繫
　二足。”段注：“招字與豕古音相近，招之即豕之也。”今人謂“豕”當爲去勢之豬，參
　看温少峰、袁庭棟《殷墟卜辭研究——科學技術篇》，四川省社會科學院出版社，
　1983 年，第 251—252 頁。

② 參看陳垣《史諱舉例》（《勵耘書屋叢刻》本）卷四，第 35 頁上。唐朝人著作往往以
　“人”代“民”。如韓愈《原道》：“人其人。”“人其人”即“民其人”，意爲使其人成爲編
　户之民。杜佑《通典》卷十四：“四人錯雜，詳覈無所。”《荀子·富國》“職業無分”楊
　倞注：“職業，謂官職及四人之業也。”“四人”即“四民”，指士、農、工、商。

印製的①,所以稱爲"鴉青鈔"或"鴉青料鈔"②,其制詳見《馬可波羅遊記》③。關於制度的,例如杜甫《哀江頭》:"黄昏胡騎塵滿城,欲往城南望城北。"唐代的長安城是市在南,宫在北。杜甫當時家居城南。詩意是説:自己想要往南回家了,却又向北回望宫闕④。如果我們不瞭解唐代長安城的建置,就不能領會詩中所表示的詩人眷念遲回、不忘君國的情意。關於風俗習慣的,例如《詩·檜風·羔裘》:"羔裘如膏,日出有曜。"如果我們不知道古人穿裘衣是皮毛朝外⑤,就不能理解"如膏"、"有曜"的含意。又如杜甫《負薪行》:"至老雙鬟只垂頸。"白居易《新樂府·井底引銀瓶》:"暗合雙鬟逐君去。"我們須得知道"雙鬟"(把頭髮梳爲左右兩個圓髻)是唐代未嫁女子的髮式,才能瞭解這兩句詩的含意:杜詩是説當時夔州女子生活貧苦,又經歷戰亂,到老來還没能出嫁;白詩是説當時有些女子輕率地隨所愛男子私奔,爲避免人們懷疑、指責,改爲已婚者的打扮⑥。又如杜甫《留花門》:"連雲屯左輔,百里見積雪。"如果我們不知道當時回紇人信奉摩尼教,崇尚白色,因而回紇兵的衣飾、旌旗都是白的,就可能誤解"積雪"的含意⑦。又如白

①　鴉青紙元代以前已有。宋郭若虚《圖畫見聞志》卷六"高麗國":"彼(高麗)使人每至中國,或用摺疊扇爲私覿物,其扇用鴉青紙爲之。"黄山谷有《求范子默染鴉青紙》詩,見《黄山谷詩集》内集卷十九。《皇朝類苑》卷六十引《澠水燕談》:"熙寧末,余遊相國寺,見賣日本國扇者,琴漆柄,以鴉青紙□如餅,撲爲旋風扇。"(《知不足齋叢書》本、《稗海》本、涵芬樓《宋元人説部書》本《澠水燕談録》并無此段。)

②　參看張心逸《〈元曲選釋〉補證(二)》,《横浜市立大學紀要》第11卷第1號,第10—11頁。

③　張星烺譯《馬哥孛羅遊記》,1929年,第190—191頁;馮承鈞譯《馬可波羅行紀》,1936年,第384頁。

④　陸游《老學庵筆記》卷七:"北人謂向爲望,謂欲往城南,乃向城北。"

⑤　《新序·雜事二》:"魏文侯出遊,見路人反裘而負芻。文侯曰:'胡爲反裘而負芻?'對曰:'臣愛其毛。'""反裘"義爲反穿裘衣,皮毛朝外。《辭源》(修訂稿)第一册釋"反裘"爲"披皮毛著於外"(第398頁),誤。參看《漢書·匡衡傳》:"夫富貴在身而列士不譽,是有狐白之裘而反衣之也。"顔注:"'反衣之'者,以其毛在内也。"

⑥　參看龐石帚《養晴室筆記·雙螺》,四川文藝出版社,1985年,第14—15頁。

⑦　參看胡小石《杜甫〈北征〉小箋》,《胡小石論文集》,上海古籍出版社,1982年,第123頁。

居易《新樂府·時世妝》:"斜紅不暈赭面狀。"又:"髻椎面赭非華風。"如果我們不知道"赭面"是當時吐蕃的風俗,就不能明白這"非華風"的"時世妝"是模仿的什麼民族的風尚①。

由此可見,我們閱讀古書會遇到各種各樣的障礙,首先是語言上的障礙;只有克服了這些障礙,才能比較透徹地讀懂古書,從而批判地繼承歷史文化遺產。而要克服這些障礙,就不能不藉助於訓詁和訓詁學。

三、什麼是訓詁學

訓詁學是中國傳統語文學即所謂"小學"的一個部門。前人把"小學"分爲訓詁、文字、音韻三門②,訓詁是其中側重字義、語義研究的一門。

值得注意的是,就學科門類來說,訓詁學、文字學、音韻學三者的研究對象和範圍各不相同,但是就古籍中有關的著作來說,則訓詁、文字、音韻三類書的内容卻常有交疊之處。雖然字書講字形,韻書講字音,但是它們往往同時也講字義,涉及訓詁。例如,作爲字書代表的《説文》,對於每一個字一般都是先解釋字義,然後分析字形,而分析字形往往也是爲了幫助説明字義。如一上示部:"祭,祭祀也。从示、以手持肉。"又四下角部:"解,判也。从刀判牛角,會意。"作爲韻書代表的《廣韻》,對於所收的字也是先解釋意義,再用反切注明讀音。如上平聲魚韻:"除,階也,又去也。直魚切。十三。"③上聲静韻:"頃,田百畝也。去穎切。六。"

---

① 參看陳寅恪《讀〈東城父老傳〉》,《史語所集刊》第十本,1948 年,第 178 頁;《元白詩箋證稿》第 192 頁。或云"頳面",元稹《縛戎人》:"但逢頳面即捉來。"(《元氏長慶集》卷二十四)
② 《四庫全書總目》卷四十分"小學"爲:訓詁類,《爾雅》以下屬之;字書類,《説文》以下屬之;韻書類,《廣韻》以下屬之。
③ 《廣韻》中一組同音字只在該"小韻"首字釋文之末注出反切,並標明這組同音字的數目。這裏的"十三"就是説"除"字和以下十二個字都音"直魚切",除了有"又音"的字以外不另注音。

　　由此可見,古代的"小學"書,除了秦漢時代的識字課本如《急就篇》之類以外,差不多都離不開解釋字、詞的意義,只是所用的方式或著述的體例有所不同而已。因此,不妨說訓詁不但是"小學"的一個重要組成部分,而且是它的主要目的。

　　按照近代科學系統來說,訓詁學可以說是語文學(philology)的一個部門,是主要從語義的角度研究古代文獻的一門學科。它跟語文學的各個部門(如文字學、校勘學)和語言學(linguistics)的各個分科(如詞彙學、音韻學、語法學、修辭學)以及其他一些人文科學(如歷史學、考古學、民族學)都有密切的聯繫;它需要綜合運用這些學科的理論、方法和成果來達到自己的研究目的①。

四、爲什麼要學習訓詁學

　　我國有悠久的文化傳統和豐富的文化遺產,這些遺產主要保存在浩如煙海的古書裏。我們要繼承這份遺產,做到古爲今用,就必須先讀懂古書。如上節所述,要讀懂古書牽涉到多種問題,其中最基本的是語言問題。只有懂得了古書的語言,我們對古書內容的理解和解釋才可能是正確無誤的。訓詁學正是一門綜合性的爲解決古書語言問題服務的學問。因此,學習、研究訓詁學是十分必要的。

　　可能有人會認爲並不需要專門學習訓詁學,閱讀古書的時候遇到語文上的疑難,臨時翻檢字典詞書(以下統稱"詞典"),參考已有的注釋,就可以解決問題了。這個看法是不正確的,因爲——

　　(一)詞典的釋文和古書的注解都是訓詁工作的成果,我們要很好地加以利用,就必須具有一定的訓詁學知識。

　　(二)詞典解釋一個字、詞,往往羅列多種意義,如果我們沒有訓詁學的知識,就會去取失當,造成誤解。

　　(三)詞典釋文難免有錯誤、不確之處,如果我們缺少訓詁學的知識,就無從辨識。例如《中華大字典》心部:"慮,憂也。《漢

---

① 爲了行文方便,"語文學"和"語言學"以下統稱爲"語文學"。

書·黥布傳》：'〔此皆爲身不顧後〕爲百姓萬世慮者也。'"其實
"慮"字在漢代還沒有"憂"的意義，《黥布傳》的"慮"應是"考慮，打
算"的意思①。《古漢語常用字字典》"菅"字條："【草菅】草和菅。
《漢書·賈誼傳》：'其視殺人，若艾草菅然。'"其實"草菅"即"菅
草"②，其構詞格式是所謂"大名冠小名"③，並非並列結構。

　　（四）古書注解往往異説歧出，我們必須具有訓詁學的知識，才
能擇善而從或者另求正解。例如《詩·周南·卷耳》："采采卷耳。"
又《芣苢》："采采芣苢。""采采"一詞，舊注或訓"采而不已"（如《毛
傳》、孔穎達《毛詩正義》、朱熹《詩集傳》、段玉裁《毛詩故訓傳定本小
箋》、陳奐《詩毛氏傳疏》），或訓"盛貌"（如戴震《詩經補注》一、馬瑞
辰《毛詩傳箋通釋》二）。二説不同。如果運用訓詁學的知識加以推
敲，知道《詩經》通例及物動詞不用疊字，全書中用在名詞前面的疊
字都是形容詞，同時書中別處的"采采"也都是形容詞，義爲"盛貌"，
《芣苢》下句才説動作"采"，上句"采采"不宜解爲采取，就能判斷前
説非而後説是④。《三國志·蜀書·諸葛亮傳》："孤（劉備自稱）不
度德量力，欲信大義於天下，而智術淺短，遂用猖獗。""猖獗"一
詞，有的選本注爲"盜賊（指曹操）勢盛"、"（奸臣）猖狂"，有的選本
注爲"顛仆，跌倒，引申爲挫敗"。二説不同。如果運用訓詁學的
知識加以考究，知道"猖"通"倀"，訓"仆"，"獗"通"蹶"，訓"僵"，
"仆"和"僵"都是"跌倒"的意思，"猖"、"獗"同義連文，義爲"跌跤
子"，引申爲"遭受挫折"，就能斷定前説非而後説是⑤。又如《左

---

①　《説文》十下思部："慮，謀思也。"

②　比較《楚辭·卜居》："寧誅鋤草茅以力耕乎?""草茅"即"茅草"。

③　參看俞樾《古書疑義舉例》卷三"以大名冠小名例"。

④　説詳丁聲樹《詩卷耳芣苢采采説》，《國立北京大學四十周年紀念論文集（乙編）》，
　　1940 年，第 1—15 頁。參看聞一多《匡齋尺牘·芣苢》，《聞一多全集》第一冊，開明
　　書店，1949 年，第 344—345 頁；吳小如《詩三百篇臆札》，《文史》第 9 輯，1980 年，
　　第 145—146 頁。

⑤　説詳趙翼《陔餘叢考》卷二十二"猖獗"條；何九盈《詞義瑣談》，《語言學論叢》第 7
　　輯，商務印書館，1981 年，第 57—58 頁。參看周一良《〈三國志〉札記》，《文史》第 9
　　輯，1980 年，第 223 頁。

傳·莊公十年》：“犧牲玉帛，弗敢加也，必以信。”“加”字，宋林堯叟《春秋左傳句讀直解》釋爲“有加於舊”，即訓爲“增加”的“加”，今人楊伯峻《春秋左傳注》釋爲“超過（規定）”。其實二説都不準確。這個“加”應據《説文》、《集韻》訓“誣”①，即“妄言”，這裏可以譯釋爲“謊報”。

（五）有許多詞義詞典裏查不到，古書注本也未加解釋，或未加明確解釋，這就需要學者利用訓詁學知識進行探討，尋求答案。例如《史記·商君列傳》：“令民爲什伍，而相牧司連坐。”其中“牧”、“司”二字，查《辭源》、《辭海》等詞典以及《史記》舊注都得不到確切的訓釋②。考《方言》卷十二“牧”訓“察”，而古籍中“司”通“伺”③，可知“牧司”義爲“察伺”，“相牧司”就是“互相監視”的意思④。又如《文選》曹丕《與吳質書》：“後生可畏，來者難誣。”這個“誣”字，李善及五臣無注，查各種詞典也找不到適合的釋義⑤；需要以訓詁學的觀點，仔細審辨文義和比較同類用例⑤，才能知道它應當解釋爲“抹殺”⑥。又如杜甫《哀王孫》：“不敢長語臨交衢，且爲王孫立斯須。”其中的“長”字，杜集及各選本多不注⑦，初學容易誤解爲“長短”的“長”。其實這個“長”應該解爲“多餘”⑧，“不敢長

① 《説文》三上言部：“誣，加也。”字亦作“訑”。《集韻》平聲麻韻：“訑，誣也。”
② 《辭源》(修訂本)第三册(1981年版)“牧司”條釋爲“檢舉，監督”，未明所以，第二册(1980年版)又據《史記》別本誤文，收“收司”條，釋爲“督察檢舉”。
③ 如《荀子·王霸》：“日欲司間。”楊注：“司間，伺其間隙。”
④ 參看王念孫《讀書雜志·史記四》“收司”條；蔣禮鴻《義府續貂》，中華書局，1981年，第107頁。
⑤ 如嵇康《養生論》：“夫爲稼於湯之世，偏有一溉之功者，雖終歸於燋爛，必一溉者後枯，然則一溉之益固不可誣也。”《後漢書·方術列傳》：“漢世異術之士甚衆，雖云不經，而亦有不可誣，故簡其美者，列於傳末。”謝靈運《擬魏太子鄴中集詩序》：“不誣方將，庶必賢於今日爾。”《顏氏家訓·養生》：“神仙之事，未可全誣。”王度《古鏡記》：“雖歲祀攸遠，圖書寂寞，而高人所述不可誣矣。”《文選五臣注》張銑釋謝文“誣”爲“誣詆”，非是；劉良釋嵇文“誣”爲“輕”，近之。
⑥ 説見錢鍾書《管錐編》第4册，中華書局，1979年，第1294—1295頁。
⑦ 金性堯《唐詩三百首新注》(上海古籍出版社，1981年)注：“長語，詳語。”(第152頁)不確。
⑧ 鍾嶸《詩品》卷中“宋徵士陶潛”：“文體省淨，殆無長語。”

語"乃是"不敢說多餘的話"的意思。

（六）有些詞語在某類著作裏帶有術語性質，其特殊含義不是靠翻檢詞典就能明瞭的，這也需要訓詁學的知識幫助闡明。例如陸機《文賦》"譬偏弦之獨張，含清唱而靡應，……象下管之偏疾，故雖應而不和"中的"應"、"和"[①]，劉勰《文心雕龍·風骨》篇中的"風"、"骨"[②]，就是如此。

此外，如本章第二節所述，閱讀古書時遇到的語文障礙不能單靠查詞典來排除的還很不少，而古書又是無注的居多，我們必須自己有訓詁學的修養，才能獨立解決有關的語文問題，進而從事各種專門研究。

五、訓詁學和語文學各學科的關係

本章第三節已經提到，訓詁學跟語文學的各個學科都有密切的聯繫，它需要綜合運用這些學科的理論、方法和成果來爲自己服務。這就是說，訓詁學研究不是可以孤立地進行的，我們要認清研究訓詁學的途徑，就必須瞭解它和語文學各部門的關係。下面我們就來具體地談談這方面的問題。

（一）**訓詁學和音韻學** 訓詁的目的在於通古語，而要通古語就得明瞭古音以及古今語音的演變，因此訓詁學離不開音韻學的幫助。音韻學對訓詁學的貢獻，除了讓我們明白古今語的傳承關係而外，主要是幫助我們認識古書文字假借以及闡明詞和詞義的孳乳關係——這就是清代語文學者常說的"由聲音以通訓詁"。

（1）識假借。清代最傑出的訓詁學者王念孫曾說："詁訓之指存乎聲音，字之聲同、聲近者經傳往往假借。學者以聲求義，破其假借之字而讀以本字，則渙然冰釋；如其假借之字而强爲之解，則

---

① 參看饒宗頤《陸機〈文賦〉理論與音樂之關係》，《中國文學報》（京都大學）第 14 册，1961 年，第 26—27 頁。

② 參看陸侃如《〈文心雕龍〉術語用法舉例》，《文學評論》1962 年第 2 期，第 17 頁；牟世金《說"風骨"》，《文史知識》1983 年第 11 期，第 8—14 頁。

詁籀爲病矣。"（王引之《經義述聞序》引述）他的兒子王引之也説：
"許氏《説文》論六書'假借'曰：'本無其字，依聲託事，令、長是
也。'蓋無本字而後假借他字，此謂造作文字之始也。至於經典古
字聲近而通，則有不限於無字之假借者，往往本字見存而古本則
不用本字而用同聲之字。學者改本字讀之則怡然理順，依借字解
之則以文害辭。"（見《經義述聞》卷三十二《通説下》"經文假借"
條）這裏説假借有兩種：一種是所謂造字的假借，一種是所謂用字
的假借。我們下面討論的是後一種假借，一般又稱爲"通假"，也
就是文字的同音（或音近）替代。

　　漢儒讀古書，作箋注，已往往由聲同聲近，"以意逆志"，來推
求"本字"，疏通訓詁。例如《書·金縢》："予仁若考。"《史記·魯
周公世家》"考"作"巧"，即司馬遷讀"考"爲"巧"。"考"、"巧"同從
"丂"聲，古音同屬溪母幽部，故可通假。《詩·大雅·瞻卬》："此
宜無罪，女反收之；彼宜有罪，女覆説之。"《潛夫論·述赦》引《詩》
"説"作"脱"，即王符讀"説"爲"脱"，訓爲解脱或開脱。"説"、"脱"
同從"兑"聲，古韻同屬月部，聲母同爲舌音，故可通假。《詩·召
南·甘棠》："蔽芾甘棠，勿翦勿拜。"《毛詩箋》："拜之言拔也。"即
鄭玄讀"拜"爲"拔"。"拜"、"拔"古韻同屬月部，聲母同爲雙唇塞
音，故可通假①。

　　漢儒訓詁有所謂"讀爲"、"讀曰"，一般也是用本字來解釋假
借字。例如《詩·衛風·氓》："淇則有岸，隰則有泮。"鄭箋："泮讀
爲畔。"《書·堯典》："播時百穀。"鄭注："時讀曰蒔。"這裏有兩點
值得注意。第一，這類用"破讀"法得出的解釋不一定都是正確
的，需要加以辨析。例如鄭玄讀"時"爲"蒔"就未必對。《堯典》的
"播時百穀"和《詩·周頌·噫嘻》的"播厥百穀"句法、文義並同；
"時"和"厥"一樣，應是指示代詞②。第二，訓詁家説本字和假借

---

① 《廣韻·去聲怪韻》："扒，拔也。《詩》云：'勿翦勿扒。'案：本亦作'拜'。"扒，博怪
　　切，與"拜"同音。
② 《詩·秦風·駟驖》："奉時辰牡。"毛傳："時，是也。"

字,不一定意味着先有本字而後有假借字。例如"時"、"蒔"二字,顯然是先有"時"而後有"蒔";"蒔"名爲"本字",實際是後起加形旁(義符)字,或稱後起分別文①。

到了清朝乾嘉時代,憑藉古音學知識來講古書文字通假成了訓詁學者一時的風尚,有關的著作很多,而以王念孫父子的《高郵王氏四種》最爲特出②,書中精當的説法極多,下面略舉數例,以見一斑。《書・立政》:"方行天下,至於海表。"僞孔傳:"方,四方也。"扞格難通。王念孫謂:"方"讀爲"旁"③,旁之言溥也④,遍也;"方行天下"言遍行天下也。《漢書・地理志》曰:"昔在黄帝……旁行天下。"其義一也⑤。這就怡然理順了。《詩・檜風・匪風》:"匪風發兮,匪車偈兮。"毛傳:"發發飄風,非有道之風;偈偈疾驅,非有道之車。"迂曲難通。王念孫、王引之謂:古"匪"、"彼"通用⑥;此言彼風之動發發然,彼車之驅偈偈然也⑦。這就文從字順了。《詩・大雅・民勞》:"無縱詭隨,以謹無良。"毛傳:"詭隨,詭人之善、隨人之惡者。"窒礙難通。王念孫謂:"隨"讀爲"譴"⑧,詭

---

① 清儒説"本字"和"假借字",一般以《説文》爲準。例如《説文》四上眉部:"省,視也。"十一上水部:"渻,少減也。"又十二下女部:"婧,減也。"於是古書中用作"省減"義的"省"就被説成假借字,"渻"、"婧"才是所謂本字。

② 王念孫著《讀書雜志》、《廣雅疏證》,王引之著《經義述聞》、《經傳釋詞》。《廣雅疏證》是曹魏張揖所著《廣雅》一書的注本;《經傳釋詞》專釋先秦西漢經傳中的虚詞;《讀書雜志》的内容涉及《逸周書》、《戰國策》、《史記》、《漢書》、《管子》、《晏子春秋》、《墨子》、《荀子》、《淮南内篇》、《後漢書》、《老子》、《莊子》、《吕氏春秋》、《韓子》、《法言》、《楚辭》、《文選》十七種古書,外加"漢隸拾遺";《經義述聞》涉及《周易》、《尚書》、《毛詩》、《周官》、《儀禮》、《大戴禮記》、《禮記》、《春秋左傳》、《國語》、《春秋公羊傳》、《春秋穀梁傳》、《爾雅》十二種經籍,外加"通説"、"春秋名字解詁"和"太歲考"。

③ "旁"從"方"聲,"方"、"旁"古韻同屬陽部,聲母同爲雙唇塞音,故可通假。

④ 《説文》一上上部:"旁,溥也。""旁"、"溥"爲旁紐雙聲,韻母"陽"、"魚"對轉。

⑤ 《經義述聞》卷三"湯湯洪水方割"條。

⑥ 《廣雅・釋言》:"匪,彼也。""匪"、"彼"聲母同爲幫母,韻母"微"、"歌"旁轉。

⑦ 《經義述聞》卷五"匪直也人"條。

⑧ "隨"、"譴"古韻同屬歌部,聲母同爲舌尖音,故可通假。

譎也。"詭"、"譎"同義連文,指詭譎之人①。這就渙然冰釋了。

總之,我們研讀古籍(特別是上古典籍),考證古語,確實需要應用"音同(或音近)義通"的原理來認識文字通假,但是必須謹嚴審慎,以免致誤。大致説來,有如下四點應當注意:

第一,要明古音。這樣才能確切知道某兩個字的古音究竟是否相同、相近,否則就會囿於今音、方音,導致錯誤。

第二,説音同、音近,必須聲、韻兼顧,尤其應當注重聲。因爲在古漢語裏詞的孳乳演變和字的通假,關鍵在於聲紐。王國維説:"近儒皆言古韻明而後詁訓明,然古人假借、轉注,多取雙聲。……然則與其謂古韻明而後詁訓明,毋寧謂古雙聲明而後詁訓明歟!"②錢玄同説:"竊謂古今語言之轉變由於雙聲者多,由於疊韻者少;不同韻之字以同紐之故而得通轉者,往往有之。"③黃侃也説:"古雙聲明而後音近音轉之字皆得其觸理矣。"④訓詁學的實踐證明,兩家的説法是正確的⑤。有的學者僅僅依據二字韻部相同,就侈談通假、通轉,這是不妥當的。同源,就聯縣字來説,就是同一組中的詞上字與上字、下字與下字應分別同紐。

第三,説古書文字通假,除音同、音近而外,還要求語義適合,例證充足,這樣結論才能較爲可靠。

第四,原字可通,即無須濫用通假,標新立異。例見第二章第六節論高郵王氏缺點部分。

(2)探義根,明孳乳。所謂"探義根"就是探索一個詞的語源義⑥,所謂"明孳乳"就是闡明一個詞的各個意義之間或者同一詞

①　《經義述聞》卷七"無縱詭随"條。
②　王國維《爾雅草木蟲魚鳥獸名釋例序》,《王國維遺書》第 4 册,上海書店出版社,1983 年,第 4 頁。
③　錢玄同《文字學音篇》,北京大學出版部,1924 年,第 32 頁。
④　黃侃《爾雅略説》,《黃侃論學雜著》,上海古籍出版社,1980 年,第 400 頁。
⑤　參看傅東華《略談〈説文解字〉段注的局限性》,《中國語文》1961 年第 10—11 期(合刊),第 61 頁。
⑥　參看張永言《關於詞的"内部形式"》,《語言研究》(華中工學院)創刊號,1981 年,第 9 頁以下。

族的各個詞之間的派生關係。這種研究漢儒已經開了個端[1]，但是到了清儒(以段玉裁、王念孫、王引之爲代表)手裏才置於可靠的科學基礎之上。晚近學者，如王國維、劉師培、楊樹達等，對此也有不少的貢獻[2]。詳細討論這個問題是語義學和詞源學的任務，這裏只舉三個例子來說明：如何從語音出發，同時結合語義，以探索同源詞的義根，闡明詞和詞義的孳乳關係。

　　1) 我們在充分占有有關的文獻資料的前提下，依據古音，結合古義，不受字形的限制，深入分析"盤桓"(洀桓、磐桓)、"判渙"(伴奐、判援)、"彷徨"、"屏營"、"徘徊"這一系列的詞，就可以探明它們都是從同一語根√B－H－孳乳而來的[3]，其共同的義根是"迴轉往復的動作或情狀"，而它們各自具有的"迴旋"、"不進"、"徜徉"、"玩樂"、"猶豫"、"遲疑"等意義都是從這同一義根派生出來的[4]。

　　2) 我們都知道"酩酊"這個詞的意義是"醉甚貌"即"大醉的樣子"。但是爲什麽"醉甚貌"叫"酩酊"呢？或者說，"酩酊"的義根是什麽呢？我們如果不受字形的限制，從語音出發進行探討，就可以把"酩酊"跟下列這些詞都繫聯起來："望羊"(望洋、望佯、望陽)、"茫洋"、"盳洋"、"盲羊"、"漭盪"、"漭濱"、"罔養"、"漭浪"、"莽罝"、"罔宧"(罔浪、罔閬)、"罒兩"、"網蜽"、"罔兩"、"魍魎"，"沐腫"、"懞懂"[5]。試就這一系列的詞加以分析歸納，就可以知道

----

[1] 如《說文》七上日部："日，實也。"七上月部："月，闕也。"十上馬部："馬，武也。"十二上户部："户，護也。"又："房，室在旁也。"這都是以同源詞訓釋詞義。

[2] 王氏的著作有《爾雅草木蟲魚鳥獸名釋例》等，均見《王靜安先生遺書》；劉氏的著作有《字義起於字音說》、《物名溯源》、《物名溯源續補》、《〈爾雅〉蟲名今釋》、《〈經義述聞〉五色之名條廣義》等，均見《劉申叔遺書》；楊氏的論著大都見於《積微居小學述林》、《積微居小學金石論叢》二書。

[3] B代表雙唇塞音，H代表舌根擦音。

[4] 詳見葛毅卿《釋"判渙"》，《中國文化研究匯刊》第6卷，1947年，第19—29頁。參看吳小如《詩三百篇臆札》，《文史》第9輯，1980年，第154—155頁。

[5] 《義府》卷下"酩酊"條："酩酊二字古所無。《世說》'若苧無所知'，蓋借用字。今俗云橝懂，即著苧之轉也。"《字詁義府合按》，中華書局，1984年，第214頁；又"茗柯"條："茗柯即酩酊，後轉聲爲橝懂，皆一義。"第226頁。又轉作"瞢騰"，參（轉下頁）

它們都是從同一語根√M－NG D－NG 孳乳而來的①,其共同的義根是"迷迷糊糊的樣子"或"模糊不清的樣子",而它們各自具有的各種意義都是從這同一義根分化而來的。

3)"葚"這個詞《詩經》已見②。當初人們爲什麽管"桑實"叫"葚"呢? 或者説,"葚"的語源義是什麽呢? 要知道詞的本義,可以查文字、訓詁書③,而要尋求詞的語源義,有時就得從語音出發進行探索。這樣探索的結果,我們找出了"葚"的一系列同族詞,如:黮、黕、黭、黲、黯、點、玷、黝。這些詞都來自同一語根√D－M,都有"黑"義,其中"黮"字在《詩經》中還被假借爲"葚"④。由此可見,"葚"的語源義是"黑",换句話説,"葚"是以其成熟時的顏色而得名的。

(二)訓詁學和語法學　　語義和語法是密切相關的,因此訓詁研究離不開語法學的幫助。清代高郵王氏父子研究訓詁之所以成就卓絶,其原因就在於他們除了通曉音韻而外還兼明語法。正因爲這樣,他們訓釋古書語句往往能做到文從字順,切合原意。下面僅就"語詞"和"辭例"兩端對訓詁和語法的關係略加論述。

(1) 明語詞。所謂語詞(簡稱"詞"),就是我們現在所説的虚詞。王引之在《經傳釋詞序》中説:"語詞之釋肇於《爾雅》。……蓋古今異語别國方言類多助語之文。……自漢以來,説經者宗尚雅訓,凡實義所在既明箸之矣,而語詞之例則略而不究,或即以實義釋之,遂使其文扞格而意亦不明。"王氏父子的著作爲古書語詞的解釋作出了巨大的成績,精到的見解極多,這裏略舉三例,聊示

(接上頁)看蔣禮鴻《義府續貂》,中華書局,1981 年,第 40—41 頁。參看俞敏《古漢語裏的俚俗語源》《燕京學報》第 36 期,1947 年,第 53 頁;聞一多《〈莊子·人間世〉義疏》,《河北師範學院學報》1983 年第 1 期,第 32—33 頁。

① 　M 代表雙唇鼻音,NG 代表舌根鼻音,D 代表舌頭音。

② 　《詩·衛風·氓》:"于嗟鳩兮,無食桑葚。"

③ 　《説文》一下艸部:"葚,桑實也。"

④ 　《詩·魯頌·泮水》:"翩彼飛鴞,集于泮林;食我桑黮,懷我好音。"

一斑①。

　1)"若",而也。《書·金滕》:"予仁若考。"僞孔傳:"我周公仁能順父。"誤解連詞"若"爲動詞"順"。

　2)"能",而也。《詩·衛風·芄蘭》:"芄蘭之支,童子佩觿;雖則佩觿,能不我知。"鄭箋:"此幼稚之君雖佩觿與,其才能實不如我衆臣之所知爲也。"朱傳:"知猶智也。言其才能不足以知於我也。"並誤解連詞"能"爲名詞"才能"。

　3)"來",是也。《詩·小雅·采芑》:"蠻荆來威。"②又《大雅·江漢》:"淮夷來求。"鄭箋、孔疏並誤釋"來"爲往來之來。

　王引之對古書語詞的解釋是非常精到的,但是他有一個說法今天看來是不準確的。他在《經義述聞》"語詞誤解以實義"條開頭就說:"經典之文,字各有義,而字之爲語詞者則無義之可言,但以足句耳。"在《經傳釋詞》中也常常說某字"無義"。其實語詞雖然没有實義(詞彙意義),但它們仍然各自具有一定的語法意義;不能籠統地說它們"無義"或"無義之可言",從而阻礙了對它們的語法功能進行必要的探討。

　(2)識辭例。訓詁學上所謂"辭例"就是"屬詞之例",從現代語言學的角度看來,包括構詞法、詞法、句法、修辭各方面的問題,其中前三者都屬於語法學的領域。下面分別舉例說明。

　1.構詞法　例如上古漢語名詞有加詞頭"有"的,如:有虞、有夏、有殷、有濟、有邦、有室、有廟、有居、有方、有北、有昊、有帝、有王、有司、有正、有僚、有民、有衆、有政、有事、有功、有梅,而"說經者未喻屬詞之例,往往訓爲有無之有,則失之矣"(《經傳釋詞》卷三"有"條)。又如上古漢語名詞的構成有一種"大名冠小名"的格式③,如:草芥、草茅、蟲蝗、蟲蟓、鳥雀、鳥烏、鳥隼、魚鮪、獸鹿、衣裘,巫陽、醫和、祝鮀、后羿,史魚、師曠、优孟(优旃)、梓慶、匠石、輪扁、

①　詳見《經傳釋詞》有關各條及《經義述聞》卷三十二《通說下》"語詞誤解以實義"條。
②　比較《魯頌·閟宮》:"戎狄是膺,荆舒是懲。"
③　參看俞樾《古書疑義舉例》卷三"以大名冠小名例";邢公畹《漢台語構詞法的一個比較研究——大名冠小名》,《語言論集》,商務印書館,1983年,第189—199頁。

庖丁、弈秋、盜跖、琴摯。這種構詞法大約在西漢以後已經是不能産的(unproductive)了①，因而後人對此每有誤會。例如《禮記·月令》："〔孟夏〕行春令，則蝗蟲爲灾。……〔仲冬〕行春令，則蝗蟲爲敗。"王引之曰："'蝗蟲'皆當爲'蟲蝗'，此言'蟲蝗'猶上言'蟲螟'，……後人不知而改爲'蝗蟲'，謬矣。"(《經義述聞》卷十四"蝗蟲"條②)《易·中孚·象傳》："利涉大川，乘木舟虚也。"俞樾曰："《正義》引鄭注曰：'空大木爲之曰虚，總名皆曰舟。'然則'舟'、'虚'並言，'舟'其大名，'虚'其小名也。王注曰：'乘木於川舟之虚。'此説殊不了。輔嗣徒習清言，未達古義也。"(《古書疑義舉例》卷三)《戰國策·趙策》："彼又將使其子女讒妾爲諸侯妃姬。"《古代漢語》(修訂本)第一册注："子女，這裏專指女。"(第123頁)按：上古漢語"子"兼指兒女，這個"子女"就是《後漢書·楊震傳》"子女伯榮出入宫掖"的"子女"，跟《漢書·李廣蘇建傳》"〔蘇〕武子男元與〔上官〕安有謀"的"子男"構詞法相同③，是大名冠小名，而不是偏義複詞。

2. 詞法　這裏以辨別詞性問題爲例。如《左傳·隱公六年》："《商書》曰：'惡之易也，如火之燎於原，不可鄉邇，其猶可撲滅？'"杜注："言惡易長，如火焚原野，不可鄉近。"王念孫曰："杜讀'易'爲難易之易，而以'長'字增成其義，殆失之迂矣。案：易者延也，謂惡之蔓延也。"④這就是説，"惡之易也"的"易"是不及物動詞，而杜預把它誤認爲形容詞了。《左傳·桓公二年》："今滅德立違。"杜注："謂立華督違命之臣。"王念孫曰："違，邪也，與回邪之'回'

---

① 仿古的現象在漢以後的文章裏還有，如嵇康《與山巨源絶交書》："此由禽鹿，少見馴育則服從教制。"《中國歷代文學作品選》上編第二册(上海古籍出版社，1979年)注："禽，古代對鳥獸的通稱。一説，禽通擒。"(第418頁)前説爲是。

② 參看王念孫《讀書雜志·漢書四》"蝗蟲"條。

③ 比較《漢書·卜式傳》："臣願與子男及臨菑習弩博昌習船者請行。"《後漢書·周榮傳》："除子男興爲郎中。"

④ 《經義述聞》卷十七"惡之易也"條。

聲近而義同①；立違，謂立奸回之臣。"②這就是説，"立違"的"違"是形容詞用如名詞，指奸邪者，而杜預把它誤認爲及物動詞了。《漢書·楚元王傳》："棺槨之麗、宮館之盛，不可勝原。"顏注："言不能盡其本數。"王念孫曰："師古以'原'爲本數，非也。原，量也，度也。言其麗與盛不可勝量也。"③這就是説，"不可勝原"的"原"是動詞，而顏師古把它誤認爲名詞了。白居易《琵琶行》："間關鶯語花底滑，幽咽泉流冰下灘。""灘"是不及物動詞或形容詞，義爲"盡，竭"，唐代習用④。下文"冰泉冷澀弦凝絶"即承"幽咽泉流冰下灘"句意而來。後人只知"灘"是名詞，以爲"冰下灘"語義難通，於是有改"灘"爲"難"或改"冰"爲"水"的了。

3. 句法 例如《詩·大雅·既醉》："孝子不匱，永錫爾類。其類維何？室家之壺。"鄭箋："孝子之行非有竭極之時，長以與女之族類。"注家多據此把"爾類"看成偏正結構，作"錫"的間接賓語，解"永錫爾類"爲"永久把它(指孝)給與你(指孝子)的同類"。其實"永錫爾類"是雙賓語句，"爾"是間接賓語，"類"是直接賓語。"類"指奴隸的族類，即下文所説"室家之壺"，而不是指孝子的同類⑤。《詩·小雅·節南山》："式夷式已⑥，無小人殆。"從句法上看，"無小人殆"是"無殆小人"的倒文⑦，義爲"不要危害小人"。《古代漢語》(修訂

---

① "違"、"回"同爲匣母微部字。《詩·大雅·大明》"厥德不回"毛傳："回，違也。"

② 《經義述聞》卷十七"滅德立違"條。

③ 《讀書雜志·漢書八》"不可勝原"條。

④ 參看蔣禮鴻《敦煌變文字義通釋》，上海古籍出版社，1981 年，第 207—208 頁。"灘"字此義新《辭源》、新《辭海》失收。本字當作"癉"，《廣韻》"他干切"，訓"力極"。《全唐詩》卷六一〇皮日休《上真觀》："襴褵風聲疾，跰跚地力癉。""癉"字下注："音灘。"

⑤ 説見于省吾《〈詩·既醉篇〉舊説的批判和新的解釋》，《澤螺居詩經新證》，中華書局，1982 年，第 218—220 頁。這是就《既醉》詩原義而論。他書(如《左傳·隱公元年》)引《詩》，斷句取義，賦以新解，又當別論。

⑥ 馬瑞辰《毛詩傳箋通釋》卷二十："夷，謂平其心；……已，謂知所止。"高亨《詩經今注》(上海古籍出版社，1980 年)："已讀爲怡。《説文》：'怡，和也。'""夷"和"已"都是不及物動詞。

⑦ 參看俞樾《古書疑義舉例》卷一"倒文以協韻例"。

本）第二册注采用《毛傳》“無以小人之言至於危殆”，解“無小人
殆”爲“不要因小人〔而使國家〕陷於危險”（第 498 頁），不合原文
句法，又增字爲訓，似不可取。

（三）**訓詁學和修辭學**　訓詁和修辭聯繫極爲緊密。這裏只
以“互文”、“對文”問題爲例，略談修辭手法和文詞含意之間的關
係。所謂“互文”有兩個意義：一是指上下文（特別是相對稱的兩
句話）各舉一端，在意義上相互補充，使文詞簡潔精練的一種表達
手段①；一是指在兩句話的相對應的位置上用不同的詞來表示相
同或相近的意義，使文詞錯綜變化的一種表達手段②。分別説明
如下。

先説第一類互文。例如《儀禮·公食大夫禮》：“雍人以俎入，
陳於鼎南；旅人南面，加匕於鼎，退。”鄭注：“雍人言‘入’，旅人言
‘退’，文互相備也。”賈公彥疏：“云‘雍人言入，旅人言退，文互相
備也’者，雍人言入，亦退，旅人言退，亦入，皆入而退去，故云‘文
互相備也’。”《荀子·王霸》：“國危則無樂君，國安則無憂民。”
“君”、“民”互文，原文等於説國危則無樂君、樂民，國安則無憂民、
憂君。李華《吊古戰場文》：“吾聞夫齊魏徭戍，荆韓召募。”“徭
戍”、“召募”互文，原文並不是説齊魏徭戍而不召募，荆韓召募而
不徭戍，而是説齊魏荆韓（泛指戰國時各國）都召募兵員從事徭
戍。柳宗元《捕蛇者説》：“叫囂乎東西，隳突乎南北。”“叫囂”、“隳
突”互文，“東西”、“南北”互文，原文等於説叫囂隳突乎東西南北，
即到處狂呼亂叫、橫衝直撞。范仲淹《岳陽樓記》：“不以物喜，不
以己悲。”“物”、“己”互文，“喜”、“悲”互文，原句的實際含意是：不
因環境、條件好而喜，也不因環境、條件不好而悲；不因個人遭遇
不好而悲，也不因個人遭遇好而喜。

詩歌語言由於字數、平仄、對仗、押韻等的限制，常常使用"互文見義"的表達法[1]。例如漢樂府《戰城南》："戰城南，死郭北。""戰"、"死"互文，"城南"、"郭北"互文，詩句是説城南、郭北都在作戰，都在死人。杜甫《潼關吏》："大城鐵不如，小城萬丈餘。"鐵不如，言其堅固；萬丈餘，言其高峻。兩句互文見義[2]，不是説大城就不高，小城就不堅。杜甫《客至》："花徑不曾緣客掃，蓬門今始爲君開。"這兩句也是互文見義，等於説：花徑不曾緣客掃，今始緣君掃；蓬門不曾爲客開，今始爲君開。此外還有一句之中互文見義的。例如王昌齡《出塞》二首之一："秦時明月漢時關。"等於説秦漢時的明月、秦漢時的關。不可機械地把月只屬之秦，關只屬之漢。白居易《琵琶行》："主人下馬客在船。"意思是主人和客都下馬上了船。如果把這句詩機械地理解爲只是客上了船而主人仍然留在江岸上，那麼下句"舉酒欲飲無管弦"以及後文就不好講了。

以上例子説明，詩文中使用互文見義這種表現方法，可以以少勝多，言此及彼，在有限的字數中增加語句的內涵，使文字簡練而意義完備。我們要懂得這類互文見義法，才能正確而完整地理解文詞的含意，提高閱讀和欣賞詩文的能力。

再説第二類互文，即在相同結構中相應位置上的兩個詞具有相同或相近的意義，彼此對照，成爲互文。這類互文在古漢語中應用得十分廣泛。例如《詩·邶風·旄丘》："何其處也？必有與也。何其久也？必有以也。"孔穎達疏："言'與'、言'以'者，互文。"《小雅·杕杜》："會言近止，征夫邇止。""近"、"邇"互文。《左傳·襄公十四年》："贄幣不通，言語不達。""通"、"達"互文。《禮記·樂記》："兵革不試，五刑不用。""試"、"用"互文。《戰國策·趙策》："位尊而無功，奉厚而無勞。""功"、"勞"互文。《淮南子·覽冥》："雷霆不作，風雨不興。""作"、"興"互文。杜甫《釋悶》："天

<hr>

① 參看周振甫《詩詞例話·互文和互體》，中國青年出版社，1979年，第309—311頁。
② 參看錢鍾書《管錐編增訂》第6頁。

子亦應厭奔走，群公固合思昇平。""應"、"合"互文。

認識這類互文，有助於推求詞義。例如《論語·公冶長》："願無伐善，無施勞。"僞孔安國注訓"施"爲"置施"①，即施加①，扞格難通。這裏"施"跟"伐"是互文，當依朱熹注訓爲"張大"，即張揚、夸大。"勞"跟"善"也是互文，義爲功勞，不是勞苦。《荀子·修身》："宜於時通，利以處窮②，禮信是也。""時"字楊倞注不得其解。王引之由"時"、"處"互文推考，知"時"當訓"處"③。虛詞也是如此。例如《論語·述而》："富而可求也，雖執鞭之士吾亦爲之；如不可求，從吾所好。"由"而"、"如"互文可知"而"當訓"如"。《史記·季布欒布列傳》："與楚則漢破，與漢而楚破。"由"而"、"則"互文可知"而"當訓"則"。再舉詩句爲例。沈約《八咏詩·霜來悲落桐》："薜荔可爲裳，文杏堪作樑。"陶弘景《詔問山中何所有，賦詩以答》："只可自怡悅，不堪持寄君。"白居易《新昌新居書事》："門閭堪駐蓋，堂室可鋪筵。"又《贈侯三郎中》："幸有琴書堪作伴，苦無田宅可爲鄰。"由這些例子中的"堪"、"可"互文可知"堪"有"可"義。

但是，依據互文推求詞義，必須極其謹慎。如果濫説"互文"，認爲凡互文必同義，甚至把不是互文的硬説成互文，那就會得出錯誤的結論。例如蕭綱《上巳侍宴林光殿曲水》："林花初墮蒂，池荷欲吐心。"許渾《咸陽城東樓》："溪雲初起日沉閣，山雨欲來風滿樓。"有人根據這類例子得出結論説："欲""初"互文，"欲"猶"初"也④。這是不確切的。因爲"初"和"欲"雖然都是時間副詞，意義也相近，但是"初"表示已然（剛開始），"欲"表示將然而未然（即將），二者不可等同。白居易《同微之贈別郭虛舟鍊師》："簡寂館鐘後，紫霄峰曉時。"又《自問行何遲》："酒醒夜深後，

---

① 皇疏："願己行善而不自稱，又願不施勞役之事於天下也。"
② "以"、"於"互文，"以"訓"於"。
③ 《莊子·逍遙遊》："猶時女也。"司馬彪注："時女猶處女也。"《詩·大雅·緜》："曰止曰時。"猶言"爰居爰處"。
④ 《杜詩注解商榷》，中華書局，1979年，第71頁；又：《廣釋詞》，四川人民出版社，1981年，第41頁。

睡足日高時。"又《霓裳羽衣舞歌》:"小垂手後柳無力,斜曳裾時雲
欲生。"有人依據這類例子認爲"後"、"時"互文,"後"猶"時"也①。
其實"時"和"後"各有自己的意義,不可混而爲一。又如竇叔向
《夏夜宿表兄宅話舊》:"去日兒童皆長大,昔年親友半凋零。"有人
認爲"半"與"皆"互文,當訓皆②。陸機《爲顧彦先贈婦》:"隆思亂
心曲,沉歡滯不起;歡沉難克興,心亂誰爲理?"有人認爲"誰"、
"難"互文,"誰"猶"難"也,"誰"不是指人的疑問代詞而是"表態副
詞"②。庾信《烏夜啼》:"御史府中何處宿?洛陽城頭那得棲?"有
人斷言"何處"、"那得"互文,"何處"猶"那得"也③。其實以上諸例
中的"皆"和"半"、"誰"和"難"、"何處"和"那得"並非互文,應當按
照各自的意義作釋④,不宜任意牽混,得出不可靠的結論。

　　下面附帶談談"對文"。所謂對文就是指在平行的相同結構
中處於相對應地位的兩個詞,它們在意義上或者相同、相近,或者
相反、相對。這是廣義的對文⑤。狹義的對文則專指其中詞義相
反、相對的一種。其詞義相同、相近的一種另稱爲互文,即上文所
討論的互文的第二類。這裏只就狹義的對文略舉數例。如《荀
子·天論》:"天行有常,不爲堯存,不爲桀亡;應之以治則吉,應之
以亂則凶。""存"和"亡"、"治"和"亂"、"吉"和"凶"都是對文。《楚
辭·九辯》:"去故而就新。""去"和"就"、"故"和"新"對文。賈誼
《吊屈原賦》:"世謂伯夷爲貪兮,盜跖爲廉;莫邪爲鈍兮,鉛刀爲
銛。""貪"和"廉"、"鈍"和"銛"對文。

　　跟互文一樣,認識對文同樣有助於推求詞義。例如《詩·小
雅·正月》:"哿矣富人,哀此惸獨。"《毛傳》訓"哿"爲"可",意義不甚明

---

① 《廣釋詞》第 97 頁。
② 《杜詩注解商榷》第 13 頁。
③ 《杜詩注解商榷》第 145 頁。
④ "半"當訓"多半",比較杜甫《贈衛八處士》:"訪舊半爲鬼,驚呼熱中腸。"
⑤ 參看楚永安《"對文"在訓詁上的應用》,《語言論集》第 1 輯,中國人民大學出版社,
　1980 年,第 47—55 頁;張桁、蔣蔭南《關於"對文見義"》,《南京大學學報》1981 年
　第 3 期,第 49—54 頁。

確。王念孫由"腯"、"哀"對文推考,知"腯"通"嘉",當訓歡樂①。

　　此外,"對文"還有另一用法。訓詁學著作在辨析詞義時常用"對文"、"散文"這一對術語,前者指兩個同義詞彼此對待而言,後者指它們分別使用而言。例如《詩・齊風・南山》:"雄狐綏綏。"孔疏:"對文則飛曰雌、雄,走曰牝、牡,散則可以相通。《〔書・〕牧誓》曰:'牝雞之晨。'飛得謂牝,明走得稱雄。"這就是説:"雌"和"牝"、"雄"和"牡"彼此對待時是有區别的,即所謂"對文則異",分别使用時則可以互通,即所謂"散文則通"。又如《説文》三下革部:"革,獸皮治其毛曰革。"段注:"'皮'與'革'二字,對文則分别,如〔《周禮・天官・掌皮》〕'秋斂皮,冬斂革'是也;散文則通,如《〔周禮・天官・〕司裘》之'皮車'即'革路'。"

　　(四) 訓詁學和方言學②　　關於訓詁和古方俗語的關係,本章第二節已經講到。這裏再舉幾個例子,説明現代方言詞彙的研究也有助於印證古詞、古義,闡明古今詞彙、語義的傳承關係。這是因爲語言的發展變化在不同的地域是不平衡的,在一些地區已經消失的語言現象在另一些地區可能還繼續保存。例如《詩・周南・汝墳》:"王室如燬。"今閩語福州話有"燬"huei(火)。《孟子・告子上》:"一日暴之,十日寒之。"今福州話有"暴"p'uok(曬)。《世説新語・德行》:"恭作人無長物。"今福州話有"長"tuoŋ(剩餘)。《晉書・謝安傳》:"安顧謂其甥羊曇曰:'以墅乞汝。'"今福州話有"乞"k'øyʔ(給,與)。杜荀鶴《釣叟》:"渠將底物爲香餌?一度擎竿一個魚。"今福州話有"底"tɛ(何,什麼)。又如《孟子・告子下》:"有人於此,力不能勝一匹雛,則爲無力人矣。"關於這個"匹"(p'iet)字的解釋,歷來聚訟紛紜,莫

_____

① 王引之《經義述聞》卷六"腯矣富人"條。
② 今治漢語史、古漢語,除書本文獻、古文字、文物資料外,一定得開發漢語方言和民族語言的資料,才能有所拓展創新。(此就資料言,理論、方法亦須有所吸取、更新。)參看金有景《再論民族語言研究與漢語研究》,《民族語文》1985 年第 5 期;戴慶廈《中國民族語言學對發展語言學的重要性》,《中央民族大學學報》1983 年第 1 期;馬學良主編《漢藏語概論・導言》,北京大學出版社,1991 年,第 19—35 頁。

衰一是。現在以閩南方言汕頭話稱鴨爲"匹"（pʻit）爲佐證，就可以肯定《孟子》的"匹"就是《禮記・曲禮下》"庶人之摯匹"的"匹"①，其確詁當爲"鴨"②。

　　（五）訓詁學和比較語言學　　訓詁學探討古詞、古義，除了利用漢語材料而外，有時還得參考跟漢語鄰近的語言，從而涉及比較語言學的領域。例如《方言》卷八："虎：陳魏宋楚之間或謂之'李父'，江淮南楚之間謂之'李耳'。"對於"李父"、"李耳"，歷來未有正解。東漢末應劭《風俗通義》（《太平御覽》卷八百九十一引）說"呼虎爲'李耳'"是因爲"虎本南郡中廬李氏公所化爲"固然荒誕無稽，明代李時珍《本草綱目》（卷五十一上"獸之二・虎"）說"'李耳'當作'狸兒'"也是沒有根據的臆說。王引之疏證《廣雅・釋獸》"李耳，虎也"條，也只是說"'李耳''李父'，語之變轉"，未能講明所以。據考湘西土家語稱"公虎"爲 lipa、"母虎"爲 liṇi，跟"李父"、"李耳"正宛然若合符節③。可見《方言》這裏所著錄的乃是古代楚或南楚地區（今湘西屬之）民族語言裏的兩個詞，二者的區別在於所指公、母不同而不是通行地域有異。又如《山海經・海外南經》："南山在其東南，自此山來，蟲爲蛇，蛇號爲魚。""蛇號爲魚"一語，向來不得確解。其實這個"魚"乃是台語稱蛇的詞 ŋu 的記音字④。又如《後漢書・南蠻傳》："於是女解去衣裳，爲僕鑒之結，著獨力之衣。"李賢注："'僕鑒'、'獨力'皆未詳。"《搜神記》卷十四"盤瓠"條："於是女解去衣裳，爲僕豎之結，著獨力之衣。""僕鑒"作"僕豎"，疑誤。今按：《後漢書》這裏記述的是我國說台語的民族的神話。"僕鑒"可比泰語 puk kien，義爲"束髮爲結，辮

①　比較《周禮・春官・大宗伯》："庶人執鶩。"
②　"匹"亦作"鳴"，訓"鴨"，見《廣雅・釋鳥》。參看聞宥《語源叢考》，《中華文史論叢》1980 年第 4 輯，第 135—143 頁。
③　王靜如《關於湘西土家語言的初步意見》，《中國民族問題研究集刊》第 4 輯，1955 年，第 145、158、174 頁。
④　張永言《詞義瑣記・蛇號爲魚》，《中國語文》1982 年第 1 期，第 32—33 頁。參看邢公畹《紀念〈中國語文〉創刊三十年》，《中國語文》1982 年第 4 期，第 242 頁。

髮爲髻";"獨力"可比泰語 tuk lik,義爲"一種羊毛布"①。這樣,這兩個在漢語中無理據可説、注家所"未詳"的詞就可以得到解釋了。又如李賀《黄家洞》:"官軍自殺容州槎。"關於這個"槎"字,舊注異説歧出。其實這是容州地區台語中稱"男人,男子"的詞 tsa:i 的記音字。同詩:"彩巾纏蹮幅半斜。"這個從"足"、"孝"(xau)聲的"蹮"不見於字書和其他文獻,應是當地台語稱"膝"的詞 xau 的記音字②。

（六）**訓詁學和文字學**　漢字的形體在歷史發展過程中幾經變化:由甲骨文而金文,由金文而篆書,由篆書而隸書。從最古的字形常常能看出字的本義,而從後來訛變了的形體則往往看不出來。例如"身"字,甲骨文作𤰈,金文作𦏵,象人懷孕之形,可見其本義爲"妊"③。如《詩·大雅·大明》:"大任有身。"又如"復"字,甲骨文作𢕜,金文作𢓲,其所從之亞、亞,象地面下中有居室、前後兩端有土階上出之形。可見其原指古代半穴居的一種窰洞④。如《詩·大雅·緜》:"陶復陶穴。"由此可見,訓詁學推考本義,需要文字學(特別是古文字學)的幫助。

（七）**訓詁學和校勘學**　古書常有錯簡、訛字、脱文、衍文、倒文,只有校正了這些錯誤,才能順釋文義,使扞格難通的語句復歸於明白曉暢。因此訓詁學不能不藉助於校勘學⑤。下面分別舉例説明。"錯簡"如《戰國策·楚策》:"不知夫公子王孫左挾彈,右攝丸,將加己乎十仞之上,⋯⋯晝遊乎茂樹,夕調乎酸醎,倏忽之間墜於公子之手。"黄雀已被"調乎酸醎"之後方才"墜於公子之手",文義明顯不通。據考證,"倏忽之間墜於公子之手"是錯簡,應移

---

① 劉咸:"On the Dog-ancestor Myth in Asia",《華西協合大學中國文化研究所集刊》第 1 卷第 3 號,1941 年,第 291 頁;覃聖敏《"僕鑒"、"獨力"解》,《文史》第 23 輯,1984 年,第 126 頁。

② 張永言《語源札記三則》,《民族語文》1983 年第 6 期,第 23—24 頁。

③ 參看高景成《讀〈文字源流淺説〉》,《中國語文》1981 年第 5 期,第 399 頁。

④ 徐中舒《周原甲骨初論》,《古文字研究論文集》(《四川大學學報叢刊》第 10 輯),1982 年,第 2 頁;參看于省吾《澤螺居詩經新證》第 47—48 頁。

⑤ 參看王念孫《讀書雜志》卷九《淮南雜志自序》;王引之《經義述聞》卷三十二 (轉下頁)

至"書游"句之前①。這樣，這幾句話就文義通順了，而且跟下一段的"不知夫射者……將加己乎百仞之上，……故書游乎江河，夕調乎鼎鼐"文例一致了。"訛字"如《荀子・勸學》："昔者瓠巴鼓瑟而流魚出聽。"王先謙《荀子集解》："'流魚'《大戴禮〔・勸學〕》作'沉魚'，是也。魚沉伏，因鼓瑟而出，故云'沉魚出聽'。《〔韓詩〕外傳》〔卷六第十四章〕作'潛魚'，潛亦沉也。""脫文"如《管子・小匡》："寡君有不令之臣在君之國，願請之，以戮群臣。"這裏"以戮群臣"義不可通。尹知章注："戮以徇群臣。"增字爲訓，非是。《左傳・莊公九年》孔疏引《管子》此文，"戮"下有"於"字，是，應據補。"衍文"如《書・無逸》："先知稼穡之艱難，乃逸，則知小人之依。"王念孫曰："'先知稼穡之艱難'，'則知小人之依'，文義上下相承，中間不得有'乃逸'二字，且周公戒王以無逸，何得又言乃逸乎？'乃逸'二字蓋涉下文'厥子乃不知稼穡之艱難，乃逸，乃諺'而衍。""倒文"如《韓非子・飾邪》："以主是過予，而臣以此徒取矣。"上句義不可通。"以主"當爲"主以"，"以是"、"以此"互文。

除了語文學各學科而外，訓詁學和其他人文科學也有不同程度的聯繫，其中關係最密切的是史學。本章第二節已經講到，爲了闡明古書文義，有時需要瞭解有關的史實以及文物制度、風俗習慣等等，這些都是屬於廣義的史學範圍內的問題。張之洞《輶軒語・語學》："漢學所要者二：一音讀訓詁，一考據事實。音訓明，方知此字爲何語，考據確，方知此物爲何物，此事爲何事，此人爲何人，然後知聖賢此言是何意義。"這幾句話很好地說明了訓詁學和史學相輔相成的關係。

此外，訓詁問題還時時涉及自然科學知識。因爲事涉專門，這裏就略而不談了。

（接上頁）"形訛"、"衍文"等條；俞樾《古書疑義舉例》卷五至卷七；周祖謨《古籍校勘述例》，《中國語文》1980年第2期；蔣禮鴻《校勘略說》，《安徽師範大學學報》1979年第4期；又：《誤校七例》，《浙江師範學院學報》1981年第1期；程千帆《校勘略說》，《社會科學戰線》1981年第1期。

① 金正煒《戰國策補釋》卷二，第54頁上。

第二章　歷代訓詁述略

一、先　　秦

早在春秋時代訓詁已有萌芽，到了戰國時代更有進一步的發展。

孔子的弟子子夏（卜商）傳《詩經》之學，應有訓詁，不過可能只是"口以相傳"[①]，傳到六國時的毛亨（大毛公），才作了《故訓傳》。《毛詩故訓傳》解釋《詩經》，涉及的範圍很廣，應用的方法也多種多樣，是傳世的一部十分重要的訓詁著作。詳見第三章第一節。

《易》經（卦辭、爻辭）的"傳"，即所謂"十翼"（文言、彖上下、象上下、繫辭上下、説卦、序卦、雜卦），一部分是戰國時期的產物[②]。這些釋"經"的"傳"，特別是解釋六十四卦卦名的《説卦》、《序卦》和《雜卦》，包含着不少的訓詁資料。例如《序卦》："師者，衆也。""泰者，通也。""蠱者，事也。""頤者，養也。""坎者，陷也。""離者，麗也。""恒者，久也。""晉者，進也。""夷者，傷也。""睽者，乖也。""蹇者，難也。""解者，緩也。""姤者，遇也。""萃者，聚也。""豐者，大也。""渙者，離也。"

相傳爲孔子所作的《春秋》經，到了戰國時就有了三家的

[①]　陸德明《經典釋文·序録》："是以孔子最先刪録，既取周詩，上兼商頌，凡三百一十一篇（毛公爲《故訓傳》時已亡六篇，故《藝文志》云三百五篇），以授子夏，子夏遂作序焉（或曰毛公作序），口以相傳，未有章句。"參看高亨《〈詩經〉引論》，《文史述林》，中華書局，1980年，第170—172頁。

[②]　參看任銘善《經傳小辨》，《中華文史論叢》1962年第1輯，第73頁。

"傳"，即《左氏傳》(通稱《左傳》)、《公羊傳》和《穀梁傳》①。這三種書雖說同是《春秋》的傳，但是《左傳》和《公》、《穀》的性質和内容都很不相同：《左傳》着重在叙述有關的史實，而《公》、《穀》則着重在解釋經文詞句的意義和事理，以及闡明經文遣辭的用意所在，即所謂寓有褒貶的《春秋》筆法或"書法"。所以，《公》、《穀》二傳中包含的訓詁資料較多②。例如《春秋·隱公元年》："元年春王正月。《公羊傳》："元年者何？君之始年也。"《春秋·桓公三年》："有年。"《公羊傳》："有年何以書？以喜書也。大有年何以書？亦以喜書也。此其曰'有年'何？僅有年也。彼(指宣公十六年)其曰'大有年'何？大豐年也。"《穀梁傳》："五穀皆熟爲有年也。"《春秋·桓公四年》："公狩于郎。"《公羊傳》："狩者何？田狩也。春曰苗，秋曰蒐，冬曰狩。常事不書，此何以書？譏。何譏爾？遠也。"《穀梁傳》："四時之田皆爲宗廟之事也。春曰田，夏曰苗，秋曰蒐，冬曰狩。"《春秋·桓公九年》："春，紀季姜歸于京師。"《公羊傳》："京師者何？天子之居也。京者何？大也。師者何？衆也。天子之居必以衆大之辭言之。"《春秋·莊公十年》："夏六月，齊師、宋師次于郎。"《穀梁傳》："次，止也，畏我也。"《春秋·僖公二十八年》："天王守于河陽。"《穀梁傳》："水北爲陽，山南爲陽。温，河陽也。"《春秋·文公九年》："九月癸酉，地震。"《公羊傳》："地震者何？動地也。何以書？記異也。"《穀梁傳》："震，動也。地，不震者也；震，故謹而日之也。"《春秋·昭公元年》："晉荀吴帥師敗狄于大原。"《公羊傳》："原者何？上平曰原，下平曰隰。"《春秋·昭公十七年》："冬，有星孛于大辰。"《公羊傳》："孛者何？彗星也。"

　　除了這些直接解"經"的"故訓"、"傳"以外，我國第一部有系

────────────────

① 《左傳》是春秋末年魯國人所作。《公羊傳》和《穀梁傳》舊説作於戰國時，但當初只是"口以相傳"，著録寫定當在西漢初期。參看胡念貽《〈左傳〉的真僞和寫作時代問題考辨》，《文史》第 11 輯，1981 年，第 1—3、28—31 頁。

② 當然，《左傳》裏也不乏訓釋詞義的資料。例如《隱公九年》："凡雨自三日以往爲霖。"《莊公三年》："凡師一宿爲舍，再宿曰信，過信爲次。"《文公七年》："同官爲寮。"《昭公元年》："於文皿蟲爲蠱。"

統的訓詁專書《爾雅》在先秦時代可能也已經有了一個雛形了。詳見第三章第二節。

除了訓詁專書和依附於"經"的"傳"以外,其他先秦古籍的正文裏也有不少值得注意的訓詁資料。其中有"形訓",如《韓非子·五蠹》:"古者蒼頡之作書也,自環者謂之'私'①,背私謂之'公'②。有"聲訓",如《論語·顏淵》:"政者,正也。"這是以同音字爲訓。《孟子·梁惠王下》:"其詩曰:'畜君何尤?'畜君者,好君也。"這是以音近字爲訓③。更多的是"義訓",如《孟子·離婁上》:"《詩》曰:'天之方蹶,無然泄泄。'泄泄,猶沓沓也。"這是以同義詞爲訓。又《盡心下》:"征者,上伐下也。"又《梁惠王下》:"老而無妻曰鰥,老而無夫曰寡,老而無子曰獨,幼而無父曰孤。"這是以語句爲訓。

訓詁不僅解釋語義,而且解釋語法,這在先秦也已見端倪。例如《春秋·莊公七年》:"夏四月辛卯……夜中星隕如雨。"《左傳》:"'星隕如雨',與雨偕也。"這就是說,按《左傳》作者的理解,這個"如"是當"而"講的連詞,不是當"像"講的介詞。《春秋·僖公元年》:"夏六月,邢遷于陳儀。"《公羊傳》:"'遷'者何?其意也。'遷之'者何?非其意也。"這就是說,不帶賓語的"遷"是自動詞(不及物動詞),而帶賓語的"遷"則是他動詞(及物動詞)。

由此可見,早在先秦時代,訓詁的範圍已經很廣,訓詁的方式已經很多樣了。

二、兩　漢

訓詁工作在漢代有很大的發展,從語文方面來說,這有以下

---

① 《説文》九上厶部:"厶,姦衺也。韓非曰:'蒼頡作字,自營爲厶。'"今本《韓非子》"厶"作"私",當是後人所改。"環"、"營"同爲匣母字,是一聲之轉,"營"也是"環繞"的意思。

② 《説文》二上八部:"公,平分也。从八、从厶,八猶背也。韓非曰:'背厶爲公。'"

③ "好"、"畜"二字聲母同爲曉母,韻部"幽"、"覺"對轉。

三個原因①：

（一）語言的變化　由於語言有了發展變化，先秦的典籍漢代學者已有難於讀懂的地方，因而需要訓詁。《史記》引《尚書》的材料往往用訓詁法（以今語譯釋古語）就是這個道理。例如《書·堯典》："乃命羲和，欽若昊天。……允釐百工，……庶績咸熙。"《史記·五帝本紀》作"乃命羲和，敬順昊天。……信飭百官，衆功皆興。"《堯典》："帝曰：吁！嚚訟。"《五帝本紀》作"堯曰：吁！頑凶。"

（二）文字的不同　典籍在秦朝和秦漢之際遭到焚滅，漢初學者授受經書全靠師儒口傳，其寫本用的是當時通行的隸書。後來又從"孔壁"和民間陸續發現一些經籍的"原本"②。因爲這些本子是用戰國時的"古文"書寫的，人們就稱之爲"古文經"。與此相對，那些用隸書傳寫的本子就叫做"今文經"。但今文經和古文經的區別不只是所用字體的不同，即使轉寫爲同一種字體，二者在文字上還是頗有差異。例如古文《左氏》的《春秋》經和今文《公羊》、《穀梁》的《春秋》經就有不少異文③，古文《毛詩》和今文《齊詩》、《魯詩》、《韓詩》異文尤其多④。今舉《毛詩》和《齊》、《魯》、《韓》三家詩的異文爲例。如《毛詩·周南·關雎》："君子好逑。"《齊》、《魯》"逑"作"仇"。《樛木》："南有樛木。"《韓》"樛"作"朻"。《兔罝》："施于中逵。"《韓》"逵"作"馗"。《漢廣》："言刈其蔞。"《魯》"刈"作"采"。《衛風·淇奧》："有匪君子。"《齊》、《魯》"匪"作"斐"。《王風·中谷有蓷》："啜其泣矣。"《韓》"啜"作"惙"。《鄭風·溱洧》："方渙渙兮。""渙渙"《齊》作"灌灌"，《魯》作"汍汍"，

<hr>

① 參看趙仲邑《訓詁學講授提綱》，中山大學油印本，1964 年，第 9—10 頁。

② 《漢書·魯恭王傳》："恭王初好治宮室，壞孔子舊宅，以廣其宮，……於其壁中得古文經傳。"許慎《說文解字叙》："壁中書者，魯恭王壞孔子宅而得《禮記》、《尚書》、《春秋》、《論語》、《孝經》。又北平侯張蒼獻《春秋左氏傳》。"

③ 參看趙坦《春秋異文箋》（《皇清經解》本）、李富孫《春秋三傳異文釋》（《別下齋叢書》本）、朱駿聲《春秋三傳異文覈》（《聚學軒叢書》本）。

④ 參看馮登府《三家詩異文疏證》（《皇清經解》本）、陳喬樅《詩經四家異文考》（《皇清經解續編》本）、江瀚《詩緯四家異文考補》（《晨風閣叢書》本）、李富孫《詩經異文釋》（《皇清經解續編》本）、張慎儀《詩經異文補釋》（《薆園叢書》本）。

《韓》作"洹洹"。《陳風・衡門》:"可以樂飢。"《魯》、《韓》"樂"作"療"。《檜風・匪風》:"誰將西歸?"《魯》"誰"作"孰"。《小雅・皇皇者華》:"周爰咨謀。"《魯》"謀"作"謨"。《小旻》:"是用不集。"《韓》"集"作"就"。《巧言》:"居河之麋。"《魯》"麋"作"湄"。《巷伯》:"取彼譖人。"《齊》、《韓》"譖"作"讒"。《蓼莪》:"拊我畜我。"《齊》、《魯》"拊"作"撫"。《大雅・文王》:"萬邦作孚。"《齊》"邦"作"國"。《旱麓》:"施于條枚。"《韓》"施"作"延"。《蕩》:"天生烝民。"《韓》"烝"作"蒸"。這些異文性質不一:有的只是異字,如"仇"和"述"、"遂"和"馗"、"湄"和"麋"、"斐"和"匪";有的則是異詞,如"誰"和"孰"、"譖"和"讒"、"謀"和"謨"、"刈"和"采"。由於文字上出現種種複雜情況,訓詁工作就顯得更爲必要了。

(三) 師説的各別 西漢今文經師多專治一經,而同治一經的也各有"家法";弟子恪守師説,跟別家絶不相通。後來古文經出世,跟今文又不相同。因此經書中的同一篇章、同一語句或同一個字常常有不同的講法。到了東漢,一些著名的經師(如賈逵、許慎、馬融、鄭玄)往往兼治諸經並兼習今古文,這樣就會接觸到各家的不同講法。他們網羅諸家之説,進行比較研究,從而大大推動了訓詁學的發展。

西漢經師訓釋經籍的著作在《漢書・藝文志》裏有完備的著録,但這些著作多半已經亡佚。上一節提到的《毛詩故訓傳》大約也是到了西漢毛萇(小毛公)手裏才寫定的,這部書一直完整地保存到現在。

東漢末集兩漢經學之大成的經師鄭玄曾遍注群經,這些經注完整地保存至今的有《毛詩箋》、《儀禮注》、《周禮注》、《禮記注》[①]。此外,現存的東漢經注有何休的《春秋公羊傳解詁》。

---

① 鄭玄的《周易注》、《尚書注》、《論語注》見於諸書徵引的不少,清儒有輯録。1969 年在新疆吐魯番出土了唐中宗景龍四年的《論語鄭氏注》寫本殘卷,見《考古》1972 年第 2 期,第 54—67 頁。參看徐仁甫《卜天壽寫本〈論語鄭氏注〉殘卷在中國學術史上的價值》,《抖擻》第 45 期,1981 年,第 60—62 頁。

東漢學者治學範圍比西漢學者廣闊,他們除了給經書作注以外還給其他一些古籍也作了注。重要的著作有:趙岐《孟子章句》(當時《孟子》尚未列入經書),王逸《楚辭章句》,高誘《戰國策注》、《呂氏春秋注》和《淮南子注》。

除了隨文釋義的傳、注、章句而外,兩漢時代還產生了幾部重要的訓詁專書,這就是《爾雅》、《方言》、《釋名》和《說文解字》。詳見第三章第二節至第五節。

三、魏晉南北朝

魏晉南北朝時代,在經書的訓詁方面出現了一些新的著作,也表現出一些新的特點。

魏王肅遍注群經,專門跟鄭玄對壘,世人分別稱之爲"王學"和"鄭學"。但王肅的這些經注都沒有完整地保存下來。從諸書徵引的材料看來,兩家之學各有短長。

魏晉時代玄學盛行,不但詮釋《老》、《莊》,大談哲理(如魏王弼《老子注》、晉郭象《莊子注》),就是注解儒家經典,也往往羼入玄言(如魏王弼、晉韓康伯《周易注》[1])。

這個時期的經注有一個特點,就是喜歡發揮義理。例如《論語·里仁》:"父母之年不可不知也,一則以喜,一則以懼。"梁皇侃《論語義疏》引晉李充注[2]:"孝子之事親也,養則致其樂,病則致其憂,憂樂之情深,則喜懼之心篤。然則獻樂以排憂,進歡而去戚者,其唯知父母之年乎!豈徒知年數而已哉,貴其能稱年而養也。是以唯孝子爲能達就養之方,盡將從之節。年盛則常怡,年衰則消息,喜於康豫,懼於失和,孝子之道備也。"

---

[1] 自《繫辭》以下爲韓注。這種一書分由數人作注的情況值得注意,以免稱引時發生錯誤。其他的例子有:《黃山谷詩集》"内集"爲任淵注,"外集"爲史容注,"別集"爲史季溫注;王念孫《廣雅疏證》自《釋草》以下爲王引之述;劉寶楠《論語正義》自《衛靈公》以下爲劉恭冕撰;胡培翬《儀禮正義》"士昏禮"爲楊大堉補撰。

[2] 馬國翰《玉函山房輯佚書》有《論語李氏集注》二卷。

現存的魏晉時代的經注有王弼、韓康伯《周易注》、僞孔安國《尚書傳》①、魏何晏《論語集解》、晉杜預《春秋左傳集解》、晉范甯《春秋穀梁傳集解》②，都是重要的訓詁著作。

到了南北朝時代又出現了一些疏解經義的"義疏"和"講疏"③，如：劉瓛《周易義疏》，費甝《尚書義疏》，沈重《毛詩義疏》、《周官禮義疏》、《禮記義疏》，沈文何《春秋義疏》，皇侃《禮記義疏》、《論語義疏》、《孝經義疏》。這類"疏"的優點是解説極爲詳盡，缺點是往往流於煩瑣浮泛。它們對唐人撰著《五經正義》和其他經疏，無論在内容上或體裁上都有很大的影響。

除了儒家經典的注、疏以外，魏晉南北朝時期還產生了不少其他古籍的注解④，這些注解保存了大量的故訓和文獻資料，是我們研讀古書的重要參考。例如：魏曹操《孫子兵法注》，王肅《孔子家語注》，吳韋昭《國語注》，晉孔晁《逸周書解》，張湛《列子注》，李軌《法言注》，范望《太玄經集解》，郭璞《山海經注》、《穆天子傳注》、《爾雅注》、《方言注》，宋裴駰《史記集解》，裴松之《三國志注》，梁劉孝標《世説新語注》，後魏酈道元《水經注》，北周盧辯《大戴禮記注》。其中裴松之、劉孝標兩注主要是廣泛徵引有關資料以補充原書，酈注也是運用自己收集的材料自爲撰著，它們在内容和體裁上都跟一般以訓釋文義爲主的注很不一樣。

這一時期也出現了一些重要的訓詁專書，如魏張揖《廣雅》、晉呂忱《字林》、梁顧野王《玉篇》。參見第三章第二節和第六節。

---

① 傳世孔安國《尚書傳》是魏晉之際人僞託之作。
② 杜預《春秋左傳集解》是把《春秋經》和《左氏傳》集合在一起加以解釋的意思，跟匯集各家注解成爲一書的"集解"（如何晏《論語集解》、裴駰《史記集解》）不同。范甯《春秋穀梁傳集解》是他本人"與二三學士及諸子弟"集體作的注解的意思，跟一般的"集解"也有所不同。
③ 詳見《隋書·經籍志》。參看姚振宗《隋書經籍志考證》（開明書店《二十五史補編》本）。
④ 詳見《隋書·經籍志》。參看姚振宗《隋書經籍志考證》（開明書店《二十五史補編》本）。

四、唐　　代

　　唐代訓詁工作十分發達。這首先表現在重要的經書都有了新式的注解，即所謂"正義"或"疏"①，包括孔穎達主撰的《五經正義》、賈公彥的《周禮疏》和《儀禮疏》、徐彥的《春秋公羊傳疏》、楊士勛的《春秋穀梁傳疏》。"正義"和"疏"名稱雖然不同，實質完全一樣，後來一般混稱爲疏。這種注解的特點是不僅解釋經書正文，而且同時解釋注文。

　　唐代的經疏是南北朝諸經義疏或講疏的繼承和發展，其優點在於解釋詞句和考證名物制度都很翔實，對我們閱讀經傳本文和注文大有幫助，同時引證豐富，使我們能看到後來亡佚了的古代經注和經説的片段。其缺點是：第一，專宗一家之注②，因而別家注解的長處就未能充分吸收，又以"疏不破注"爲原則，即使注文有誤，也要曲爲之説，儘量彌縫③；第二，解釋因爲力求詳盡，常常流於煩瑣。

　　下面就《毛詩正義》舉一個例④，以見唐人經疏體例的一斑。《陳風·衡門》（引文中的標點是引者所加）：

　　　　衡門之下，可以棲遲。　衡門，橫木爲門，言淺陋也。棲遲，遊息也。箋云：⑤賢者不以衡門之淺陋則不遊息於其下，以喩人君不可以國小則不興治致敎化。

---

① 參看張舜徽《廣校讎略》第 57 頁。

② 《毛詩正義》兼采《毛傳》和《鄭箋》，是一個例外。

③ 參看梁啓超《中國近三百年學術史》，北京市中國書店 1985 年影印中華書局 1941 年版，第 184 頁。傳、箋異義，《正義》爲調停兩家而爲模棱之詞，依違其説，如《詩·大雅·靈臺》："麀鹿濯濯。"傳："濯濯，娛遊貌。"箋："鳥獸肥盛喜樂。"正義："娛樂遊戲，亦由肥澤故也。"

④ 據阮元本《十三經注疏（附校勘記）》。疏本來單行，不附於經注，南宋光宗紹熙年間刻書的人爲了方便閱讀才把它們合併起來，後來又把陸德明《經典釋文》的有關條目附於注文之後。現行的《十三經注疏》大部分都是這個格式。

⑤ "箋云"以上是《毛傳》，以下就是《鄭箋》。我們閱讀這種注文，宜加注意，否則容易混淆。例如《漢語史稿》下册："《詩經·大雅·抑》：'尚不媿于屋漏。'毛傳：'屋，小帳也。'"（第 511 頁）"屋，小帳也"已是《鄭箋》而非《毛傳》了。又如張慎儀《續方言新校補》（《箋園叢書》本）卷上："《列子·黃帝篇》張湛注引《纂文》。"（轉下頁）

泌之洋洋，可以樂①飢。〔泌，泉水也。洋洋，廣大也。樂饑，可以樂道忘饑。箋云：饑者，不足於食也。泌水之流洋洋然，飢且見之，可飲以療饑，以喻人君慤屈，任用賢臣，則政教成，亦猶是也。

○②泌，悲位反。洋，音羊。樂，本又作療，毛音潦，鄭力召反。箋云：舊皆作藥字，晚詩本有作广下樂，以形聲言之，从藥言之，株非其義。療字當从广下尞。案《說文》：療，治也，療或療字也。則毛止作藥，鄭本作療。下注如此。慤，苦角反。〕【疏】

"衡門"至"樂飢"○③毛以為謂浅陋衡門之下謂可以棲遲游息，以與隆地狹小國之中謂可以興治致政。然賢者不以衡門之浅陋則不游息其下，以喻人君不以國小則不為治致政。君何以不興治致政乎？觀泌之流洋洋廣大，君可以樂道忘飢。何則？泌

者泉水，消流不已，乃至廣大，況人君雖不進德，積小成大，豈有不進德大洋洋乎？泌之流洋洋廣大飢者，飢者可飲以療飢，以與有大德賢者人君可任之以成德教，諸君以任賢臣。輪同。○鄭以下二句言泌之流廣大洋洋，飢者可飲以療飢，以與有大德賢者，人君可任以成德教，諸君以任賢臣。〔傳"衡門"至"息息"○正義曰：《考工記·玉

人》注云：衡，古文横，假借字也。然則病懷義同，故知衡門懷木所以。門之深者有阿勢堂宇，此唯横木馬為之，言其浅也。《釋宫》云：棲遲息息也。李巡曰：棲遲，行步之息也。○正義曰：邶詩有匏彼泉水，知泌為泉水。王肅云：洋洋泌水，可以

樂道忘飢，鳶鳶南面，可以樂治忘亂。孫毓釋鳶云：飢飢馬矣，又安得飢？此言臨水默遊，可以樂道忘飢，是感激立志讃賦之詞，猶孔子曰：發憤忘食，不知老之將至云習。○案：此傳云泌為泉水，又云洋洋廣大，以云洋洋以至逝川喩年老者，故今為馬解。案：今定本

作樂療飢，觀此傳亦作療，則毛讀病為鄭義。箋"飢者"至"猶是"○正義曰：箋以經言"泌之洋洋，可以療飢"，則是以水治飢，不宜視水馬飢，且下章勸君用賢，故易傳，以為喻任用賢臣則政教成也。飲水可以療馬飢，而云流療飢者，飢久則馬渴，得水則療，故言飢以馬〕飢

　　經書之外，唐人還爲別的許多古書作了注解，如司馬貞《史記索隱》，張守節《史記正義》，顏師古《漢書注》，章懷太子李賢《後漢書注》，尹知章託名房玄齡《管子注》，楊倞《荀子注》，成玄英《莊子疏》，杜牧《孫子注》，李善《文選注》，呂延濟、劉良、張銑、呂向、李周翰《文選五臣注》④。

　　下面舉李善《文選注》爲例（據清胡克家重刻宋淳熙本）。卷十六江文通《別賦》（標點是引者所加）：

乃有劍客慚恩，少年報士。〔《漢書》：李陵曰：臣所將屯邊者，奇材劍客也。〕又：《郭解以軀藉友報仇，少年慕其行，亦輒爲報讐。》韓國趙厠，吳宫燕市。〔《史記》曰：聶政者，軹深井里人也。濮陽嚴仲子事韓哀侯，與韓相俠累有隙。嚴仲子告吾嚴政所言：臣有仇，聞足下高義，故進百金以交足下之歡。聶政技劍，至韓，直入上階，刺殺俠累。又曰：豫讓者，晉人也，事智伯，智伯甚尊寵之。趙襄子滅既仰，豫讓欲報襄子。故音趙厠。又曰：專諸者，棠邑人也。吳公子光具謀，請王僚，酒既酣，專諸藏匕首魚炙之腹中而進。既至王前，專諸以匕首刺王僚，王僚立死。又曰：荆軻者，衛人也。至燕，與高漸離於燕市，酒者相樂，酒者相無人。〕《俠刺荆軻燕太子丹獻燕地圖。圖窮，匕首見，因以匕首擿提秦王。》割慈忍愛，離邦去里。瀝泣共訣，拭血相視。〔伏度《通俗文》曰：與死者辭曰訣。《史記》曰：今太子請聞於訣矣，決别之辭。鄭玄《毛詩箋》曰：拭。《廣雅》：拭，拭也。泣血已見《恨賦》。拭，武粉切。〕

（接上頁）（第10頁上）張湛爲東晉中期人，不可能引劉宋何承天的著作。這裏引《纂文》的已是唐殷敬順《列子釋文》而非張湛《注》了。據廣圻考證，今所傳《列子釋文》爲宋道士陳景元僞託。又如《魏晉南北朝文學史參考資料》上册（中華書局，1979年）《洛神賦》注："《楚辭·九歌·河伯》王逸注引《抱朴子·釋鬼篇》。"（第103頁）王逸爲後漢人，不可能引葛洪的著作。這裏引《抱朴子》的已是宋洪興祖《楚辭補注》而非王逸《注》了。

① 原書直行，這裏字下的小圈本在字的右側，這是表示這個字在書後所附的《毛詩注疏校勘記》中有校語，讀者可以參看。

② 注中圈以下爲《經典釋文》的摘錄。

③ 疏中的圈是用來劃分段落的。

④ 宋人有取李注和五臣注合刻的，稱爲《文選六臣注》，但對原注頗有節删。

驅征馬而不顧,見行塵之時起。《史記》曰:"荊軻遂發,就車不顧。"

卷十三謝希逸《月賦》:

若夫氣霽地表,雲斂天末。《說文》曰:"霽,雨止也。"《西京賦》曰:"眇天末以遠期。"霽,才計切。洞庭始波,木葉微脱。《楚辭》曰:"洞庭波兮木葉下。"菊散芳於山椒,雁流哀於江瀨。《禮記》曰:"仲秋,菊有黃華。"《漢書》武帝《傷李夫人賦》曰:"釋子馬於山椒。"山椒,山頂也。《說文》曰:"瀨,水流沙上也。"升清質之悠悠,降澄輝之藹藹。《楚辭》曰:"白日出兮悠悠。"《長門賦》曰:"中庭之藹藹,若季秋之降霜。"列宿掩繢,長河韜映。《楚辭》曰:"若列宿之錯置。"《說文》曰:"繢,繫采飾也。"《毛詩》曰:"倬彼雲漢。"《毛萇》曰:"雲漢,天河也。"柔祇雪凝,圓靈水鏡。柔祇,地也。圓靈,天也。連觀霜縞,周除冰淨。觀,宮觀也。徐幹《七喻》曰:"連觀飛榭。"《說文》曰:"除,殿陛也。"

卷十七陸士衡《文賦》:

遵四時以歎逝,瞻萬物而思紛。遵,循也。循四時而歎其逝往之事,覽視萬物盛衰而思慮紛紜也。《淮南子》曰:"四時者,春生夏長,秋收冬藏。"悲落葉於勁秋,喜柔條於芳春。秋暮衆落葉悲,春條敷暢故喜也。《淮南子》曰:"木葉落,長年悲。"心懍懍以懷霜,志眇眇而臨雲。懍懍,危懼貌。眇眇,高遠貌。懷霜,志高潔也。《說文》曰:"懍懍,寒也。"孔融《薦禰衡表》曰:"志懷霜雪。"《舞賦》曰:"氣若浮雲,志若秋霜。"

從以上三個片段已經可以看出,李注不僅注出了原文中典故的來源和詞語的出處,而且解釋了字、詞、句的意義,内容豐富翔實,在古書注本中的確算得第一流的著作,無怪乎一千三百多年來一直爲人們所重視。

至於唐人所撰訓詁專書,最重要的是陸德明《經典釋文》(成書於陳代)、玄應《一切經音義》和慧琳《一切經音義》,其次爲顏師古《匡謬正俗》。關於前三種書詳見第三章第七、八節,這裏只對顏書略作介紹。

《匡謬正俗》共八卷,"前四卷凡五十五條,皆論諸經訓詁音釋,後四卷凡一百二十七條,皆論諸書字義字音及俗語相承之異。"①下面摘引三條爲例:

【閼氏】習鑿齒《與謝安石書》云:"匈奴名妻作'閼氏',言

---

① 《四庫全書總目》卷四十"《匡謬正俗》提要"。近人秦選之有《匡謬正俗校注》,商務印書館1936年出版。

可愛如煙支也①。'閼'字'於言反'。想足下先作此讀書也。"案:《史記〔‧劉敬傳〕》及《漢書〔‧匈奴傳〕》謂單于正妻曰"閼氏",猶中國言皇后爾。舊讀音焉氏。此蓋北翟之言,自有意義,未可得而詳也②。若謂色象煙支便以立稱者,則單于之女謂之"居次",復比何物?且"閼氏"妻號,非妾之名。未知習生何所憑據,自謂解釋。(卷五)

【底】問曰:"俗謂何物爲'底','底'義何訓?"答曰:"此本言'何等物',其後遂省但言('但言'當作'何'),直云'等物'耳。'等'字本音'都在反',轉音'丁兒反'。左太沖《吳都賦》云:'畛畷無數,膏腴兼倍;原隰殊品,窊隆異等。'蓋其證也。今吳越之人呼齊等皆爲'丁兒反'。應瑗(疑當作'璩')〔《百一》〕詩云:'文章不經國,筐篋(疑當作'篋')無尺書。用等稱才學?往往見歎譽。'此言譏其用何等才學見歎譽而爲官乎。以是知去'何'而直言'等',其言已舊。今人不詳其本,乃作'底'字,非也。"(卷六)

【上下】荀爽《與李膺書》云:"舍館上下,福祚日新。"此蓋古來人士致書相問之常辭耳。凡言"上下"者,猶稱尊卑,總論也。此類非一。是以王逸少父子與人書,每云"上下數動靜""上下咸宜"。上者屬於尊親,下者明謂子弟。爲論及彼之尊上,所以"上"字皆爲縣閼,而江南士俗近相承與人言議及書翰往復,皆指父母爲"上下",深不達其意耳③。(卷八)

---

① 參看勞費爾(Berthold Laufer)《中國伊朗編》(*Sino-Iranica*,1919),商務印書館,1964年,第151—152頁。
② 藤田豐八謂"閼氏"得名於"煙支(焉支、燕支、燕脂)",即匈奴婦女用作顏料的紅藍(safflower),見《焉支與祁連》,載《東西交涉史之研究‧西域篇》(1932年)。白鳥庫吉謂"閼氏"爲通古斯語āsi(妻)的對音,見《西域史上の新研究》,載《西域史研究》上冊(1941年)。
③ 參看孫楷第《釋"上下"》,《滄州集》下冊,中華書局,1965年,第602—605頁;周一良《魏晉南北朝史札記‧上下》,中華書局,1985年,第207—208頁。

五、宋 元 明

　　北宋初邢昺主撰《論語疏》、《孝經疏》和《爾雅疏》，這是唐人爲群經作疏的工作的繼續。南宋時又有人託名邢昺的合作者孫奭，撰了一種《孟子疏》①。加上唐人的九種經疏，這就合成《十三經注疏》。邢疏雖然質量不及唐代孔、賈二家的疏，但也有一定的參考價值。至於《孟子疏》，則淺陋無比，幾乎毫無用處。

　　宋代有些學者思想比較解放，解説經義能够發揮獨立思考的精神，不受舊説的束縛，作出一些較爲符合原意的訓釋，如歐陽修的《詩本義》。但這類著作有時爲了追求新解，不免流於主觀武斷，甚至臆改原文。

　　宋代“理學”興盛，理學家們也給一些經籍作了傳注。從訓詁學的角度看，價值較高的是南宋朱熹的著作，如《大學章句》、《中庸章句》、《論語集注》、《孟子集注》(合稱《四書章句集注》，簡稱《四書集注》)、《儀禮經傳通解》、《詩集傳》、《楚辭集注》。此外，蔡沈在朱熹指導下寫成的《書集傳》，在訓詁上也頗有可取之處。

　　朱熹是宋代理學家中最博學最務實的一位。他深通故訓而不墨守，對舊説能擇善而從，也常常自出新解。因此他訓釋古書文句，往往準確恰當，勝過前人。例如《詩·邶風·擊鼓》：“爰居爰處，爰喪其馬。于以求之？于林之下。”鄭箋：“爰，於也。今於何居乎？於何處乎？於何喪其馬乎？”朱熹《集傳》：“於是居，於是處，於是喪其馬。”今按：這裏的“爰”當訓“於是”(在這裏)②。“爰居爰處，爰喪其馬”是陳述句，下文“于以求之？于林之下”才是一問一答。朱傳的解釋較爲切合原文文義。

　　不過，宋代的理學家，包括朱熹在内，也跟漢代的經師、魏晉

---

① 參看余嘉錫《四庫提要辨證》第一册，中華書局，1980 年，第 73—81 頁。
② “爰”應是處所代詞。楊伯峻《古漢語虛詞》(中華書局，1981 年)釋爲連詞“於是”(第 316 頁)，似可商酌。比較《小雅·斯干》：“築室百堵，西南其户；爰居爰處，爰笑爰語。”鄭箋：“於是居，於是處，於是笑，於是語。”

的玄學家一樣，喜歡按自己的哲學社會思想和倫理道德觀念來解釋古書（主要是儒家的經書），因而往往脫離古書語言實際，違反原義。從訓詁學的觀點看來，這是他們的一大缺點。

關於宋代的訓詁工作還有一點值得注意，就是學者們爲詩文集作注的興趣大大增高了。他們不但爲前代作家的集子作注，如杜甫、韓愈、柳宗元的集子就都有宋人的注本，而且還爲本朝作家的集子作注，如李壁《王荆公詩注》，任淵、史容、史季温《〔黃〕山谷詩注》，任淵《〔陳〕後山詩注》，胡穉《〔陳〕簡齋詩注》。

至於訓詁專書，則有司馬光《類篇》①、陸佃《埤雅》、羅願《爾雅翼》等。此外，陳彭年主編的《廣韻》和丁度主編的《集韻》雖是所謂韻書，但它們同時也解釋字義，實際也是重要的訓詁著作。關於《埤雅》和《爾雅翼》，參見第三章第二節。

元明兩代的經傳訓詁，内容多空疏膚泛，數量雖大②，可觀者少。但在史籍注釋方面元代却出了一部重要著作，這就是宋末元初人胡三省的《資治通鑑注》。胡注内容豐富翔實③，我們研究訓詁可以從中得到不少有價值的材料。此外，元吳師道"重校"的《戰國策校注》（南宋鮑彪"校注"）對高誘和鮑彪兩家的注作了不少補充訂正，也不失爲一種較好的訓詁著作。

宋人"語録"用口語，但傳注一般還用文言。到了元明時代則有所謂"直解"，全用白話譯釋經書，這是值得注意的，儘管這些書的學術價值不高。例如元許衡《大學直解》、《中庸直解》，貫雲石（小雲石海涯）《孝經直解》④，明張居正《書經直解》、《四書集注直

---

① 此書實際修纂者爲王洙、胡宿、掌禹錫、張次立、范鎮。
② 元明人解經的書多收入清初徐乾學編集的《通志堂經解》中，參考較便。
③ 參看倉修良《胡三省〈通鑒注〉簡論》，《杭州大學學報》第 12 卷第 3 期，1982 年。
④ 參看吉川幸次郎《貫酸齋"孝經直解"ノ前後—金元明ノ口語ノ經解ニツイテ—》，《石田博士頌壽記念東洋史論叢》（東京，1965 年），第 535—550 頁；柯立甫（F. W. Cleaves）："The Eighteenth Chapter of an Early Mongolian Version of the *Hsiao Ching*"，*HJAS*，Vol. 45：No. 1，1985，pp. 234–235；*Kuan Yün-shih*，by Richard John Lynn. Boston：G. K. Hall，1980. Twayne's World Authors Series，562，pp. 230；梅祖麟《從語言史看幾本元雜劇賓白的寫作時期》，《語言學論叢》（轉下頁）

解》。下面舉《孝經直解》一段爲例[①]：

> 開宗明義第一章開發本宗、顯明義理的一章。
>
> 仲尼居，仲尼是孔夫子的表德，居是孔子閒住的時分。曾子侍。孔子弟子，姓曾名參，根前奉侍來。子曰：孔子説。先王有至德要道，在先的聖人有至好的德、緊要的道理。以順天下，以這個勾當順治天下有。民用和睦，百姓每自然和順有。上下無怨。上下人都無怨心有。汝知之乎？你省得麼？

至於訓詁專書，明代有朱謀埠《駢雅》和方以智《通雅》（參見第三章第二節）。此外，明代還出現了兩部新型的字典，即梅膺祚《字彙》、張自烈《正字通》。

《字彙》和《正字通》都是按部首編排的字典。《字彙》首先依據楷體，打破《説文》部首的體系，並把《説文》的五百四十部減爲二百十四部，按地支分屬於十二集，每部裏的字按筆畫數排列。這樣，檢字就方便得多了。全書共收三萬三千多字。每個字下面先注音，後釋義，再舉例證。注音先列反切，後加直音。釋義較爲通俗易懂。後出的《正字通》就是以《字彙》爲藍本加以增訂而成。後來清代的《康熙字典》又是以明人的這兩部書（主要是《正字通》）爲依據而編纂的。到《康熙字典》問世之後，《字彙》和《正字通》就被取代，很少有人問津了。

六、清　　代

清代考據之學十分興盛，訓詁學也達到了前所未有的水平。清儒從事訓詁工作所取得的成績以及他們工作中的優點和缺點

（接上頁）第十三輯，商務印書館，1984 年，第 116 頁；饒尚寬《試論貫雲石〈孝經直解〉的語言及其價值》，《新疆師範大學學報》1986 年第 2 期，第 91—98 頁；山川英彦《孝經直解語法劄記》，《神戶外大論叢》32 卷 3 號。

① 1308 年序，影印元刊本，來薰閣書店（1938 年，北平）。書中所用的並非元代純正的漢語口語。參看亦鄰真《元代硬譯公牘文體》，《元史論叢》第 1 輯，中華書局，1982 年，第 164—173 頁。

都特別值得我們注意。

　　清儒所作的古籍注釋和訓詁學專書數量很大，現在分類擇舉如下①。

　　（一）經部　《易》有惠棟《周易述》、《易漢學》，張惠言《周易鄭氏義》、《周易虞氏義》，焦循《易章句》、《易通釋》；《書》有孫星衍《尚書今古文注疏》，王鳴盛《尚書後案》，江聲《尚書集注音疏》，惠棟《古文尚書考》，段玉裁《古文尚書撰異》，簡朝亮《尚書集注述疏》，王先謙《尚書孔傳參正》；《詩》有陳啟源《毛詩稽古編》，戴震《毛鄭詩考正》，段玉裁《詩經小學》，陳奐《詩毛氏傳疏》，胡承珙《毛詩後箋》，馬瑞辰《毛詩傳箋通釋》，王先謙《詩三家義集疏》；《周禮》有江永《周禮疑義舉要》，段玉裁《周禮漢讀考》，孫詒讓《周禮正義》；《儀禮》有段玉裁《儀禮漢讀考》，胡承珙《儀禮今古文疏義》，胡培翬《儀禮正義》②；《禮記》有朱彬《禮記訓纂》，孫希旦《禮記集解》；《大戴禮記》有孔廣森《大戴禮記補注》，王聘珍《大戴禮記解詁》；《左傳》有顧炎武《左傳杜解補正》，惠棟《春秋左傳補注》，沈欽韓《春秋左傳補注》，洪亮吉《春秋左傳詁》，梁履繩《左通補釋》，李貽德《春秋賈服注輯述》，丁晏《左傳杜解集正》，劉文淇《春秋左氏傳舊注疏證》（未完成，至襄公五年止）；《公羊傳》有孔廣森《公羊通義》，劉逢祿《公羊何氏解詁箋》，陳立《春秋公羊傳義疏》；《穀梁傳》有柳興恩《穀梁春秋大義述》，鍾文烝《穀梁補注》，柯劭忞《春秋穀梁傳補注》；《論語》有劉台拱《論語駢枝》，俞樾《續論語駢枝》，劉寶楠《論語正義》，簡朝亮《論語集注補正述疏》；《孝經》有阮福《孝經義疏補》，丁晏《孝經述注》，皮錫瑞《孝經鄭注疏》；《孟子》有宋翔鳳《孟子趙注補正》，焦循《孟子正義》③。

---

① 參看梁啟超《中國近三百年學術史》第13—16章"清代學者整理舊學之總成績"。
② 書未完而胡卒，其中有五篇是他學生楊大堉和族侄胡肇昕補撰。（"士昏禮"爲楊大堉撰。）
③ 清儒解經的書大部分收入阮元輯《皇清經解》（即《學海堂經解》）和王先謙輯《皇清經解續編》（即《南菁書院經解》）。其子目見《中國叢書綜錄》第一冊（中華書局，1959年），第603—608頁。這兩套叢書是訓詁資料的淵藪，值得我們充分加以利用。

　　（二）史、子、集部　　史部有：錢大昕《二十二史考異》，王鳴盛《十七史商榷》，梁玉繩《史記志疑》，郭嵩燾《史記札記》，惠棟《後漢書補注》，王先謙《漢書補注》、《後漢書集解》，杭世駿《三國志補注》，梁章鉅《三國志旁證》，陳逢衡《逸周書補注》，朱右曾《逸周書集訓校釋》，汪遠孫《國語校注本三種》，洪亮吉《國語韋昭注疏》，陳逢衡《竹書紀年集證》，林春溥《竹書紀年補正》，郝懿行《山海經箋疏》，王照圓《列女傳注》，梁端《列女傳校注》，孫志祖《家語疏證》，陳士珂《孔子家語疏證》，楊守敬、熊會貞《水經注疏》，吳若準《洛陽伽藍記集證》，浦起龍《史通通釋》。子部有：孫詒讓《墨子閒詁》，王先謙《荀子集解》、《莊子集解》，郭慶藩《莊子集釋》，王先慎《韓非子集釋》，蘇輿《春秋繁露義證》，汪繼培《潛夫論箋》，趙曦明、盧文弨《顏氏家訓注》，翁元圻《困學紀聞注》。集部有：王夫之《楚辭通釋》，戴震《屈原賦注》，蔣驥《山帶閣楚辭注》，汪師韓《文選理學權輿》，孫志祖《文選理學權輿補》、《文選李注補正》，朱珔《文選集釋》，胡紹煐《文選箋證》，梁章鉅《文選旁證》，張雲璈《選學膠言》，丁晏《曹〔子建〕集詮評》，陶澍《陶靖節先生集注》，錢振倫《鮑照集注》，倪璠《庾子山集注》，吳兆宜《徐孝穆集箋注》、《玉臺新咏注》，黃叔琳《文心雕龍輯注》，陳熙晉《駱臨海集注》，蔣清翊《王子安集注》，王琦《李太白集注》、《李長吉歌詩匯解》，仇兆鰲《杜少陵集詳注》，浦起龍《讀杜心解》，楊倫《杜詩鏡銓》，趙殿成《王右丞集注》，顧嗣立《昌黎先生詩集注》，方世舉《韓昌黎詩集編年箋注》，孫之騄《玉川子詩注》、《樊紹述集注》，馮浩《玉谿生詩集箋注》、《樊南文集詳注》，馮集梧《樊川詩集注》，顧予咸、顧嗣立《溫飛卿詩集箋注》（明曾益原注），吳煊、胡棠《唐賢三昧集箋注》，翁方綱《蘇詩補注》，馮應榴《蘇詩合注》，王文誥《蘇詩編注集成》，施國祁《元遺山詩集箋注》，金檀《高青邱詩集注》。

　　（三）札記　　清儒訓詁研究的成果往往以讀書札記的形式發表出來，重要的著作有：黃生《字詁》、《義府》，臧琳《經義雜記》，王念孫《讀書雜志》，王引之《經義述聞》，俞樾《群經平議》、《諸子平議》，朱亦棟《十三經札記》、《群書札記》，孫詒讓《札迻》等。在其他綜合性札記中有關訓詁學的論述也不少，這類著作有：顧炎武《日知錄》，閻若璩《潛邱劄記》，錢大昕《十駕齋養新錄》，桂馥《札樸》，梁玉繩《瞥記》，王鳴盛《蛾術編》，趙翼《陔餘叢考》，洪亮吉《曉讀書齋雜錄》，孫志祖《讀書脞錄》，洪頤煊《讀書叢錄》，俞正燮《癸巳類稿》、《癸巳存稿》等。

（四）訓詁專書　這方面的重要著作有：邵晉涵《爾雅正義》，郝懿行《爾雅義疏》，戴震《方言疏證》，錢繹《方言箋疏》，王念孫《廣雅疏證》，段玉裁《說文解字注》，桂馥《說文義證》，朱駿聲《說文通訓定聲》，阮元《經籍籑詁》，王引之《經傳釋詞》，俞樾《古書疑義舉例》等。關於這些著作，參見第三章。此外，清代學者還撰著了一些專門考證常言俗語的書，如錢大昕《恒言錄》，陳鱣《恒言廣證》，翟灝《通俗編》，梁同書《直語補證》，錢大昭《邇言》。這些著作爲我們研究古今漢語口語詞彙提供了不少的資料。

另外，清朝康熙年間還產生了三部“官修”的規模宏大的字典辭書，這就是《康熙字典》、《佩文韻府》和《駢字類編》。分別簡介如下。

《康熙字典》[①]，四十二卷，康熙四十九年（1710年）張玉書、陳廷敬奉敕編纂，康熙五十五年（1716年）完成。這部字典共收字四萬七千多個，分部、編排等體例都仿照《字彙》和《正字通》。冷僻的字不入正集，列入“備考”；音義可入正集而未收入的，列入“補遺”。這是一部有用的工具書，但是錯誤很多[②]，我們在使用時必

---

① 參看張滌華《論〈康熙字典〉》，《江淮學刊》1962年第1—2期。《張滌華語文論稿》，安徽教育出版社，1983年，第21—67頁。

② 道光七年至十一年（1827—1831年）在王引之主持下寫成《字典考證》一書。勘正原書錯誤（主要是引書之誤）2588條，但未經勘正的仍所在多有。《字典考證》有光緒二年湖北崇文書局刻本，近年新印的《康熙字典》都把它附在書後，翻檢較便。參看黃雲眉《清代纂修官書草率之一例——〈康熙字典〉》，《史學雜稿訂存》，山東人民出版社，1960年。

須審慎。

《佩文韻府》,正集和拾遺共二百十二卷,康熙四十三年(1704年)始編,康熙五十年(1711年)完成。此書以元陰時夫《韻府群玉》、明凌稚隆《五車韻瑞》爲藍本,但增補很大。這是一部篇幅浩瀚的辭書。全書按"平水韻"的一百零六韻編排[①],複音詞語都按末了一個字歸入各韻[②]。本書搜羅宏富,不僅可供我們查考詞語的出處和用例以及典故的來源,而且對語法、修辭研究也能提供有用的資料[③]。只是書中引用詩句往往不出篇名,引文錯誤也很多[④],我們利用時有必要覆按原書,跟使用《康熙字典》、《駢字類編》一樣。

《駢字類編》,二百四十卷,康熙五十八年(1719年)始編,雍正四年(1726年)完成。這是一部專收古漢語雙音詞語的大型詞典。全書按概念類別分爲十三門:天地、時令、山水、居處、珍寶、數目、

[①] 關於平水韻的韻部及其次序,看《辭源》修訂本第二冊"平水韻"條。

[②] 商務印書館1937年和上海古籍書店1983年影印本《佩文韻府》附有按詞語頭一個字編排的"索引"。

[③] 例如,我們要找中古漢語用於句末的"無"的材料,查《佩文韻府》上平聲七虞韻"無"字條,就可以得到:

妝罷低聲問夫婿,畫眉深淺入時無?(唐朱慶餘詩)
庭中犢鼻昔曾掛,懷裏琅玕今在無?(唐李頎詩)
歸來自負花前醉,笑向鯈魚問樂無?(唐獨孤及詩)
可惜今朝山最好,強能騎馬出來無?(唐白居易詩)
一春惆悵殘三日,醉問周郎憶得無?(唐白居易詩)
降魔須戰否?問疾敢行無?(唐盧綸詩)
…………

通過分析比較就可以知道:唐人詩句末尾的"無"是疑問語氣詞,就是現代漢語"嗎"的前身。參看《漢語史稿》中冊,中華書局,1980年,第453頁。

[④] 例如東漢崔篆《易林·噬嗑之无妄》(《大過之咸》同):"愛我嬰女,牽引不與。"《佩文韻府》卷四十一上聲十一軫韻引《易林》,誤"與"爲"得"。(舊《辭源》據此,又誤"牽"爲"索",而用爲"索引"一詞的出處,舊《辭海》、《大漢和辭典》、《中文大辭典》並輾轉沿誤。又如晉杜預《奏事》(《太平御覽》卷七百五十七"器物部二"引):"藥杵臼、澡槃……鎢錥,皆亦民間之急用也。"《佩文韻府》卷十六下下平聲一先韻引此,誤"錥"爲"錯"。《大漢和辭典》據此,誤立"鎢錯"一詞條,《中文大辭典》照鈔沿誤。

方隅、彩色、器物、草木、鳥獸、蟲魚、人事。本書内容豐富，可以跟《佩文韻府》互相補充。本書還有一個優點，就是引書多出篇名，便於讀者覆按。但是本書分類、編排不科學，不便查檢，今後重印，宜附索引。莊爲斯編有《駢字類編引得》（臺北四庫書局，1966年）可供目前應用。

標志清代訓詁學最高水平的著作是《高郵王氏四種》。下面我們試就這幾種著作來對清儒訓詁研究的優點和缺點作一個概略的評述①，作爲我們今天從事訓詁工作的借鏡。先説優點。

（一）不主一家，擇善而從　王氏父子重視故訓，尊崇漢學，但不拘守漢儒"家法"。例如《詩·齊風·還》："揖我謂我儇兮。"王念孫認爲"儇"《韓詩》作"婘"②，訓"好貌"，於義較《毛詩》爲長，當從（王引之《經義述聞》卷五"揖我謂我儇兮"條）。如果宋儒之説優於漢儒，他們就舍漢而取宋③。例如《禮記·大學》："人之其所親愛而辟焉。"鄭注："之，適也。譬④，猶喻也。言適彼而以心度之。"朱熹注："辟，讀爲僻。人，謂衆人。之，猶於也。辟，猶偏也。……常人之情，惟其所向而不加察焉，則必陷於一偏而身不修矣。"王引之認爲朱説爲優，當從（《經義述聞》卷三十二"語詞誤解以實義"條、《經傳釋詞》卷九"之"條）。對於當代學者的不同説法，他們也是唯善是從，不顧其他。例如《詩·邶風·匏有苦葉》："深則厲，淺則揭。"戴震據《説文》，謂"厲"即"濿"之省，義爲"履石渡水"；又據《衛風·有狐》⑤、酈道元《水經注》⑥，謂"橋有'厲'之名"，"深則厲"意爲"水深必依橋梁乃可過"⑦。邵晉涵則謂"厲"當

① 參看裴學海《評〈高郵王氏四種〉》，《河北大學學報》1962年第3期。
② 參看陳喬樅《韓詩遺説考》卷五"揖我謂我婘兮"條。
③ 王引之《經義述聞序》："諸説並列，則求其是。……蓋熟於漢學之門户而不囿於漢學之藩籬者也。"
④ 鄭玄讀"辟"爲"譬"。
⑤ 《詩·衛風·有狐》首章："在彼淇梁。"二章："在彼淇厲。"
⑥ 《水經注·河水二》引段國《沙州記》："吐谷渾於河上作橋，謂之河厲。"
⑦ 戴震《戴東原集》卷三《答江慎修先生論小學書》；又：《毛鄭詩考正》卷一。

依《爾雅》的訓詁,解爲“以衣涉水”①。王引之是邵而非戴②,儘管戴是他父親的老師。

(二) 旁稽博考,自出新説　　如果舊説無可取,他們就“以己意逆經意,而參之他經,證以成訓”,“別爲之説”(王引之《經義述聞序》)。例如《禮記·曲禮上》:“夫爲人子者,三賜不及車馬。”鄭注:“三賜,三命也。凡仕者一命而受爵,再命而受衣服,三命而受車馬。車馬而身所以尊者備矣。卿、大夫、士之子不受,不敢以成尊比逾於父;天子、諸侯之子不受,自卑遠於君。”王引之云:“經言三賜,不言三命。鄭謂三命不受車馬之賜,非也。……賜猶予也,謂爲人子者不敢以車馬予人也。《爾雅〔·釋詁〕》曰:‘予,賜也。’是‘賜’與‘予’同義。言‘三賜’者,多予之辭。……賜予雖多,不及車馬,不敢自專也。《〔禮記·〕坊記》曰:‘父母在,饋獻不及車馬,示民不敢專也。’是其明證矣。”(《經義述聞》卷十四“三賜不及車馬”條)

(三) 由音考義,不限形體　　這就是王念孫在《廣雅疏證序》中所説“就古音以求古義,引伸觸類,不限形體”,和王引之在《經義述聞》“經文假借”條中所説“考之文義,參之古音”,讀“借字”爲“本字”。這個理論標志着訓詁學發展的新階段,即不受字形拘限,把語音和詞義直接聯繫起來研究。王氏父子在具體應用這個理論的時候,方法也比較謹嚴,因此作出的解釋大都能避免主觀臆斷的毛病,符合古書語言的實際。例如《荀子·勸學》:“强自取柱,柔自取束。”楊倞注:“凡物强則以爲柱而任勞,柔則見束而約急,皆其自取也。”王引之云:“楊説‘强自取柱’之義甚迂。‘柱’與‘束’相對爲文,則柱非謂屋柱之柱也。‘柱’當讀爲‘祝’。哀十四年《公羊傳》:‘天祝予。’十三年《穀梁傳》:‘〔吳,〕祝髮文身。’③何、范注並曰:‘祝,斷也。’此言物强則自取斷折,所謂太剛則折也。《大戴禮〔·勸學〕》作‘强自取折’,是其明證矣。《〔山海經·〕南

---

① 邵晉涵《爾雅正義·釋水》。
② 《經義述聞》卷五“深則厲”條。
③ 比較《莊子·逍遙遊》:“越人斷髮文身。”

山經》：'招搖之山有草焉，其名曰祝餘。''祝餘'或作'柱茶'，是
'祝'與'柱'通也。'祝'之通作'柱'，猶'注'之通作'祝'。《周
官〔·天官〕·瘍醫》'祝藥'鄭注曰：'祝當爲注，聲之誤也。'"（王
念孫《讀書雜志·荀子一》"强自取柱"條）

（四）**闡發義訓，旁推交通**　王氏父子通曉古音，又能正確認
識音義之間的關係，所以在闡釋詞和詞、詞義和詞義的各種聯繫
時，能够"引伸觸類"，展轉溝通，對古漢語同源詞和詞族的研究作
出貢獻。例如《廣雅·釋詁一》："般，大也。"王念孫《疏證》："'般'
者，《方言》〔卷一〕：'般，大也。'郭璞音'盤桓'之'盤'。《〔禮記·〕
大學》：'心廣體胖。'鄭注云：'胖，猶大也。'《〔儀禮·〕士冠禮》注
云：'弁，名出於槃。槃，大也。言所以自光大也。''槃'、'胖'並與
'般'通。《説文》〔七下巾部〕：'幋，覆衣大巾也。'〔三下革部：〕'鞶，
大帶也。'《〔易·〕訟·上九》：'或錫之鞶帶。'馬融注云：'鞶，大也。'
《文選·〔成公綏〕嘯賦》注引《聲類》云：'磐，大石也。'義並與'般'
同。《説文》〔八上人部〕：'伴，大皃。''伴'與'般'亦聲近義同。"

（五）**明於語法，訓釋愜當**　這在第一章第五節之（二）已有論
述和舉例，這裏不重複。並請參看王引之《經義述聞》卷三十二
"語詞誤解以實義"、"經傳平列二字上下同義"、"經文數句平列上
下不當歧異"、"上文因下而省"等條。

下面説説王氏父子訓詁工作中的幾個缺點。

（一）**原文可通，而用"破讀"**　例如《詩·魏風·陟岵》："母
曰：嗟！予季行役，夙夜無寐。"王引之謂"寐"當讀爲"沬"，訓"已"
（《經義述聞》卷五"行役夙夜無寐"條）。其實這裏"寐"訓"睡覺"，
義本可通，無須破讀。《左傳·文公元年》："江芈怒曰：'呼！役
夫！'"王引之謂"呼"當讀爲"吁"（《經義述聞》卷十七"呼"條）。今
按："呼"、"吁"二字聲韻相同，但"呼"爲開口洪音而"吁"爲合口細
音，表現怒斥之聲自以用"呼"字爲宜①，不應以其作爲感歎詞不及

---

① 　比較《禮記·檀弓上》："曾子聞之，瞿然曰：'呼！'"黄生《義府》卷上"呼"條引此云：
　　"呼，舊讀吁，非。"

"旴"字常見而加以改讀。《禮記·檀弓下》："無苛政。"又："苛政猛於虎也。"王引之謂"政"當讀爲"征斂"之"征"(《經義述聞》卷十四"無苛政"條)。其實即依原字釋"苛政"爲"暴政",完全可通,無須破讀①。

(二) 常義可通,而求別解　　例如《漢書·文三王傳》(參《史記·梁孝王世家》)："初,孝王有雷尊,直千金,戒後世善寶之,毋得以與人。任后聞而欲得之。李太后曰:'先王有命,毋得以尊與人。他物雖百鉅萬,猶自恣。'任后絶欲得之。王襄直使人開府,取尊,賜任后。"王念孫、王引之訓"直使人開府"的"直"爲"特"(《讀書雜志·史記三》"直墮其履圯下"條、《經傳釋詞》卷六"直"條)。其實這個"直"就是常義"徑直,直接"②;原文是説:李太后不同意,劉襄也不再請求,而直接派人去打開庫房,把雷尊取來,賜給任后。又《丙吉傳》："客或謂吉曰:'君侯爲漢相,姦吏成其私,然無所懲艾。'"王念孫訓"然"爲"乃"(《讀書雜志·漢書十二》"然"條)。其實"然"在漢代已可用作轉折連詞③,相當於現代漢語的"可是",不必解釋爲"乃"④。陳寅恪説得好:"夫解釋古書,其謹嚴方法,在不改原有之字,仍用習見之義。故解釋之愈簡易者,亦愈近真諦。"(見《"薊丘之植植於汶篁"之最簡易解釋》,《金明館叢

---

① 乾嘉以後學者訓釋古書,濫用"破讀"的地方更多。例如《莊子·逍遙遊》:"故夫知效一官、行比一鄉、德合一君而徵一國者,其自視也亦若此矣。"郭慶藩《莊子集釋》謂:"而"當讀爲"能";"官"、"鄉"、"君"、"國"相對,"知"、"行"、"德"、"能"相對。其實"合一君"和"徵一國"是用"而"連接的並列結構,同以"德"爲主語。這裏句法、文義都是通順的,無須讀"而"爲"能"。

② 比較《史記·魏公子列傳》:"侯生攝敝衣冠,直上載公子座。"又《刺客列傳》:"聶政直入,上階,刺殺俠累。"《漢書·陸賈傳》:"賈往,不請,直入坐。"

③ 如《史記·高祖本紀》:"周勃重厚少文,然安劉氏者必勃也。"《漢書·高帝紀》同。《史記·鄭世家》:"由是觀之,則實沈參神也,……臺駘汾洮神也。然是二者不害君身。"

④ 乾嘉以後學者訓釋古書,舍棄常義、追求新異的地方更多。例如《荀子·正論》:"故盜不竊,賊不刺。"俞樾《諸子平議》(卷十四"荀子三")謂"刺"當訓"刺取、探取"。其實"賊"就是"刺客,殺人者","刺"按常義解爲"刺殺"最爲恰切,不須另求別解。

稿二編》,上海古籍出版社,1982年,第262頁)

（三）**過求一律,强此從彼**　例如《大戴禮記‧衛將軍文子》:"業功不伐,貴位不善。"王念孫云:"'業功'當依《家語》作'美功'①,字之誤也。"(王引之《經義述聞》卷十二"業功"條)今按《爾雅‧釋詁》:"業,大也。""業功"即大功,並無字誤,不應强求一律,據《孔子家語》改爲"美功"。《呂氏春秋‧召類》:"禍福之所自來,衆人以爲命,焉不知其所由。"又《應同》:"禍福之所自來,衆人以爲命,安知其所?"王念孫謂"焉不知其所由"當作"焉知其所"(《讀書雜志‧餘編上》"焉不知其所由"條)。其實《召類》篇的"焉"訓"乃",原文自通,不應據他篇加以删改。《漢書‧匈奴傳下》:"日逐、呼韓邪携國歸死。"《資治通鑒》卷三十四《漢紀二十六》"哀帝建平四年"條同。王念孫謂:"歸死"二字義不可通,當依《漢紀‧孝哀紀》作"歸化"(《讀書雜志‧漢書十四》"携國歸死"條)。其實"歸死"一詞兩《漢書》常見②,猶言"歸命";《漢書》原文無誤,不應據他書改字③。又《西域傳下》:"卦諸將,貳師最吉。"王念孫云:"'卦'當作'卜'。……《漢紀〔‧孝武紀〕》正作'卜'。"(《讀書雜志‧漢書十五》"卦諸將"條)其實"卦"字自可用作動詞,訓爲"卜,筮"④,不應强求一律,改《漢書》以從《漢紀》⑤。又《蘇武傳》:"匈奴與漢和親。漢求武等,匈奴詭言武死。後漢使復至匈奴,常惠……教使者謂單于言:'天子射上林中,得雁,足有繫帛書,言武等在某澤中。'使者大喜,如惠語以讓單于,單于視左右而驚,謝漢

---

① 《孔子家語‧弟子行》:"美功不伐,貴位不善。"

② 如《漢書‧王莽傳》:"史熊、王况詣闕歸死。"《後漢書‧李通傳》:"守從其計,即上書歸死。"又《鄧訓傳》:"燒當豪帥來號稽顙歸死。"又《寇恂傳》:"如聞乘輿南向,賊必惶怖歸死。"

③ 參看楊樹達《漢書窺管》第587頁。

④ 《説文》三下卜部:"卦,筮也。"段注改爲"卦,所以筮也",不必從。比較《呂氏春秋‧慎行》:"孔子卜,得賁。"《説苑‧反質》:"孔子卦,得賁。"《孔子家語‧好生》:"孔子常自筮,……得賁焉。""卦"字此義《辭源》(修訂本)第一册(1979年版)"卦"字條失收。

⑤ 參看《漢書窺管》第601—602頁。

使者曰：'武等實在。'"王念孫曰："'某澤'二字文義不明。'某'當
爲'荒'，字之誤也。……《漢紀〔•孝昭紀〕》正作'荒澤'。"(《讀書
雜志•漢書十》"某澤"條)其實"某澤"二字乃是史家用來代替當
時常惠告訴漢朝使者的具體澤名的。正因爲説得如此準確，所以
單于才聞之而驚，不得不承認事實；如果是泛説"荒澤"，就不會有
這樣的效果了。荀悦妄改《漢書》原文，不當依從[1]。此外，王氏父
子還喜歡依據唐宋類書中的引文來改古書原文，尤其流弊甚多[2]。
因爲類書徵引古籍文句常有增删移易，句讀也時有錯誤，所以不
可盡據[3]。例如《漢書•金日磾傳》："日磾兩子——賞、建——俱
侍中。……賞爲奉車，建駙馬都尉。"王念孫謂"奉車"下亦應有
"都尉"二字，而今本脱之，當據《藝文類聚•人部十七》、《太平御
覽•儀式部三》引文補足(《讀書雜志•漢書十二》"奉車"條)。其
實《漢書》"奉車"後的"都尉"一詞乃是探下而省，這種省略句法古
書常見[4]，不應依據類書，強爲增補[5]。

（四）過求偶儷，濫用"對文"（廣義） 例如《漢書•公孫弘
傳》："天德無私親，順之和起，逆之害生。"王念孫謂"和"字誤，當
依《文選》王融《永明十一年策秀才文》李注所引作"利"。"'順'
'逆'、'利''害'皆對文；若作'和'，則與'害'不相對矣。"(《讀書雜
志•漢書十》"和起"條)其實這裏的"害"是"災害"的"害"，不是
"利害"的"害"，原書"和"字不誤，不應追求對偶，強改爲"利"。又
《鄒陽傳》："權不足以自守，勁不足以扞寇。"王念孫謂"勁"字誤，
當依《漢紀•孝景紀》"勢不足以扞寇"作"勢"。"'勢'與'權'正相

---

① 參看《漢書窺管》第332—333頁；吳恂《漢書注商》，上海古籍出版社，1983年，第
　　178頁。
② 參看張舜徽《中國古代史籍校讀法》第128—132頁。
③ 參看來新夏《古典目録學淺説》，中華書局，1981年，第221—222頁。
④ 例如《漢書•儒林傳•房鳳》："上於是出〔王〕龔等補吏：龔爲弘農，〔劉〕歆河内，鳳
　　九江太守。""弘農"、"河内"之後都探下省略"太守"。《三國志•魏書•董卓傳》：
　　"以〔韓〕暹爲征東，〔胡〕才爲征西，〔李〕樂征北將軍。""征東"、"征西"之後都探下
　　省略"將軍"。
⑤ 參看《漢書窺管》第419頁。

對；若作‘勁’，則與‘權’不相對矣。"(《讀書雜志・漢書九》"勁不足以扞寇"條) 今按《説文》十三下力部："勁，彊也。"《漢書》作"勁"，文義自通，不應强調"相對"，據他書改字。

最後，清代訓詁學者還有一個優點和一個缺點值得一提。這個優點就是他們當中有的人具有歷史的觀點，對詞義在不同時代的發展變化能有所認識。例如①，《説文》八下履部："屨，履也。"段玉裁注："晉蔡謨曰：今時所謂履者，自漢以前皆名屨。《左傳〔・昭公三年〕》：‘踊貴屨賤’，不言‘履賤’；《禮記〔・曲禮上〕》：‘户外有二屨’，不言‘二履’；賈誼曰：‘冠雖敝，不以苴履’，亦不言‘苴屨’。《詩〔・魏風・葛屨〕》曰：‘糾糾葛屨，可以履霜。’‘屨’、‘舄’者，一物之別名；‘履’者，足踐之通稱。按：蔡説極精。《易》、《詩》、《三禮》、《春秋傳》、《孟子》皆言‘屨’不言‘履’，周末諸子、漢人書乃言‘履’②。《詩》、《易》凡三‘履’，皆謂踐也。然則‘履’本訓‘踐’，後以爲屨名，古今語異耳。許以今釋古，故云古之屨即今之履也。"《説文》八上人部："僅，材能也。"段注："材能，言僅能也。《公羊傳・僖十六年》曰：‘是月者何？僅逮是月也。’何注：‘在月之幾盡，故曰劣及是月。’……《〔禮記・〕射義》：‘蓋廑有存者。’言存者甚少。‘廑’即‘僅’字。……唐人文字，‘僅’多訓‘庶幾’之‘幾’③。如杜詩：‘山城僅百層’④；韓文：‘初守睢陽時，士卒僅萬人’⑤；又：‘家累僅三十口’⑥；柳文：‘自古賢人才士被謗議不能自

---

① 參看王力《理想的字典》，《龍蟲並雕齋文集》第一册，中華書局，1980 年，第 369—370 頁。

② 今按《韓非子・外儲説左上》："鄭人有且置履者。"又《外儲説左下》："履雖五采，必踐之於地。"言"履"。但《説林上》："魯人身善織屨。"又言"屨"。《漢書・賈誼傳》載誼《陳政事疏》："冠雖敝，不以苴履。"言"履"。但《吊屈原賦》："章父薦屨，漸不可久兮。"又言"屨"。是其時稱鞋，"履"、"屨"尚並用。比較：《左傳・成公二年》："郤克傷于矢，流血及屨。"《史記・齊太公世家》作："射傷郤克，流血至履。"

③ "僅"字此義不始於唐，晉代已有之，如《晉書・劉頌傳》："頌在郡上疏曰：‘延祚久長，近者五六百歲，遠者僅將千載。’"

④ 出《泊岳陽城下》詩，見《杜少陵集詳注》卷二十二。

⑤ 出《張中丞傳後叙》，見《韓昌黎集》卷十三。

⑥ 出《與李翱書》，見《韓昌黎集》卷十六。

明者,僅以百數'①;元微之文:'封章諫草,緣委箱笥,僅逾百軸'②。"

　　他們的一個帶共通性的缺點是研究對象一般局限於先秦兩漢的文獻,而對於魏晉南北朝以後的語言現象則很少措意。像上面所引《説文》段注涉及"僅"字在唐代的新義,在正統訓詁學專著中要算是鳳毛麟角了。所以,我們今後研究訓詁學,對六朝以後的語言資料必須下更大的工夫才行。

---

① 出《寄許京兆孟容書》,見《柳河東集》卷三十。段氏引文"賢人才士"之後脱"秉志遵分"四字。

② 出元稹詩題《郡務稍簡,因得整比舊詩,並連綴焚削封章,繁委篋笥,僅逾百軸,偶成自歎,因寄樂天》,見《元氏長慶集》卷二十二。段氏稱引有誤。王士禛《香祖筆記》卷二"僅"條引此,誤同。段氏説唐代"僅"字,當是沿襲王説。參看沈濤《銅熨斗齋隨筆》卷八"僅"條;張永言《詞義演變二例》,《中國語文》1960 年第 1 期,第 34 頁。

第三章　訓詁著作舉要

一、《毛傳》和《鄭箋》

　　《毛詩故訓傳》，簡稱《毛傳》，這是現存的最早和最完整的一部傳注。《漢書·藝文志》"六藝類""詩家"著録《毛詩》二十九卷、《毛詩故訓傳》三十卷。關於《毛詩》的傳授源流和《故訓傳》的作者，《漢書·藝文志》説："毛公之學，自謂子夏所傳"，又《儒林傳·毛公》説："毛公，趙人也，治《詩》，爲河間獻王博士"，都語焉不詳。到了三國時代，吳國的兩位學者陸璣和徐整對此才有了較詳的叙述。陸璣《毛詩草木鳥獸蟲魚疏》："孔子删《詩》，授卜商，商爲之序，以授魯人曾申，申授魏人李克，克授魯人孟仲子，仲子授根牟子，根牟子授趙人荀卿，荀卿授魯國毛亨，毛亨作《訓詁傳》，以授趙國毛萇。時人謂亨爲大毛公，萇爲小毛公。"[①]《經典釋文·序録》引徐整云："子夏授高行子，高行子授薛倉子，薛倉子授帛妙子，帛妙子授河間人大毛公，毛公爲《故訓傳》於家，以授趙人小毛公，小毛公爲河間獻王博士，以不在漢朝，故不列於學。"兩家之説雖然系統分明，實際上多有虛構的成分，並不完全可靠。不過，《毛詩故訓傳》本於戰國時師説，至遲寫定於漢初，這是可以肯定的。

　　《毛傳》的訓詁包含多方面的内容，簡介如下[②]。

---

① 據《四庫全書總目》卷十五"《毛詩正義》提要"引。

② 參看劉師培《毛詩詞例舉要》(《劉申叔遺書》本)；張舜徽《毛詩故訓傳釋例》,《廣校讎略》第 173—191 頁，向熹《〈毛詩傳〉説》,《語言學論叢》第 8 輯，商務印書館，1981 年，第 176—216 頁。

（一）**解釋題意** 《毛詩》"大序"中講《關雎》的一段和每篇詩前面的"小序"就都是説明全篇的主題旨意的[①]。

（二）**離析章句** 這都注於每篇詩之後。如："《關雎》三章，一章四句，二章八句。"這就是説，《關雎》這篇詩共分三章，第一章是四句，其餘二章每章八句。"《東山》四章，章十二句。"這就是説，《東山》詩共分四章，每章十二句。

（三）**説明章旨** 如《豳風・東山》序："一章言其完也，二章言其思也，三章言其室家之望女也，四章樂男女之得及時也。"

（四）**解釋詞義** 這是《毛傳》的主要內容。例如《周南・汝墳》首章："遵彼汝墳，伐其條枚。"毛傳（以下簡稱"傳"）："遵，循也；汝，水名也；墳，大防也。枝曰條，榦曰枚。"這裏"遵，循也"是以同義詞爲釋，即所謂"訓詁相代"；"汝，水名也"是以類名爲釋；"墳，大防也"是以"定語＋大名"爲釋，即所謂"屬中求別"；"枝曰條，榦曰枚"是辨析同義詞。《汝墳》二章："伐其條肄。"傳："肄，餘也，斬而復生曰肄。"這是所謂"後訓足成前訓"，説明"肄"訓"餘"，但這裏又不是一般的"餘"，而是特指"斬而復生"的餘蘖。《鄭風・大叔于田》："叔在藪。"傳："藪，澤，禽之府也。"這也是以後訓足成前訓，使被釋詞在原文中的含義更爲明確。《鄭風・有女同車》："有女同行。"傳："行，行道也。"這是用複合詞釋單純詞，以確定被釋詞的詞性和意義；這裏就是説明"行"是名詞，當"道路"講，以免讀者誤會爲動詞"行"。《邶風・匏有苦葉》："雝雝鳴雁。"傳："雝雝，雁聲和也。"《小雅・裳裳者華》："裳裳者華，芸其黃矣。"傳："芸，黃盛也。""雝雝"本訓"聲和"，"芸"本訓"盛"，這裏分別解爲"雁聲和"和"黃盛"，是聯繫上下文爲釋。《小雅・大田》："以其騂黑。"傳："黑，羊、豕也。""黑"本無"羊"、"豕"義，"黑，羊、豕也"是解釋詞在特定語言環境的用法[②]，等於説"黑，謂羊、豕也"，或者

[①] 《詩序》作者是誰歷來説法不一，這裏姑且把它看作《毛傳》的一個組成部分。參看王錫榮《關於〈毛詩序〉作者問題的商討》，《文史》第 10 輯，中華書局，1980 年，第 191—197 頁。

[②] 參看張永言《詞彙學簡論》，華中工學院出版社，1982 年，第 55 頁。

“黑，此指羊、豕”。《邶風·旄丘》：“狐裘蒙戎，匪車不東。”傳：“不東，言不來東也。”這是注明被釋詞的詞性，即說明這個“東”是名詞用如動詞。又《谷風》：“有洸有潰。”傳：“洸洸，武也；潰潰，怒也。”這是解釋詞義兼釋詞性，說明這類“有”字式相當於重言①，都是形容詞。《大雅·文王》：“有周不顯。”傳：“有周，周也。”這是解釋詞義兼釋構詞法，說明這類“有”只是名詞的前加成分，無實義。《豳風·七月》：“取彼斧斨，以伐遠揚。”傳：“遠，枝遠也；揚，條揚也。”這是說明省略法：“遠”是“遠枝”之省，“揚”是“揚條”之省。又：“八月斷壺。”傳：“壺，瓠也。”這是以本字釋假借字。《周南·兔罝》：“赳赳武夫，公侯干城。”傳：“干，扞也。”這是以同源詞爲釋。《兔罝》首章的“干城”和二章的“好仇”②、三章的“腹心”都是並列結構的名詞性詞組或複合詞，“干”義爲“盾，盾牌”。“干，扞也”乃是說明“干”得名於“扞”（扞衛、扞禦、扞蔽），即是說此物是以其功能或作用而得名。

（五）**解釋語句**　例如《鄘風·君子偕老》：“鬒髮如雲。”傳：“如雲，言美長也。”這是解釋詞組“如雲”在這裏的比喻義。《邶風·緑衣》：“我思古人，實獲我心。”傳：“古之君子實得我之心也。”這是串講句意，並表示“古人”是“實獲我心”的主語，兩個詩句（verse lines）是語法上的一個句子（sentence）③，即陳奐《詩毛氏傳疏》所謂“合二句爲一句”。《大雅·公劉》：“執豕于牢，酌之用匏。”傳：“酌之用匏，儉以質也。”這是說明詩句所含的言外之意。

（六）**記述典章制度**　例如《周南·葛覃》二章：“爲絺爲綌。”傳：“古者王后織玄紞，公侯夫人紘綖，卿之內子大帶，大夫命婦成祭服，士妻朝服，庶士以下各衣其夫。”三章：“言告師氏。”傳：“古者女師教以婦德、婦言、婦容、婦功。祖廟未毀，教於公宮三月；祖

---

① 參看王顯《〈詩經〉中跟重言作用相當的“有”字式、“其”字式和“思”字式》，《語言研究》第4期，1959年，第9—17頁。

② “好仇”義同“妃仇”，亦即“匹仇”。說詳聞一多《詩經新義》，《聞一多全集》第2冊，三聯書店，1982年，第69—70頁。

③ 如《商頌·玄鳥》：“天命玄鳥，降而生商。”

廟既毀,教於宗室。"《召南·采蘋》:"誰其尸之? 有齊季女。"傳:
"古之將嫁女者,必先禮之於宗室,牲用魚,芼之以蘋藻。"《曹風·
候人》:"彼其之子,三百赤芾。"傳:"一命縕芾黝珩,再命赤芾黝
珩,三命赤芾蔥珩,大夫以上赤芾乘軒。"

(七) 引證故事、史實　例如《小雅·巷伯》:"哆兮侈兮,成是
南箕。"傳:"斯人自謂辟嫌之不審也。昔者顏叔子獨處於室,鄰之
釐婦又獨處於室,夜暴風雨至而室壞。婦人趨而至,顏叔子納之,
而使執燭,放乎旦而蒸盡,搤屋而繼之。自以爲辟嫌之不審矣。
若其審者,宜若魯人然。魯人有男子獨處於室,鄰之釐婦又獨處
於室,夜暴風雨至而室壞,婦人趨而託之,男子閉戶而不納。婦人
自牖與之言曰:'子何爲不納我乎?'男子曰:'吾聞之也,男子(孔
疏作"男女")不六十不間居。今子幼,吾亦幼,不可以納子。'婦人
曰:'子何不若柳下惠然? 嫗不逮門之女,國人不稱其亂。'男子
曰:'柳下惠固可,吾固不可。吾將以吾不可學柳下惠之可。'孔子
曰:'欲學柳下惠者,未有似於是也。'"《大雅·緜》:"古公亶父,陶
復陶穴,未有家室。"傳:"古公處豳,狄人侵之。事之以皮幣,不得
免焉;事之以犬馬,不得免焉;事之以珠玉,不得免焉。乃屬其耆
老而告之曰:'狄人之所欲者,吾土地也。吾聞之,君子不以其所
養人者害人。二三子何患乎無君?'去之,逾梁山,邑於岐山之下。
豳人曰:'仁人之君,不可失也。'從之如歸市。"

《毛詩箋》,東漢鄭玄撰,通稱《鄭箋》。所謂"箋"含有補充、訂
正"傳"的意思,即一方面對《毛傳》簡略、隱晦的地方加以闡明,另
一方面也提出跟《毛傳》不同的見解。《鄭箋》的主要內容有如下
幾方面①。

(一) 注釋《詩序》　《詩序》前此無注,鄭玄給其中一部分加了
注釋。例如《陳風·衡門》序:"衡門,誘僖公也,愿而無立志,故作
是詩以誘掖其君也。"鄭箋(以下簡稱"箋"):"誘,進也;掖,扶持
也。"這是注釋詞義。《檜風·素冠》序:"素冠,刺不能三年也。"

———————————
① 參看趙仲邑《訓詁學講授提綱》第28—29頁。

箋:"喪禮:子爲父,父卒爲母,皆三年。時人恩薄禮廢,不能行也。"這是注釋禮制。《豳風・七月》序:"七月,陳王業也。周公遭變,故陳后稷先公風化之所由,致王業之艱難也。"箋:"周公遭變者,管、蔡流言,辟居東都。"這是注釋史實。

　　(二)申述《毛傳》　例如《邶風・柏舟》:"我心匪石,不可轉也;我心匪席,不可卷也。"傳:"石雖堅,尚可轉;席雖平,尚可卷。"箋:"言己心志堅、平,過於石、席。"《小雅・十月之交》:"高岸爲谷,深谷爲陵。"傳:"言易位也。"箋:"易位者,君子居下、小人處上之謂也。"《大雅・瞻卬》:"天何以刺? 何神不富?"傳:"刺,責。富,福。"箋:"天何以責王,見變異乎? 神何以不福王,而有災害也?"

　　(三)補正《毛傳》　例如《豳風・七月》首章:"無衣無褐,何以卒歲?"箋:"褐,毛布也。卒,終也。"這是補注《毛傳》未注的詞義。五章:"七月在野,八月在宇,九月在户,十月蟋蟀入我床下。"箋:"自'七月在野'至'十月入我床下'皆謂蟋蟀也。"這是補注《毛傳》未加解釋的語法,説明"七月在野"、"八月在宇"、"九月在户"三個分句的主語都是探下而省。《小雅・車攻》:"東有甫草。"傳:"甫,大也。"箋:"甫草者,甫田之草也。鄭有甫田。"這是提出跟《毛傳》有所不同的説法。

　　《詩經》的《毛傳》和《鄭箋》都屬於最重要的古傳注之列。由於作者時代近古,學有師承,他們所作的解釋一般説來可靠程度較高。不過,由於時代和階級的局限,他們的解釋也不可避免地有這樣那樣的缺點、錯誤。大致説來,關於詞義的注釋大部分是可信的,而關於詩旨的闡述則存在着不少的誤解和曲説。我們閲讀和利用這兩種著作,必須用批判的眼光審慎地加以去取。

二、《爾雅》和"群雅"

　　《爾雅》是我國第一部有系統的訓詁專書。它對後世的訓詁學有很大的影響,在古漢語和漢語史研究上有很高的價值。

　　《漢書·藝文志》："《爾雅》①，三卷二十篇。"但今本只有十九篇，即：釋詁、釋言、釋訓、釋親、釋宮、釋器、釋樂、釋天、釋地、釋丘、釋山、釋水、釋草、釋木、釋蟲、釋魚、釋鳥、釋獸、釋畜。這十九篇可以分爲兩大類。"釋詁"、"釋言"、"釋訓"爲一類，解釋的是非名物詞語②；"釋親"以下十六篇爲一類，解釋的是名物詞語："釋親"解釋親屬稱謂，"釋宮"、"釋器"、"釋樂"解釋人所製作的器物的名稱，"釋天"至"釋水"解釋自然現象和山川地理的名稱，"釋草"至"釋畜"解釋植物和動物的名稱。這種詞彙分類法爲後來很多訓詁書所模仿。

　　《漢書·藝文志》把《爾雅》附在"《孝經》類"，沒有題作者姓名。從東漢末鄭玄以來③，關於《爾雅》的作者和撰成時代有各種不同的説法④。現在可以肯定的是：《爾雅》不是一人所作，先秦已有雛形，最後寫定在西漢時⑤。

　　《爾雅》的撰著宗旨在於"釋古今之異言，通方俗之殊語"⑥。(《釋詁》"初，始也"條郭注)書中網羅了不同時代、不同地域的漢語詞彙，內容很豐富，可以説是先秦至西漢訓詁資料的總匯。單就采自書本的材料來看，其來源就是多方面的。如⑦：《釋天》云

<hr>

① 張晏注："爾，近也；雅，正也。"

② 關於"釋詁"、"釋言"、"釋訓"三者的區別，《詩·周南·關雎》孔疏引《爾雅序篇》云："'釋詁'、'釋言'，通古今之字，古與今異言也；'釋訓'，言形貌也。"就體例上看，"釋詁"是每條匯集一組詞，用一個比較普通的詞作釋；"釋言"大體上是一對一地解釋單音詞；"釋訓"大部分是解釋重言。參看胡玉縉《許廎學林》卷九《答問》，第214—215頁。

③ 《詩·王風·黍離》孔疏引鄭玄《駁〈五經異義〉》："玄之聞也，《爾雅》者，孔子門人所作，以釋六藝之言。"又《大雅·鳧鷖》孔疏引《鄭志·答張逸問》："《爾雅》之文雜，非一家之注。"

④ 參看謝啓昆《小學考》卷三"訓詁一""爾雅"；内藤虎次郎《爾雅之新研究》，《研幾小録》，1928年，第31—59頁。

⑤ 參看余嘉錫《四庫提要辨證》第一册，第86—92頁；周祖謨《〈爾雅〉之作者及其成書之年代》，《問學集》下册，中華書局，1981年，第670—675頁。

⑥ 周祖謨《重印〈雅學考〉跋》："古今言異，方國語殊，釋以雅言，義歸乎正，故名《爾雅》，言近正也。"見《問學集》下册，第689頁。

⑦ 《四庫全書總目》卷四十"《爾雅注疏》提要"。

"暴雨謂之涷",此取《楚辭》之文也①；《釋天》云"扶搖謂之猋",《釋蟲》云"蒺藜,蝍蛆",此取《莊子》之文也②；《釋地·四極》云"西王母",《釋畜》云"小領,盜驪",此取《穆天子傳》之文也③；《釋地》云"西方有比肩獸焉,與邛邛岠虛比,爲邛邛岠虛嚙甘草；即有難,邛邛岠虛負而走,其名謂之蟨",此取《呂氏春秋》之文也④；《釋水》云"河出崑崙虛",此取《山海經》之文也⑤；《釋鳥》云"爰居,雜縣",此取《國語》之文也⑥。如是之類,不可殫數。此外,采自口語的材料看來也不少,書中那些文獻無徵的詞當中至少有一部分就屬於這一類。

《爾雅》訓釋詞語的方式可以分爲三大類：

(一)匯集具有相同、相近意義的或者具有某種相關性的一組詞,用一個比較普通的詞來作釋,如《釋詁》；也常用一詞對一詞的方式來作釋,如《釋言》。對非名物詞的訓釋一般都采用這種辦法。如：

初、哉、首、基、肇、祖、元、胎、俶、落、權輿,始也。(釋詁)

林、烝、天、帝、皇、王、后、辟、公、侯,君也。(釋詁)

迓,迎也。(釋詁)

殷、齊,中也。(釋言)

征、邁,行也。(釋言)

逆,迎也。(釋言)

競,彊也。(釋言)

遇,偶也。(釋言)

---

① 《楚辭·九歌·大司命》："使涷雨兮灑塵。"

② 《莊子·逍遙遊》："摶扶搖而上者九萬里。"又《齊物論》："蝍蛆甘帶。"

③ 《穆天子傳》卷三："天子賓於西王母。"又卷一："天子之駿：赤驥、盜驪、白義、逾輪、山子、渠黃、華騮、綠耳。"

④ 《呂氏春秋·不廣》："北方有獸,名曰蹶(《爾雅》郭注引作'蟨'),鼠前而兔後,趨則踣,走則顛,常爲蛩蛩距虛取甘草以與之。蹶有患害也,蛩蛩距虛必負而走。"

⑤ 《山海經·海內西經》："海內崑崙之虛,在西北帝之下都。"《水經注·河水一》引《山海經》："崑崙墟在西北,河水出其東北隅。"

⑥ 《國語·魯語上》："海鳥曰爰居,止於魯東門之外三日。"

甲，狎也。（釋言）

務，侮也。（釋言）

葵，揆也。（釋言）

燬，火也。（釋言）

斯，離也。（釋言）

迺，乃也。（釋言）

瑳，嗟也。（釋言）

明明、斤斤，察也。（釋訓）

祁祁、遲遲，徐也。（釋訓）

蒹，薕也。（釋草）

萊，刺也。（釋草）

鏝謂之杇。（釋宮）

不律謂之筆。（釋器）

在這一類訓釋裏，有的是以今詞釋古詞，或以通語釋方言，有的只是把古今方俗語中義同或義近的詞排列在一起。因此，在每一詞條裏訓釋詞和被訓釋詞之間以及幾個被訓釋詞之間的關係是各種各樣的，必須通過分析研究才能辨識清楚。比方說，有的是一般同義詞，如："征、邁，行也。"①有的是方言同義詞，如："斯，離也。"②"鏝謂之杇。"③有的是一般同源詞，如："迓，迎也。""競，彊也。""遇，偶也。""蒹，薕也。"有的是方言同源詞，如："逆，迎也。"④"燬，火也。"⑤"萊，刺也。"⑥"不律謂之筆。"⑦有的是異字同詞，如："迺，乃也。""瑳，嗟也。"所謂解釋經典文字假借的也可以歸在這

---

① 《詩·小雅·小宛》："我日斯邁，而月斯征。"

② 《方言》卷七："斯，離也，齊陳曰斯。"又卷六："蠡，分也，秦晉曰離。""斯"和"離"也可能有同源關係。

③ 《說文》六上木部："杇，所以涂也。秦謂之杇，關東謂之槾。""槾"同"鏝"。

④ 《方言》卷一："逆，迎也。自關而東曰逆，自關而西曰迎。"

⑤ 《方言》卷十："齊言娓火也。""娓"同"燬"。

⑥ 《方言》卷三："凡草木刺人，北燕朝鮮之間謂之萊，自關而西謂之刺。"

⑦ 《說文》三下聿部："吳謂之不律……秦謂之筆。"

裏，如："甲，狎也。"①"務，侮也。"②"葵，揆也。"③

　　關於這第一類訓釋方式，有兩點值得注意，就是：由於被訓釋字不止一義而有所謂"文同訓異之例"④，即相同的字用了不同的字來訓釋；由於訓釋字不止一義而有所謂"訓同義異之例"⑤，即在一組被訓釋字中有的要取訓釋字的甲義，而有的要取其乙義。前者如：

> 懌、悦、愉，樂也。悦、懌、愉，服也。（釋詁）
> 憮、厖，有也。憮、厖，大也。（釋詁）
> 濟，渡也。濟，成也。濟，益也。（釋言）

以第一條爲例，被訓釋字"懌"、"悦"、"愉"既有"樂"義（本義），又有"服"義（引申義），所以用了不同的字來作釋，以求完備。其餘二條仿此。

　　後者如：

> 育，孟，耆、艾，正、伯，——長也。（釋詁）
> 棲、遲、憩、休，苦，呬、鶴、呬，——息也。（釋詁）
> 台、朕，賚、畀、卜、陽⑥，——予也。（釋詁）

在第一例裏，訓釋字同是一個"長"，但在被訓釋字中"育"是長養的長，"孟"、"耆"、"艾"是年長、長老的長，"正"、"伯"是官長、首長的長。在第二例裏，訓釋字同是"息"，但在被訓釋字中"棲"、"遲"、"憩"、"休"、"苦"是止息的息，"呬"、"鶴"、"呬"是氣息的息。在第三例裏，訓釋字同是"予"，但在被訓釋字中"台"、"朕"是第一人稱代詞予（yú），"賚"、"畀"、"卜"、"陽（錫）"是給予、賜予的予（yǔ）。

　　由此可見，在《爾雅》"甲、乙、丙，丁也"這樣的詞條裏，甲、乙、

---

① 《詩·衛風·芄蘭》："芄蘭之葉，童子佩韘；雖則佩韘，能不我甲。"

② 《詩·小雅·常棣》："兄弟鬩于牆，外御其務。"

③ 《詩·小雅·采菽》："樂只君子，天子葵之。"

④⑤　參看陳玉澍《爾雅釋例》（卷一），南京高等師範學校出版，1921年。

⑥　陳玉澍《爾雅釋例》卷一："'陽'者，'錫'字之訛也。"

丙分别和丁具有同義關係,可以互訓,但甲、乙、丙之間却不一定
具有同義關係,不是都可以互訓的。例如:"育"、"耆"、"正"可以
分别和"長"互訓;"孟"、"耆"、"艾"可以互訓,"正"、"伯"可以互
訓,但"育"、"艾"、"正"却不可以互訓。這一認識對於我們正確理
解和利用《爾雅》、《廣雅》等書的訓詁資料是十分重要的。

(二)以共名釋别名,以俗語(口語)釋文言(書語)。"釋草"以
下七篇關於名物詞的訓釋往往采用這種方式①。前者如:

> 鳥罟謂之羅,兔罟謂之罝,麋罟謂之罞,彘罟謂之羉,魚
> 罟謂之眾。(釋器)
> 蚍蜉,大螘。(釋蟲)

這裏"罟"是共名,"羅"、"罝"、"罞"、"羉"、"眾"是别名;"螘(蟻)"
是共名,"蚍蜉"是别名。

後者如:

> 苻,鬼目。蘥,牛脣。莔蕍,豕首。朾,桯床。(釋草)
> 蜆,縊女②。(釋蟲)

(三)用語句說明詞義。這種訓釋方式適用於如下兩種情況:
一是某些古詞、書語或方言,找不到相當的今詞、口語或"普通話"
來對釋,如:

> 日出而風爲暴,風而雨土爲霾,陰而風爲曀。(釋天)
> 大山宮小山,霍;小山别大山,鮮。(釋山)
> 貝:居陸,贆;在水者,蜬;大者,魧;小者,鰿。(釋魚)

一是某些最基本的詞,不便用别的單詞來對釋,如:

> 男子先生爲兄,後生爲弟。(釋親)
> 子之子爲孫。(釋親)

---

① 參看王國維《觀堂集林》卷五《爾雅草木蟲魚鳥獸名釋例上》。
② 魯迅《且介亭雜文末編・女吊》:"有一種蜘蛛,用一枝絲掛下自己的身體,懸在空
中,《爾雅》上已謂之'蜆,縊女',可見在周朝或漢朝自經的已經大概是女性了。"

女子子之夫爲壻。（釋親）

謂我舅者吾謂之甥也。（釋親）

　　早在東漢時《爾雅》就有了臣舍人、樊光、李巡、孫炎的注本①。這些古注都已亡佚，只是從其他古籍的徵引裏可以見到一些片段，清代學者有輯錄，如黃奭《漢學堂經解》中的《爾雅古義》、馬國翰《玉函山房輯佚書》中的"經編爾雅類"、臧庸的《爾雅漢注》（《問經堂叢書》本、《叢書集成》本）。

　　現存完整的《爾雅》注本以郭璞的《爾雅注》爲最早。郭璞，字景純，河東聞喜（今山西聞喜縣）人，東晉初年著名學者，對語文學和博物學都很有研究。他的訓詁著作現存的還有《方言注》、《山海經注》、《穆天子傳注》、《子虛賦上林賦注》（見於李善《文選注》），已佚的有《楚辭注》、《三倉注》。

　　《爾雅注》是郭璞用了十八年工夫辛勤探討、博訪周諮的成果，如他自己在本書序裏所說："璞不揆檮昧，少而習焉，沉研鑽極，二九載矣！雖注者十餘，然猶未詳備，並多紛謬，有所漏略。是以復綴集異聞，會稡舊說，考方國之語，采謠俗之志，錯綜樊、孫，博關群言，剟其瑕礫，搴其蕭稂，事有隱滯，援據徵之，其所易了，闕而不論。"關於此書，今人已有很好的評述②，可以參看，這裏就從略了。

　　陳代陸德明爲郭注《爾雅》作了"音義"，即《經典釋文》卷二十九至三十的"爾雅音義"。陸書"摘字爲音"，兼采諸家訓詁，並考校各本異同，是研讀《爾雅》的重要參考書。

　　北宋初邢昺等人爲郭注本作了"疏"，即後來收在《十三經注疏》裏的《爾雅注疏》。邢疏體例謹嚴，多能引證，也有較高的參考價值。

----

① 見陸德明《經典釋文·序錄》。陸氏以臣舍人爲西漢武帝時人，不確。辨見劉師培《左盦集》卷三《注爾雅臣舍人考》；楊樹達《積微居小學述林》卷六《注爾雅臣舍人說》；余嘉錫《四庫提要辨證》卷二《爾雅注疏》。

② 周因夢《博聞强記的郭璞》，《中國語文》1956 第 7 期，第 39—43 頁。

清代學者又爲《爾雅》郭注作了兩種新疏,這就是邵晉涵(1743—1796)的《爾雅正義》和郝懿行(1757—1825)的《爾雅義疏》。

邵晉涵,字與桐,一字二雲,號南江,浙江餘姚人。他著《爾雅正義》,着手於乾隆三十九年(1774年),完成於乾隆五十年(1785年),前後達十一年之久。可見這書是著者長期研討的成果。

大致説來,邵疏的主要功績在於校正文字,采録舊注,以古書證《爾雅》,補郭注之未備①。此外,邵氏還有志於由聲音以通詁訓,據實驗以考名物②。不過,由於他並不擅長聲韻學,博物學知識也很欠缺,在這兩方面都做得不够理想。因此,郝懿行又有《爾雅義疏》之作。

至於其他有關《爾雅》的專著,可以查閲謝啓昆《小學考》卷三至五"爾雅類"、胡元玉《雅學考》和周祖謨《續雅學考擬目》③。有關的工具書則有燕京大學出版的《爾雅引得》可供利用。

《爾雅》對後世訓詁書的編纂影響很大,模仿它的著作歷代都有,通稱"群雅",簡介如下。

(一)《小爾雅》 舊題漢孔鮒撰。本書是爲增廣《爾雅》而作,共一卷十三篇,即:廣詁、廣言、廣訓、廣義、廣名、廣服、廣器、廣物、廣鳥、廣獸、度、量、衡。注本有晉李軌《小爾雅解》、清宋翔鳳《小爾雅訓纂》(六卷,嘉慶刻浮谿精舍叢書本)、胡承珙《小爾雅義證》(十三卷,補遺一卷,道光七年胡氏刻求是堂全集本)、朱駿聲《小爾雅約注》(一卷,光緒八年臨嘯閣朱氏群書本)、莫栻《小爾雅廣注》(四卷,清高氏辨蟬居抄本)、嚴傑《小爾雅疏》、王煦《小爾雅疏》(八卷,嘉慶五年鑾翠山莊刻本,趙之謙跋)、葛其仁《小爾雅疏證》(五卷,道光十九年自刻本)。

(二)《廣雅》 曹魏張揖撰。本書也是爲增廣《爾雅》而作,篇目跟《爾雅》完全相同。隋曹憲爲《廣雅》注音,因避煬帝楊廣名

---

① ② 參看邵晉涵《爾雅正義序》。
③ 見1936年北京大學重印《胡氏雜著》(一名《鏡珠亭雜譔》)本《雅學考》。參看周祖謨《重印〈雅學考〉跋》,《問學集》下册,第689—696頁。

諱,稱爲《博雅音》,附在原書之後流傳下來。故《廣雅》又稱《博雅》。清代最傑出的語文學者王念孫著《廣雅疏證》①,其目的在於通過注釋《廣雅》來體現他自己研究音韻訓詁之學的心得②。王氏四十五歲時始著此書,十年而後成③。由於著者"小學"根基深厚,治學態度謹嚴,本書的學術水平遠在別家同類著作(如邵晉涵《爾雅正義》、郝懿行《爾雅義疏》)之上。王引之評價此書說:"校訂甚精,援引甚確,斷制甚明,尤善以古音求古義,而旁推交通,辟先儒之閫奧,作後學之津梁,爲自來訓詁家所未有","學者比諸酈道元注《水經》,注優於經云"④,確非過譽之詞。王氏《疏證》而外,清儒注釋《廣雅》之作還有錢大昭《廣雅疏義》、俞樾《廣雅釋詁疏證拾遺》、王樹枏《廣雅補疏》,也都可供參考。今人蔣禮鴻著《廣雅疏證補義》⑤,雖篇幅不多,而頗有精到的見解。有關的工具書則有周法高編《廣雅索引》(香港中文大學出版社,1977年)可供利用。

(三)《埤雅》　北宋陸佃撰。"埤《雅》"是"增益《爾雅》"的意思。此書不收一般詞語而專釋名物,共八篇二十卷:"釋魚"二卷、"釋獸"三卷、"釋鳥"四卷、"釋蟲"二卷、"釋馬"一卷、"釋木"二卷、"釋草"四卷、"釋天"二卷。本書於說明事物形狀外,還常常解釋其"名義"(事物得名之由),但有時流於穿鑿附會。書中徵引廣泛,保存了不少有價值的資料,這是值得重視的。

(四)《爾雅翼》　南宋羅願撰。"《爾雅》翼"是"《爾雅》之輔翼"的意思。本書跟《埤雅》一樣,也是專釋名物,但多有考證,內容較精,體例較嚴。全書共六篇三十二卷:"釋草"八卷、"釋木"四卷、"釋鳥"五卷、"釋獸"六卷、"釋蟲"四卷、"釋魚"五卷。元洪焱

---

① 參看趙振鐸《讀〈廣雅疏證〉》,《中國語文》1979年第4期,第294—301頁。
② 參看阮元《揅經室文續集》卷二《王石臞先生墓志銘》。
③ 此書刊行後著者又陸續作了一些增訂,經人輯爲《廣雅疏證補正》,收在羅振玉編《殷禮在斯堂叢書》中,1983年上海古籍出版社影印本《廣雅疏證》附在書後。
④ 王引之《石臞府君行狀》,見《高郵王氏六葉傳狀碑志集》卷四。
⑤ 載《文獻》第6—8輯,書目文獻出版社,1981年。

祖爲此書作有"音釋"，附於每卷之末。

（五）《駢雅》　明朱謀㙔撰。本書專收謰語，是我國第一部聯綿詞典。全書共七卷十三篇，即：釋詁、釋訓、釋名稱、釋宮、釋服食、釋器、釋天、釋地、釋草、釋木、釋蟲魚、釋鳥、釋獸。本書收羅宏富，但體例不甚嚴密。有清魏茂林注本，名《駢雅訓纂》，尚稱詳贍。

（六）《通雅》　明方以智撰。本書雖然也名爲"雅"，但内容已大大超越《爾雅》的範圍，性質近似百科事典。全書共五十二卷，講訓詁名物的部分是第三至四卷、六至九卷、十一至四十九卷。本書分目細緻，解釋詳密，考據也比較精核，在明人著作中殊不多見。

（七）《别雅》　清吳玉搢撰。本書共五卷，内容是"取字體之假借通用者，依韻編之，各注所出，而爲之辨證"①。"徵引雖博，而掛漏亦夥。"②許瀚著《别雅訂》五卷，對原書有所補正。

（八）《比雅》　清洪亮吉撰。本書共十九卷，内容是徵引經史傳注和見於其他古籍的訓詁，仿照《爾雅》的體例編排。因爲所采訓詁多是兩兩對比的，所以名爲《比雅》。對於研究古漢語的同義詞和反義詞，本書提供了不少有用的資料，但是引書不出篇卷，引文有時有所删節，須加覆按。例如卷八："幼，少也；艾，長也。（玉逸〔《楚辭》〕章句〔·九歌·少司命〕）"卷十二："小曰舟，大曰船。（《〔太平〕御覽》〔卷七百七十"舟部三""舟下"〕引周處《風土記》）"又："〔自〕關〔而〕西謂之船，〔自〕關〔而〕東謂之舟。（《方言》〔卷九〕）"卷十三："樵，取薪也；蘇，取草也。（晉灼《漢書注〔·韓信傳〕》）"又："粗曰薪，細曰蒸。（《詩〔·小雅·無羊〕》鄭箋，《周禮注〔·地官·委人〕》同。）"③程際盛著《駢字分箋》二卷，性質與洪書相似。

（九）《拾雅》　清夏味堂撰，夏紀堂注。"拾《雅》"，是"拾《爾雅》、《廣雅》之遺"的意思。本書共二十卷（原本六卷，注本二十

---

① ②　謝啓昆《小學考》卷六。
③　《周禮注》"粗"、"細"下有"者"字。

卷），分爲三部分：（1）"拾雅釋"（卷一至六），内容爲《爾雅》已有
而收字未備的詞條，篇目與原書相同；（2）"拾廣釋"（卷七至十），
内容爲《廣雅》已有而收字未備的詞條，但只有"釋詁"和"釋言"兩
篇；（3）"拾遺釋"（卷十一至二十），内容爲《爾雅》、《廣雅》所無的
詞條，篇目也與原書相同。

（十）《疊雅》　清史夢蘭撰，共十三卷。本書收集古書中的疊
字詞，按《爾雅•釋訓》的體例條列，標明出處，加以疏證，間或注
音。一個疊字詞的異體字或假借字，用雙行小字注於該詞之下。
書末附《雙名録》，收"鶯鶯"、"燕燕"一類雙名。本書網羅頗富，但
編排未善，不便翻檢。

（十一）《支雅》　清劉燦撰。"支《雅》"是"《爾雅》之支派"的
意思。本書共二卷十篇，即：釋詞、釋人、釋官、釋學、釋禮、釋兵、
釋舟、釋車、釋歲、釋物。

（十二）《説雅》　清朱駿聲撰，附在《説文通訓定聲》之後。
"説"指《説文》，《説雅》就是把《説文》所收的字按《爾雅》的篇目和體
例加以編排而成。據朱氏自己説，本書的性質和作用是："循《爾雅》
之條理，貫許書之説解。五百四十目，紀之以形（指《説文》原書）；十
八部，緯之以聲（指《説文通訓定聲》）；十九篇，經之以意與事（指《説
雅》）。參互錯綜，神恉益顯，其在轉注假借，亦可旁通云。"

（十三）《選雅》　清程先甲撰，共二十卷。"選"指《文選》，《選
雅》就是把《文選》李善注的訓詁按《爾雅》的篇目和體例加以編排
而成。

（十四）《毛詩傳義類》　清陳奐撰，附在《詩毛氏傳疏》之後。
本書就是把《詩經》毛傳的訓詁按《爾雅》的篇目和體例加以編排
而成。

（十五）《鄭雅》　今人張舜徽撰，在《鄭學叢著》中。

三、《方　　言》

《輶軒使者絶代語釋別國方言》，簡稱《方言》，這是我國第一

部比較方言詞彙著作，在語言學史上占有重要的地位①。自東漢末以來學者多認爲這部書是西漢末著名學者揚雄（字子雲②，蜀郡成都人）編撰的，如應劭在《風俗通義序》裏就説："周秦常以歲八月遣輶軒之使求（一作'采'）異代（一作'俗'）方言，還奏籍之，藏於秘室。及嬴氏之亡，遺脱漏棄，無見之者。蜀人嚴君平有千餘言，林閭翁孺才有梗概之法。揚雄好之，天下孝廉衞卒交會，周章質問，以次注續，二十七年爾乃治正，凡九千字。"但是自南宋洪邁以來也有一些學者認爲《方言》不是揚雄的著作③。他們的理由是：揚雄的著作，班固在《漢書》的《藝文志》和《揚雄傳》裏曾一一列舉，却沒有提到《方言》；王充在《論衡》裏多次稱讚揚雄的著作，也沒有提到《方言》；特别是許慎在《説文》裏引用方言解釋字義的地方多跟今本《方言》相合，可是却沒有按他徵引群書和"通人説"的慣例提及這一書名或者揚雄的名字。但不管怎樣，此書應是出於漢朝學者之手，其中包括了先秦西漢的許多方言詞彙材料，在訓詁研究上是很可寶貴的。

　　據今傳劉歆《與揚雄書》、揚雄《答劉歆書》④、郭璞《方言序》，

---

① 參看羅常培《揚雄〈方言〉在中國語言學史上的地位》，《羅常培語言學論文選集》，中華書局，1963 年，第 177—179 頁；周祖謨《方言校箋序》，《問學集》下册，第 697—709 頁；周因夢《揚雄和他的〈方言〉》，《中國語文》1956 年第 5 期，第 37—40 頁；黃典誠《〈方言〉及其注本》，《辭書研究》1982 年第 3 期，第 162—171 頁。

② 子雲之姓，本從木不從手，清儒和近人有考證。見王念孫《讀書雜志》卷四十三"漢書揚雄傳"條。參看黃仲琴《揚雄的姓》，《嶺南學報》2 卷 1 期，1931 年；徐復觀《揚雄論究》，《兩漢思想史》第 2 卷，香港中文大學出版社，1975 年，第 308—311 頁；David R. Knechtges（康達維）："The Han Shu Biography of Yang Xiong（53B. C. —A. D. 18)"，Occasional Paper No. 14, Center for Asian Studies, Arizona State University.（December），1982。

③ 《古文苑》卷十揚雄《答劉歆書》題下洪邁按語："世傳楊子雲《輶軒使者絶代語釋别國方言》凡十三卷，郭璞序而解之，其末又有漢成帝時劉子駿與雄書從取《方言》及雄答書。以予考之，殆非也。雄自序所爲文，初無所謂《方言》，……必漢魏之際好事者爲之云。"清汪之昌《青學齋集》卷十二《揚子方言真偽辨》謂《方言》絶非雄作，《答劉歆書》亦非真。

④ 此二書各本《方言》書末均附載。參看康達維（David R. Knechtges)："The Liu Hsin/Yang Hsiung Correspondence on the Fang Yen", Monumenta Serica, 23, 1977，pp. 309–325。

《方言》原本爲十五卷，而《隋書·經籍志》所著録則爲十三卷，已與今本相同。至於《方言》原本字數，應劭説是九千字，而今傳郭璞注本正文有一萬一千九百餘字，這多出來的字當是應劭以後郭璞以前這段時間裏增添進去的。

看來《方言》的編者參考過《爾雅》並從中取材。如《爾雅·釋蟲》："莫貈（一作'貉'）、蟷蜋，蛑。虰蛵，負勞。"《方言》卷十一："蟷蜋謂之髦，或謂之虰，或謂之蚰蚰。"這裏《方言》的"蟷蜋"就是《爾雅》的"蟷蜋"，"髦"就是"蛑"，"蚰蚰"就是"蛑"的疊音，而"虰"則是《方言》編者誤讀《爾雅》，失其句讀，由另一蟲名"虰蛵"割裂而來。又如《爾雅·釋鳥》："鶌鳩，戴鵀。鴛，澤虞。"《方言》卷八："鳳鳩：燕之東北、朝鮮洌水之間謂之鶌鳩，自關而東謂之戴鵀，東齊海岱之間……或謂之鴛鶋。"這裏《方言》的"鶌鳩"、"戴鵀"就是《爾雅》的"鶌鳩"、"戴鵀"，而"鴛鶋"則是《方言》編者誤讀《爾雅》，失其句讀，由另一鳥名割裂而來①。

不過，在體例上《方言》比起《爾雅》來是有所改進的。《爾雅》羅列古今方俗的同義詞，而沒有説明其間的區别。《方言》則不僅説明了一組同義詞中各個詞在地域分佈上的不同，而且有時還對同義詞在意義上的差别也有所解釋。例如《爾雅·釋詁》："如、適、之、嫁、徂、逝，往也。"《方言》卷一："嫁、逝、徂、適，往也。自家而出謂之嫁，由女出爲嫁也。逝，秦晉語也；徂，齊語也；適，宋魯語也。往，凡語也。"又如《爾雅·釋詁》："懷、惟、慮、願、念、惄，思也。"《方言》卷一："鬱悠、懷、惄、惟、慮、願、念、靖、慎，思也。……惟，凡思也；慮，謀思也；願，欲思也；念，常思也。"

《方言》所收的是漢代和漢代以前的方言詞彙，襲用舊材料的地方不少，因而所用的地理名稱很雜：有漢代的地名，也有秦朝以前的國名和地區名。書中涉及的地域很廣：東起東齊海岱，西至

---

① 《方言》往往把采自《爾雅》的詞分配於各個地區，這究竟是否都可靠，是很值得研究的。

秦隴涼州,北起燕趙,南至沅湘九嶷;東北至北燕朝鮮,西北至秦晉北鄙,東南至吳越東甌,西南至梁益蜀漢──幾乎囊括了漢朝的全部版圖①。就書中所收的詞來看,不僅包括廣大地區的漢語方言,而且可能還含有一些少數民族語言。例如卷八:"貔,……關西謂之狸。"②郭璞注:"〔貔,〕狸別名也。未聞語所出。"戴震《疏證》:"古今皆無以貔名狸者。"今按:今黔東苗語稱貓爲 pi(劍河)/pεi(臺江)/pʻε(雷山、凱里)。《方言》記載的這個漢語文獻無徵的方言詞"貔"當是古代少數民族語③。參看第一章第五節之(五)所舉"李父"一例。

　　本書記載方言的方式一般是先舉出一個或一些詞,然後説明"某地謂之某"。例如卷八:"猪:北燕朝鮮之間謂之豭;關東西謂之彘,或謂之豕;南楚謂之豨④。"解釋的方法一般是以今語釋古語,以通語釋方言,縱(時間)橫(空間)兩方面兼貫會通。例如卷三:"茇、杜,根也。東齊曰杜,或曰茇。"

　　本書所載的詞彙包括古方言、當代方言和"普通話",大致可以分成如下五類:

　　(一)"通語",或稱"通名"、"凡語"、"凡通語"、"四方之通語" 這是指没有地域限制的、當時比較通行的"普通話"詞。例如卷一:"憮、㤅、憐、牟,愛也。韓鄭曰憮;晉衛曰㤅;汝潁之間曰憐;宋魯之間曰牟,或曰憐。憐,通語也。"卷二:"釗、嫽,好也。青徐海岱之間曰釗,或謂之嫽。好,凡通語也。"

　　(二)"某地某地之間通語" 這是指通行地域較廣的方言詞。例如卷一:"悼、惄、悴、愁,傷也。〔傷,〕自關而東汝潁陳楚之間通語也。汝謂之惄,秦謂之悼,宋謂之悴,楚潁之間謂之愁。"

　　(三)"某地語" 這是指個別地區的方言詞。例如卷一:"㥄、憮、矜、悼、憐,哀也。齊魯之間曰矜;陳楚之間曰悼;趙魏燕代之

---

①　參看周祖謨《方言校箋》(科學出版社,1956 年)所附《〈方言〉地名簡圖》。

②　《廣雅·釋獸》:"貔、狸,貓也。"

③　參看張永言《語源札記三則》,《民族語文》1983 年第 6 期,第 23 頁。

④　今閩語稱猪爲 kʻyi(永安)/fʻy(建甌、建陽)/kʻui(將樂)/tɕiɛ(浦城)。

間曰悈；自楚之北郊曰憮；秦晉之間或曰矜，或曰悼。"

（四）"古今語"或"古雅之別語"　這是指殘留在當時方言中的古語或古方言詞。例如卷一："敦、豐、厖、夆、憮、般、嘏、奕、戎、京、奘、將，大也。凡物之大貌曰豐；厖，深之大也。東齊海岱之間曰夆，或曰憮；宋魯陳衛之間謂之嘏，或曰戎；秦晉之間凡物壯大謂之嘏，或曰夏；秦晉之間凡人之大謂之奘，或謂之壯；燕之北鄙、齊楚之郊或曰京，或曰將。——皆古今語也。"又："假、洛、懷、摧、詹、戾、艐，至也。邠唐冀兗之間曰假，或曰洛；齊楚之會郊或曰懷；摧、詹、戾，楚語也；艐，宋語也。——皆古雅之別語也。"

（五）"轉語"，或稱"語之轉"　這是指因時、地不同而語音有轉變的同一個詞的變體。例如卷三："庸謂之倯①，轉語也②。"

《方言》在用字上也有它的特點。因爲方言詞往往"有音無字"，本書中有些表示方言詞的字只有標音的作用。例如：訓愛的"悀"，訓哀的"悈"，訓好的"姈"（以上見卷一），訓憐的"無寫"、"人兮"，訓獪的"央亡"、"嘽咺"（以上見卷十）。我們研讀《方言》，要瞭解這一點，以免產生望文生義的錯誤。

《方言》一書的學術價值很高，單從訓詁學的角度來看，它就有如下一些用處：

（一）書中對一些同義詞有所辨析，有助於認識古漢語中這些詞之間的異同。如上面所舉卷一"鬱悠……思也"一條對"惟"、"慮"、"願"、"念"等同義詞的分疏即是一例。

（二）書中采錄並解釋了不少先秦和漢代的方言、口語詞，有助於印證古代作品中的一些詞義。例如《荀子·非相》："今世俗之亂君、鄉曲之儇子，莫不美麗姚冶，奇衣婦飾。"《方言》卷一："儇，慧也。秦謂之謾；……自關而東趙魏之間謂之黠，或謂之

---

① 郭注："今隴右人名懶爲倯。""庸"通"慵"。

② 《方言》卷十一："蠅：東齊謂之羊，陳楚之間謂之蠅，自關而西秦晉之間謂之蠅。"郭注："此亦轉語耳。"

鬼。"就《方言》對"儂"字的解釋並結合其方言同義詞"謾"、"黠"、"鬼"來看,"儂子"一詞的含義就十分清楚了。又如司馬遷《報任安書》:"且夫臧、獲、婢、妾,猶能引決。"《方言》卷三:"荆淮海岱雜齊之間罵奴曰臧,罵婢曰獲;齊之北鄙、燕之北郊凡民男而婿婢謂之臧,女而婦奴謂之獲;亡奴謂之臧,亡婢謂之獲:皆異方罵奴婢之醜稱也。"有了《方言》的詳細解釋,"臧"、"獲"的詞義和感情色彩就完全明白了。又如漢樂府《隴西行》:"好婦出迎客,顔色正敷愉。"《方言》卷十二:"怤愉,悦也。""怤愉"即"敷愉"[1],可知這是漢代的口語詞,義爲"和悦貌"。

(三)書中收載名物詞不少,有助於瞭解古代有關名物。例如漢樂府《陌上桑》:"脱帽著帩頭。"《方言》卷四:"絡頭、帞頭、紗繢……幧頭也。……自河以北趙魏之間曰幧頭。""幧頭"即"帩頭"。《方言》的記述足供參證。

(四)書中記有不少方言同源詞,有助於研究古漢語的"聲轉"等問題。例如卷一:"台、胎、陶、鞠,養也。晉衞燕魏曰台,……秦或曰陶,汝潁梁宋之間曰胎。""台(胎)"和"陶"是"之"、"幽"旁轉。卷八:"雁……南楚之外謂之䳑。""䳑"和"雁"是"歌"、"元"對轉。又:"鵯鵊:周魏齊宋楚之間……或謂之鵯鵊,自關而西秦隴之内謂之鶛鵊。""鵯鵊"變"鶛鵊"是"鵯"的韻尾-n 受"鵊"的聲母 t 同化變而爲-t 的結果。卷十:"㷄,火也,猶齊言煋也。""火"、"㷄"、"煋"同屬微部,"火"、"㷄"聲母爲 x-,而"煋"從"尾"(m-)聲,這顯示出上古音一部分明母字和曉母字相通、存在着送氣流音聲母 mx-(mh-)的痕迹[2]。

(五)以本書所記方言跟現代漢語比較,可以看出古今語的聯繫,有助於漢語詞彙史的探討。例如卷一:"黨(＝懂)、曉、哲,知

---

[1] "敷"爲魚部字,"怤"爲侯部字,但漢代方音"魚"、"侯"二部相通。參看羅常培、周祖謨《漢魏晉南北朝韻部演變研究》第一分册,科學出版社,1958 年,第 14、141—146 頁。

[2] 《瓊州府志》卷三"風俗"云:瓊西鄉"火"音"微"(m-),東鄉音"喜"(h-)。參看張永言《關於上古漢語的送氣流音聲母》,《音韻學研究》第 1 輯,中華書局,1984 年,第 253—258 頁。

也。"又:"凡物盛多謂之寇(=够)。"卷二:"茫(=忙),遽也。"又:
"鈔(=俏),好也。"又:"裁木爲器曰鈲(=劈)。"卷三:"㨾(=
頂)①,代也,江淮陳楚之間曰㨾。"卷五:"瓵(=缸),罃也。"又:
"甁,趙魏之間謂之㮃(=鍬)。"又:"㦣,自關而西謂之棓(=棒)。"
卷七:"佻(=吊)②、抗,縣也。趙魏之間曰佻。"又:"煎(=炒)、熇,
火乾也。凡以火而乾五穀之類,……秦晉之間或謂之煎。"卷八:
"鳩,其大者謂之鳻鳩。"卷十:"拌,棄也。楚凡揮棄物謂之拌。"

　　《方言》最早的一個注本是晉郭璞的《方言注》③。《方言》郭注
貫徹了以今語釋古語的精神,並且從多方面擴展了原書的内容,
差不多等於原書的一個續編。王國維説:"讀子雲書可知漢時方
言,讀景純注並可知晉時方言④。張伯松謂《方言》爲縣之日月不
刊之書⑤,景純之注亦略近之矣。"(《觀堂集林》卷五《書郭注〈方
言〉後一》)這是很恰當的評語。

　　清代學者對《方言》作了校訂和疏釋,重要的著作有戴震《方
言疏證》、王念孫《方言疏證補》(《高郵王氏遺書》本)、錢繹《方言
箋疏》。今人周祖謨又著有《方言校箋》(後附吳曉鈴編《方言校箋
通檢》)。大抵戴書典覈而錢書博贍,《校箋》詳於正字而《通檢》便
於尋索,都是我們研究《方言》必須參考的。

　　清儒輯録、考證方言詞彙來續補《方言》的著作很不少。如:戴震
《續方言稿》,杭世駿《續方言》,沈齡《續方言疏證》,程際盛《續方言
補》,徐乃昌《續方言又補》,程先甲《廣續方言》、《廣續方言拾遺》,張慎
儀《續方言新校補》、《方言別録》,胡文英《吳下方言考》,毛奇齡《越語
肯綮録》,茹敦和《越言釋》,范寅《越諺》,張慎儀《蜀方言》。此外,清儒
還撰寫了一些考證常言俗語的著作,這也是間接受了《方言》的影響的
產物。如:錢大昕《恒言録》、陳鱣《恒言廣證》、翟灝《通俗編》、梁同書

－－－－－－－－－

① 參看蔣禮鴻《義府續貂》第116頁。
② 參看《義府續貂》第137頁。
③ 參看周因夢《博聞强記的郭璞》,《中國語文》1956年第7期。
④ 參看朱芳圃《晉代方言考》,《東方雜誌》第28卷第3期,1931年。
⑤ 見揚雄《答劉歆書》。

《直語補證》、錢大昭《邇言》、孫錦標《通俗常言疏證》。

　　現代學者研究《方言》的著述很多，這裏就不列舉了。

四、《釋　　名》

　　《釋名》，東漢劉熙著①。史書裏沒有劉熙的傳記，但據《三國志·吳書·程秉傳》："後避亂交州，與劉熙考論大義，遂博通五經"，又《薛綜傳》："少依族人，避地交州，從劉熙學"，又《蜀書·許慈傳》："師事劉熙，……建安中與許靖等俱自交州入蜀"，可知他是東漢末年人，曾經在交州講學，並很有名望②。

　　《釋名》是一部專門解釋詞的語源義和同源關係的詞典。作者在書中大規模地應用了萌芽於先秦、盛行於漢代的聲訓法來探求事物命名的"所以之意"（劉熙《釋名序》）。例如，人們爲什麼管山間流水溝叫"澗"呢？劉熙説："山夾水曰澗。澗，間也，言在兩山之間也。"（卷一"釋水"）

　　《釋名》共八卷二十七篇，即：釋天、釋地、釋山、釋水、釋丘、釋道、釋州國、釋形體、釋姿容、釋長幼、釋親屬、釋言語、釋飲食、釋綵帛、釋首飾、釋衣服、釋宮室、釋床帳、釋書契、釋典藝、釋用器、釋樂器、釋兵、釋車、釋船、釋疾病、釋喪制。

　　《釋名》所利用的資料，除了采自典籍以外，還大量采自口語，這是它在取材上的一個特色和優點。

　　《釋名》所運用的聲訓法可以分爲"以同音字爲訓"和"以音近字爲訓"兩大類：

　　（一）以同音字爲訓　如卷四"釋言語"："銘，名也，記名其功也。"卷五"釋宮室"："亭，停也，亦人所停集也。"

　　（二）以音近字爲訓　如卷五"釋宮室"："觀，觀也，於上觀望

---

①　參看孫德宣《劉熙和他的〈釋名〉》，《中國語文》1956 年第 11 期，第 26—30 頁；周祖謨《書劉熙〈釋名〉後》，《問學集》下册，第 885—888 頁。

②　參看余嘉錫《四庫提要辨證》第 96—100 頁。

也。"訓釋字和被訓釋字聲母、韻母都相同,只是聲調有異。卷三
"釋親屬":"妻之姊妹曰姨。姨,弟也。""弟"和"姨"聲母相近,韻
部相同。卷四"釋飲食":"含,合也,合口停之也。""合"和"含"聲
母相同,韻部相近。卷一"釋天":"霧,冒也[①],氣蒙亂覆冒物也。"
這是以雙聲字爲訓。卷五"釋衣服":"領,頸也,以擁頸也。"這是
以疊韻字爲訓。

《釋名》對訓詁研究的貢獻大致説來有如下述:

(一)書中廣泛應用聲訓(特別是以同聲符字爲訓)的方法來
解説詞義,這對後世"右文"説和"音近義通"論的成立有很大的
影響[②]。

(二)書中收録名物詞較多,有助於瞭解漢代一些名物的形制
和用途。例如卷四"釋首飾":"綃頭:綃,鈔也,鈔髮使上從也。"
又:"香澤者,人髮恒枯頹,以此澤之也。"這就能幫助我們對漢樂
府《陌上桑》"脱帽著綃頭"的"綃頭"和《史記·滑稽列傳》"微聞薌
(通'香')澤"的"薌澤"的理解。

(三)書中的訓詁可以印證或訂正其他古籍的某些訓詁。例
如《詩·魏風·陟岵》首章:"陟彼岵兮。"毛傳:"山無草木曰岵。"
二章:"陟彼屺兮。"毛傳:"山有草木曰屺。"《爾雅·釋山》:"多草
木,岵;無草木,峐(同'屺')。"《説文》九下山部:"岵,山有艸木
也。"又:"屺,山無艸木也。"《爾雅》和《説文》的説法跟《毛傳》正相
反對,孰是孰非,難以判斷。查《釋名·釋山》:"山有草木曰岵。
岵,怙也,人所怙取以爲事用也。"又:"山無草木曰屺。屺,圮也,
無所出生也。"由此可證《爾雅》和《説文》的訓詁不誤,而《毛傳》是
"有""無"相錯。這是因爲《釋名》在解釋詞義之外還説明了詞的
理據,"有""無"二字沒有相錯的可能之故。

---

① 霧 mǐug～冒 môg,可比較藏語 smugs-pa(霧)～rmog(帽)。

② 所謂"右文説"就是主張同"聲符"(一般在右旁)的形聲字常常具有共通的意義(語
源義)的學説。參看沈兼士《右文説在訓詁學上之沿革及其推闡》,《慶祝蔡元培先
生六十五歲論文集》下册,1935 年;劉又辛《"右文説"説》,《語言研究》(華中工學
院)1982 年第 1 期。

《釋名》也存在着嚴重的缺點,主要的有:

(一)作者所使用的聲訓法較爲原始,沒有嚴格的準則,解釋語源近乎猜謎,所以"億而偶中"的地方固然有,遠離正鵠的也很多。例如卷一"釋天":"雨,羽也,如鳥羽動則散也;……雨者,輔也,言輔時生養也。"卷二"釋形體":"毛,貌也,冒也,在表,所以別形貌,且以自覆冒也。"卷三"釋親屬":"叔,亦少也,幼者稱也;亦言俶也,見嫂俶然却退也。"卷五"釋衣服":"袖,由也,手所由也;亦言受也,以受手也。"卷六"釋書契":"印,信,所以封物爲信驗也;亦言因也,封物相因付也。"在上舉各條中,同一個詞而有不同的語源解説,其主觀任意性表現得十分明顯。

(二)作者對複音詞的完整性缺少認識,往往割裂爲訓,穿鑿附會。例如卷一"釋天":"震……又曰辟歷。辟,析也,所歷皆破析也。"又:"霢霂,小雨也,言裁霢歷沾漬,如人沐頭,惟及其上枝而根不濡也。"卷四"釋言語":"匍匐,小兒時也。匍,猶捕也,藉索可執取之言也;匐,伏也,伏地行也。"卷五"釋宮室":"罘罳,在門外。罘,復也;罳,思也。臣將入請事,於此復重思之也。"①這裏"霢霂"和"匍匐"都是雙聲聯縣詞,"辟歷"和"罘罳"都是疊韻聯縣詞。它們是不能分拆開來,字各爲義的②。劉熙所作的解釋顯然未可信據。

(三)書中不少説解表現了漢代方士的陰陽五行思想和儒家的禮教觀念,這也是不足取的。例如卷一"釋天":"虹,陽氣之動也。虹,攻也,純陽攻陰氣也。"卷三"釋長幼":"女,如也,婦人外成如人也。故三從之義:少如父教,嫁如夫命,老如子言。"③

到了清代《釋名》才有注本,先有畢沅《釋名疏證》,後有王先謙《釋名疏證補》。王書比較完備,是閱讀《釋名》最方便的一種本

---

① "罘罳"跟藏語 pušu(籬笆)是"一個根的連縣字"。見俞敏《古漢語裏的俚俗語源》,《燕京學報》第 36 期,1949 年,第 50 頁。據 H. A. Jaeschke: *A Tibetan-English Dictionary*(1934, p. 324),pušu 義爲 fence,跟"罘罳"相合。
② 段玉裁云:"凡縣連字不可分釋。"見《説文解字注》十三上糸部"緤"字條。
③ 《説文》十二下女部:"如,從隨也。"

子。此外，張金吾著《廣釋名》，是模仿《釋名》之作。今人李維棻著《釋名研究（附索引）》（臺北大化書局，1979 年），也可供參考。

明代郎奎金把《釋名》和《爾雅》、《廣雅》、《小爾雅》、《埤雅》合刻，名爲"五雅"；自此《釋名》又有了《逸雅》的名稱，但是這個名稱並未通行。

五、《説文解字》

《説文解字》，簡稱《説文》，這是東漢許慎所著的一部體大思精的解釋漢字形、音、義的書，在中國語言學史上占有頭等重要的地位[①]。

許慎，字叔重，東漢汝南召陵（今河南郾城縣）人，在"爲郡功曹，舉孝廉"之後做過沛郡洨縣（今安徽靈壁縣）長和太尉南閣祭酒。他是當時著名經學家賈逵的弟子，從當時人贊揚他的一句品題"五經無雙許叔重"可以想見他對經學的精通[②]。

許慎爲《説文解字》作《叙》在漢和帝永元十二年（100 年）正月，但直到安帝建光元年（121 年）九月才由他的兒子許沖以此書"奏上"，其間已歷時二十一年。可見此書是許慎長期致力的學術成果。

照許慎自己的解釋，"文"和"字"不同："依類象形"謂之"文"，"形聲相益"謂之"字"，二者總稱爲"書"。他這部書是爲説解"文""字"而作，所以叫做《説文解字》。

《説文》中每個字頭的字體一般采用秦朝的篆書（小篆）。書

[①] 參看朱自清《經典常談》，三聯書店，1980 年，第 1—9 頁；周祖謨《許慎和他的〈説文解字〉》，《問學集》下册，第 710—722 頁；王力《中國語言學史》，山西人民出版社，1981 年，第 30—42 頁。

[②] 關於許慎生平，看《後漢書·儒林傳·許慎》；嚴可均《許君事迹考》（附《説文校議》後）；陶方琦《許君年表考》（《許學叢書》本）；諸可寶《許君疑年録》（《許學四種》本）；張慎儀《斠訂張澍纂〈漢許慎傳〉》（在《箋園叢書》本《今悔庵文》中）；丁福保《許君年譜》（見《説文解字詁林·補遺》）；張震澤《許慎年譜》，遼寧大學出版社，1986 年。

中對收録的每個字都按篆書的結構加以分析,凡形旁相同的字類聚爲一"部",以該形旁作爲"部首";不同的部首按形體相似或意義相近排列,每個部首下面的字依意義的類别編排。這樣,極其紛繁的將近一萬個字就很有條理地組織起來了。這種辦法是許慎的創造,對後世字書的體制有很大的影響。從晉吕忱《字林》、梁顧野王《玉篇》到現代的許多字典都是按部首編排的,儘管部首的種類、數目和次第各有不同。

《説文》共十五卷,前十四卷①(許慎原稱"十四篇")是字典正文,最後一卷是"叙目"(叙和目録)。全書共分五百四十部。據許慎在《叙》中所説,本書共收九千三百五十三字、重文(異體)一千一百六十三字、解説十三萬三千四百四十一字,但今本各項字數已與此不相合了。

如上所述,《説文》中每個字頭的字體一般都采用小篆。如果一個字的古文或籀文(大篆)跟小篆不一樣②,就把古文或籀文列在解説之後,加以説明;如果一個字有或體、俗體,也作同樣的處理。這些單獨標舉出來的古文、籀文、或體、俗體,統稱爲"重文"。例如:

沬,洒面也。从水,未聲。湏,古文沬从頁。(十一上水部)

臚,皮也。从肉,盧聲。膚,籀文臚。③(四下肉部)

瀚,濯衣垢也。从水,榦聲。浣,瀚或从完。(十一上水部)

蟁,齧人飛蟲。从䖵,民聲。䘏,或从昏,以昏時出也。蚊,俗蟁从虫从文。(十三下䖵部)

《説文》對每個字的解説以兼説字的形、音、義爲通例,次序

① 今本每卷(篇)又分上、下。
② "古文"和"籀文"都是秦朝以前春秋戰國時的文字,大抵古文是通行於東方的文字,籀文是通行於西方的文字。
③ "臚"(l-)、"膚"(pīwag)重文,可比較藏語 lpags(皮,皮膚)。

是先解釋字義,次分析字形,次説明字音(一般用"讀若某"的方式),有時在説解中還徵引經傳、群書、方言、通人説作爲佐證①。例如:

　　刀,兵也。象形。凡刀之屬皆从刀。(四下刀部)

　　丄,高也。此古文上,指事也。(一上丄部)

　　戜,兵也。从戈,从甲。(十二下戈部)

　　煉,鑠冶金也。从火,柬聲。(十上火部)

　　熯,乾皃。从火,漢省聲②。(十上火部)

　　笱,曲竹捕魚笱也。从竹、句,句亦聲③。(三上句部)

　　蚰,蟲之總名也。从二虫,會意。讀若昆。(十三下蚰部)

　　陧,危也。……讀若虹蜺之蜺。(十四下自部)

　　羘,羊未卒歲也。从羊,兆聲。或曰:羘羊百斤左右爲羘。讀若《春秋〔·僖公八年〕》"盟於洮"。(四上羊部)

　　宆(向),北出牖也。从宀,从口。《詩〔·豳風·七月〕》曰:"塞宆墐户。"(七下宀部)

　　份,文質備也。从人,分聲。《論語〔·雍也〕》曰:"文質份份。"(八上人部)

　　適,之也。从辵,啻聲。適,宋魯語④。《爾雅·釋詁》云:"如、適、之、嫁、徂、逝,往也。"(二下辵部)

　　嬃,女字也。从女,須聲。《楚詞〔·離騷〕》曰:"女嬃之嬋媛。"賈侍中⑤説:"楚人謂姊曰嬃。"(十二下女部)

────────────

① 參看馬宗霍《説文解字引經考》、《説文解字引群書考》、《説文解字引方言考》、《説文解字引通人説考》,科學出版社,1959年。

② "某省聲"是説取某字形體的一部分代表該字作爲另一字的聲符。這裏就是取"漢"字的"莫"旁代表"漢"字作爲"熯"字的聲符。

③ "某亦聲"是説一個字的某一偏旁既是義符又是聲符。

④ 《方言》卷一:"適,往也。……適,宋魯語也。"

⑤ 賈侍中指賈逵。

《説文》解釋字義,運用了多種不同的方式,有些是很可取的①,如:

（一）**天然定義**　例如三上十部:"千,十百也。"八下尺部:"尺,十寸也。"十二下系部:"孫,子之子曰孫。"

（二）**屬中求別**　例如四上羊部:"羔,羊子也。"又:"羝,牝羊也。"七下白部:"晳,人色白也。"又:"皚,霜雪之白也。"十下心部:"惟,凡思也。"又:"念,常思也。"又:"懷,念思也。"又:"想,冀思也。"二上口部:"呼,外息也。"又:"吸,内息也。"又:"喘,疾息也。"又:"喟,大息也。"又:"噫,飽食息也。"十一上水部:"沬,洒面也。"又:"浴,洒身也。"又:"澡,洒手也。"又:"洗,洒足也。"又:"沐,濯髮也。"又:"瀚,濯衣垢也。"

（三）**由反知正**②　例如二上小部:"少,不多也。"七上日部:"旱,不雨也。"又:"暫,不久也。"十二上手部:"拙,不巧也。"八上人部:"假,非真也。"

（四）**描述**　例如二上牛部:"犀,南徼外牛,一角在鼻,一角在頂,似豕。"九下象部:"象,長鼻牙,南越大獸,三年一乳。"十一上水部:"江,水,出蜀湔氐徼外岷山,入海。"六下邑部:"邶,故商邑,自河内朝歌以北是也。"

（五）**譬況**　例如十上黑部:"黑,火所熏之色也。"十三下黄部:"黄,地之色也。"

現在看來,《説文》在字義解釋上也有不少的缺點和錯誤①,如:

（一）**因誤析字形而誤解字義**　例如十下大部:"奚,大腹也。从大,繇省聲。"甲骨文和金文"奚"字都象手牽帶繯綫的奴隸,並無"大腹"之義。又如三下爪部:"爲,母猴也。其爲禽好爪。……下腹爲母猴形。"甲骨文"爲"字象手牽象之形,最初是表示生產勞

---

① 參看王力《理想的字典》,《龍蟲並雕齋文集》第一册,第347—350頁。

② 參看王力《理想的字典》,《龍蟲並雕齋文集》第一册,第350—355頁;又:《中國語言學史》第39—42頁。

動之義。

（二）**拘泥字形,牽强附會**　例如一上王部："王,天下所歸往
也①。董仲舒曰:'古之造文者,三畫而連其中謂之王,三者天地人
也,而參通之者王也。'"二上告部："告,牛觸人,角箸橫木,所以告
人也。"

（三）**濫用聲訓**　例如十二下女部："母,牧也。"又:"婦,服
也。"九下山部："山,宣也。宣氣散,生萬物。"四上鼻部："鼻,引氣
自畀也。"

（四）**附會陰陽五行**　例如十四下五部："五,五行也。從二,
陰陽在天地間交午也。"②十一上水部："水,準也②,北方之行。象
衆水並流,中有微陽之氣也。"

《説文》對漢語和漢字研究的貢獻是巨大的、多方面的,可以
説是中國古代語文學的一大寶藏;單從訓詁學的角度來看,它的
價值在於匯總了東漢以前的古詞、古義,使我們研究古漢語的詞
彙、語義及其發展演變都有了很大的憑藉。

不過,我們今天研究和利用《説文》,不可像過去有的學者那
樣由於對它尊崇過分而處處墨守,而應當采取科學的實事求是的
態度,予以恰如其分的評價。

現在能够看到的最早的完整的《説文》本子是徐鍇（字楚金,
南唐人,世稱"小徐"）的《説文解字繫傳》（四十卷）和徐鉉（徐鍇之
兄,字鼎臣,南唐人,後仕宋,世稱"大徐"）的校定本《説文解字》
（三十卷）③。這兩種書都有清人翻刻本。大徐本今有中華書局影
印清陳昌治刻一篆一行本。這個本子在每個篆書字頭上面增加
了楷體,書末又附有新編《檢字》,使用起來十分方便。

清代學者研究《説文》成績很大④,著名的著作有:

① 以"往"釋"王",這是聲訓。
② 以"午"釋"五"、以"準"釋"水",這是聲訓。
③ 參看王力《中國語言學史》第97—99頁。
④ 參看王力《中國語言學史》第109—133頁。

　　(一) 段玉裁《説文解字注》　這是最重要的一部《説文》注本①。段注的内容包括：考定二徐本的是非，結合聲韻訓詁並引據古籍來注釋原書的説解，闡明字義及其引申變化。段注的缺點是：錯誤地認爲《説文》所用的字都是"本字"，《説文》所注的義都是可信的本義，因而有時流於穿鑿；又由於過分自信，喜歡憑主觀改易原文，因而流於武斷。此書有 1982 年上海古籍出版社新印本，最爲方便適用。

　　(二) 桂馥《説文解字義證》　本書的目的在於徵引群書來印證《説文》，書中搜集的材料很豐富，對訓詁研究用處很大。

　　(三) 王筠《説文句讀》　本書采段、桂二家的注，删繁舉要，以便初學，書中也時有王氏自己的精當見解。

　　(四) 王筠《説文釋例》　本書的目的在於闡釋《説文》全書的凡例。段注已經隨文説明了許書的一些體例，王氏又進一步有所補充發揮並使之系統化了。

　　(五) 朱駿聲《説文通訓定聲》　這是《説文》注本中一部别開生面的著作。詳見本章第十節。

　　1928 年丁福保收集他當時所能搜采到的所有注釋、研究《説文》的著作，匯編爲《説文解字詁林》一書，書末附有《檢字》，使讀者"檢一字而諸説皆存"，使用起來頗爲便利②。只是《説文通訓定聲》這部依聲繫聯的書，《詁林》也給拆開來納入《説文》部首的體系，這就失去原書特有的一部分作用了。

　　關於《説文》研究的專題文獻目録有黎經誥的《許學考》(1929年)和丁福保《説文解字詁林・前編》的《引用書目表》。20 世紀

① 參看周祖謨《論段氏〈説文解字注〉》，《問學集》下册，第 852—884 頁；殷孟倫《段玉裁和他的〈説文解字注〉》，《中國語文》1961 年第 8 期，第 43 頁以下；傅東華《略談〈説文解字段注〉的局限性》，《中國語文》1961 年第 10—11 期(合刊)，第 58—61頁；郭在貽《從〈説文段注〉看中國傳統語言學的研究方法》，《語言文字研究專輯》上册(中華文史論叢增刊)，上海古籍出版社，1982 年，第 302—322 頁；又：《〈説文段注〉與漢語詞彙研究》，《社會科學戰綫》1978 年第 3 期，第 330—345 頁。
② 參看劉鋭、蔣人傑《〈説文解字〉研究芻議》，《辭書研究》1980 年第 3 期，第 237—239 頁。

20 年代以後《説文》研究日新月異，新著很多，還有待於編製新的目録索引，以便學者利用。

六、《玉　篇》

繼《説文》之後出現的重要字書有西晉吕忱的《字林》和梁顧野王的《玉篇》①。這兩部書内容都很豐富，據唐代封演《封氏聞見記·文字篇》所記，《字林》收字一萬二千八百二十四，《玉篇》收字一萬六千九百一十七。可惜的是《字林》在南宋時就已亡佚，現在只能看到清儒的輯本②，《玉篇》原本也只殘存二千一百三十餘字，現在通行的本子已是唐宋人的改編本了。

顧野王，字希馮，吴郡吴（今江蘇蘇州市）人，生於梁武帝天監十八年（519 年），卒於陳宣帝太建十三年即隋文帝開皇元年（581年），官至黃門侍郎兼太學博士。《玉篇》撰成於梁武帝大同九年（543 年），《陳書·顧野王傳》稱三十卷，《隋書·經籍志》稱三十一卷。今本爲三十卷。

《玉篇》成書後，經蕭愷等删改行世③。唐高宗上元年間經孫强增字減注，宋真宗大中祥符六年又由陳彭年、吴鋭、丘雍等就孫本重修，對原書作了很大的更動，改名《大廣益會玉篇》，成爲後來通行的本子④。經過唐人特别是宋人的修改，《玉篇》失去了它的本來面目：字目增多了（增至二萬二千五百六十一），但是原來的釋義、例證和按語大量地被删削了⑤，結果使得一部内容充實、有

---

① 參看王力《中國語言學史》第 95—97 頁；黃孝德《玉篇的成就及其版本系統》，《辭書研究》1983 年第 2 期，第 145—152 頁。
② 任大椿《字林考逸》八卷（《式訓堂叢書》本），陶方琦《字林考逸補本》（或稱《字林補逸》）一卷（《漢孳室遺著》本）。
③ 見《梁書·蕭子顯傳》。
④ 參看謝啓昆《小學考》卷十五"玉篇"、"大廣益會玉篇"。
⑤ 元刻本《玉篇》注文比宋本更爲簡略，字次也又有變更。

血有肉的字書只剩下了一個骨架，大大減低了它的價值①。

幸運的是未經唐宋人重修的原本《玉篇》在日本還存有七卷唐寫本殘卷，讓我們今天還能看到顧書的部分原貌②。另外，日本僧空海在公元827—835年間（中國唐文宗大和年間）編了一部字書《篆隸萬象名義》，部首、次第全依原本《玉篇》，我們由此也可窺見顧書原來的部分體制。

從唐寫本殘卷可以看出來，顧氏原書注文很多，訓釋詳細，引據廣博，這些優點都是今本所沒有的。下面我們舉"舟部第二百八十三"的頭三個字"舟"、"俞"、"船"爲例③，將兩本作一對比。

唐寫本（據《古逸叢書》）④：

> 舟　之由反。《尚書》："若濟大川，用汝作舟楫。"《周易》："黃帝刳木爲舟。"《毛詩》："就其深矣，方之舟之。"傳曰："舟，船也。"又曰："招招舟子。"傳曰："舟人，主濟渡者也。"《山海〔經〕》："番禺是始爲舟。"《世本》："共鼓、貨狄作舟。"《墨子》："巧倕作舟。"《呂氏春秋》："虞柸作舟。"《考工記》："舟以行水，聖人之作也。"《爾雅》："天子造舟，諸侯維舟，大夫方舟，士特舟。"《韓詩》："舟滿水中曰造舟。"《方言》："自關而西（當作'東'）或謂之舟，或謂之杭。"《說文》："象形也。"《周禮》："雞彝、鳥彝、斝、黃彝、虎彝、蜼彝，皆有舟。"鄭衆曰："舟，尊下臺，若今時承槃也。"《毛詩》："何以舟之？惟玉及瑤。"傳曰："舟，帶也。"
>
> 俞　翼珠反。《禮記》："子能言，教男唯女俞。"鄭玄曰："俞，然也。"野王案：相然膺也。《尚書》："帝曰：俞，往哉！"是也。《說文》："空木爲舟也。从亼，从舟，从巜。巜，水也。"

---

① 《新拉魯斯小字典》（Nouveau Petit Larousse）"卷頭語"："一部沒有例證的字典就是一具骷髏（Un dictionnaire sans exemples est un squelette〔A dictionary without examples is nothing but a skeleton〕）。"
② 參看胡吉宣《唐寫原本〈玉篇〉之研究》，《文獻》第11輯，1982年。
③ 《玉篇》按部首編排字頭，字體用當時通行的楷書，今本共五百四十二部。
④ 標點和括注是引者所加。

《廣雅》：“俞，益也。”又音丑救反。《吳書》：“孫河，堅族子也，出後姑俞氏。”《吳志》：“孫河，本姓俞，亦吳人。”《晉中興書》：“俞縱爲桓彝將軍，討蘇峻。”

　　船　時專反。《世本》：“共鼓、貨狄作舟船。”宋忠曰：“黄帝二臣名也。”《尸子》曰：‘或謂黄帝曰：‘吾能濟川而無流。’黄帝不信。於是爲舟以濟水。”此二臣是也。《方言》：“自關而西謂舟爲船。”《説文》：“从鉛省聲也。”

宋本（據《澤存堂五種》）：

　　舟　之由切。《説文》曰：“船也。古者共鼓、貨狄刳木爲舟，剡木爲楫，以濟不通。象形。”今或从“舟”者作“月”，同。
　　俞　弋珠切。空木爲舟也。又姓。
　　船　市專切。舟船。

　　《玉篇》的本子很多。唐寫本殘卷有黎庶昌《古逸叢書》中的《原本玉篇零卷》和羅振玉影印的《原本玉篇》（今有中華書局影印《原本玉篇殘卷》，1986年）；宋本有《澤存堂五種》本和《小學匯函》本。《古逸叢書》本和《小學匯函》本在商務印書館出版的《叢書集成》中有影印本，澤存堂本有北京市中國書店1983年影印本。

七、《經典釋文》

　　《經典釋文》，陸德明著[1]。陸德明，名元朗，以字行，蘇州吳（今江蘇吳縣）人，生於南朝梁陳之際，卒於唐太宗貞觀初年，生平事迹具見《舊唐書》卷一百八十九、《新唐書》卷一百九十八本傳。《經典釋文》是一部“音義”書，即按照經典原文（連同注文）順序編排的、以注音爲主兼及釋義和校勘的讀經字典。

---

[1]　參看林燾《陸德明的〈經典釋文〉》，《中國語文》1962年第3期，第132—136頁；余行達《〈經典釋文〉在學術上的價值》，《中華文史論叢·語言文字研究專輯》上册，上海古籍出版社，1986年，第141—150頁。

　　本書始撰於陳後主至德元年（583 年）①，完成於隋滅陳（589
年）以前。全書共三十卷。第一卷是"序録"，包括"序"、"條例"、
"次第"、"注解傳述人"四部分②："序"説明著書的因由，"條例"説
明編著的方法，"次第"説明書中安排各種經典的次序及其理由，
"注解傳述人"介紹各種經典的授受源流和諸家所作的注釋。第
二卷到三十卷依次爲下列十四種經典的"音義"：《周易》、《古文
尚書》、《毛詩》、《周禮》、《儀禮》、《禮記》、《春秋左傳》、《春秋公
羊傳》、《春秋穀梁傳》、《孝經》、《論語》、《老子》、《莊子》、
《爾雅》。

　　本書的基本體例是"摘字爲音"，即摘出經典正文和注文中
的單字，加以音釋。不過，爲了便於讀者尋檢，即使是只給一個
字作音釋，也往往連帶摘録兩三個字。全書共音釋經文九千九
百九十二字，音釋注文六千一百二十九字，合計一萬六千一百二
十一字。

　　下面舉《莊子》及郭象注的《釋文》一個片段爲例③，以見本書
内容、體例之一斑：

　《莊子》内篇《逍遥遊》第一：夫小大雖殊，而放於自得之場，則物任其性，事稱其能，各當其分，逍遥一也，豈容勝負於其間哉！北冥
有魚，其名爲鯤，鯤之大，不知其幾千里也，化而爲鳥，其名
爲鵬。

　《經典釋文》卷第二十六《莊子音義上》④：内篇内者，對外立名。《説文》云：篇，書也。字从竹。从廿者草名耳，非也。
逍音銷。亦作消。遥如字⑤，亦作摇。遊如字。亦作游，逍遥遊者，篇名。夫小大音符。之場直良反。事
稱尺證反。各當丁浪反。其分反。北冥也。符同本亦作溟。見經反。北海也。稽康云：取其溟漠無涯。梁簡文帝云：窅冥無極，故謂之冥。東方朔《十洲記》

───────────

①　參看余嘉錫《四庫提要辨證》第一册，第 65—66 頁。
②　參看吴承仕《經典釋文序録疏證》（中國學院國學系叢書之一），1933 年。
③　標點是引者所加。
④　據《四部叢刊》影印《通志堂經解》本。陸氏原本，經文音釋用墨書，注文音釋用朱
　　書，分別是很顯眼的。
⑤　"如字"即按照這個字本來的讀音唸。

云：水黑色，謂之冥 鯤 徐音昆，①李侯溫反，②大魚名 其 幾 居豈反，步登反，徐音朋，郭甫登反，③崔 鵬 音鳳，云：鵬即古鳳字，非來儀之
海，無風洪波百丈。 也。崔譔云：鯤當爲鯨，簡文同。 下同。 鳳也。《說文》云：朋及鵬皆古文鳳字也。朋鳥象形。鳳飛，群鳥從
以萬數，故以朋爲朋黨字。《字林》云：鵬，朋黨也。古以爲鳳字。

　　《經典釋文》的絕大部分注釋都有反切注音，這些音切是研究漢語音韻學的寶貴材料④。而書中收集的漢魏六朝人所作的大量古書注解以及陸氏自己所作的許多訓釋和校勘則爲研究古漢語詞彙、訓詁提供了豐富的極有價值的資料。例如卷二十六《莊子音義上·養生主第三》：“庖丁：庖人，丁其名也。《管子》有屠牛坦，一朝解九牛，刀可剃毛。”⑤陸氏的注釋和引證就有助於我們確定“庖丁”一詞的訓詁⑥。後人解“庖丁”爲“掌廚丁役之人”（見成玄英《莊子疏》）⑦，是不符原義的。

　　《經典釋文》本是一部獨立的著作，但到了宋代就有人把此書中每一種儒家經典的《音義》取來附在各經的注疏本之後，後來又索性把每種《音義》也打散，把各個條目分別列在有關的經、注文之下，稱之爲“釋文”。現在通行的《十三經注疏》中，《周易》是前一種格式，其餘十一經是後一種格式⑧。對於一般讀經的人，後一種方式是很便利的。但是注疏本所附的陸氏“釋文”常有刪節改竄，錯誤不少。例如《爾雅·釋魚》：“蠑螈，蜥蜴；蜥蜴，蝘蜓；蝘蜓，守宮也。”《經典釋文》卷三十《爾雅音義下·釋魚第十六》：“蠑，音榮，本或作榮。螈，音原，《字林》作蚖，五丸反，云：蠑蚖，蛇醫也。《說文》同。蜥，先歷反。蜴，音亦，《説文》、《字林》作易，云：在壁曰蝘蜓，在草曰蜥蜴。案東方朔云：非守宮即蜥蜴。是

---

① 徐指徐邈。
② 李指李軌。
③ 郭指郭象。
④ 參看王力《〈經典釋文〉反切考》，《音韻學研究》第 1 輯，第 23—77 頁。
⑤ 《管子·制分》：“屠牛坦朝解九牛而刀可以莫鐵。”《淮南子·齊俗》：“屠牛坦一朝解九牛而刀可以剃毛。”陸氏所引述的應是《淮南子》文。
⑥ “庖丁”和“屠牛坦”的構詞法都是“大名冠小名”。參看第一章第五節之（二）。
⑦ 《太平廣記》卷一七二“劉崇龜”引《玉堂閒話》：“府主乃下令曰：‘某日大設，合境庖丁宜集於毬場，以候宰殺。”成玄英蓋用當時義。
⑧ 《經典釋文》無《孟子》，因爲《孟子》當時尚未列入經書。

二物也。《方言》云：秦晉西夏謂之守宮，澤中曰蜥蜴，南楚謂之蛇醫，或謂之蠑螈。螔，烏典反。蜓，徒典反，字或作蝘。"音釋甚爲詳細。今本《爾雅注疏·釋魚》本條所附《釋文》則爲："蠑，音榮。螈，音原。蜥，音昔。蜴，音亦。螔，音掩。蜓，徒典反。"不僅删得面目全非，而且改得出了差錯。"蜥"原音"先歷反"，是錫韻字，今改爲"音昔"，就變爲昔韻字了。"螔"原音"烏典反"是先韻字，與"蜓"爲疊韻，今改爲"音掩"就錯成琰韻字了。由此可見，注疏本的"釋文"是不完全可以信賴的，自然更不能取代陸氏原書。

現在能看到的《經典釋文》最早的本子有敦煌石室發現的唐寫本《周易音義》、《尚書音義》、《禮記音義》殘卷若干種[1]，都只是零星片段，一部分收入羅振玉編《鳴沙石室古籍叢殘》（第四册）和《吉石盦叢書》（第一集）、張元濟編《涵芬樓秘笈》（第四集）、許國霖編《敦煌寫經題記與敦煌雜録》等書中。

目前通行的《經典釋文》的本子有兩種，一是清徐乾學《通志堂經解》本，一是清盧文弨《抱經堂叢書》本，兩本同出於明末葉林宗影鈔錢謙益絳雲樓所藏宋本，互有優劣。通志堂本有商務印書館《四部叢刊初編》（綫裝）和《四部叢刊初編縮本》（平裝）影印本，現有中華書局 1983 年影印本及配套的《經典釋文索引》（黄焯、鄭仁甲編，中華書局，1997 年），比較易得。關於此書的校勘，舊有盧文弨《經典釋文考證》（《抱經堂叢書》本及商務印書館《叢書集成》影印抱經堂本）和《四部叢刊》本所附《校勘記》，今有黄焯《經典釋文匯校》（中華書局，1980 年），黄書後出轉精，最爲適用。

八、玄應《一切經音義》

《一切經音義》是注釋每一部漢文佛典中出現的某些字、詞的

---

[1]　參看羅常培《唐寫本〈經典釋文〉殘卷五種跋》，《國學季刊》第 7 卷第 2 號，1951 年；王重民《敦煌古籍叙録》，中華書局，1979 年，第 6—8、23—26 頁。

音義的詞典性質的著作①，體例跟注釋儒家、道家經典的《經典釋文》相似，但解釋更詳，徵引更博。再有，《經典釋文》是字本位的，而《一切經音義》基本上是詞本位的；《經典釋文》以注音爲主，兼及釋義，而《一切經音義》則音義並重，甚至側重於義，因而在訓詁研究上具有很大的價值。

現存的較早的一部《一切經音義》是唐初玄應和尚的著作②。

玄應原是長安大總持寺沙門，對"字學"很有研究，從唐太宗貞觀十九年（645 年）到高宗顯慶元年（656 年）在弘福寺和大慈恩寺玄奘法師主持的譯場裏擔任"正字"工作③。《一切經音義》成書當在高宗永徽六年（655 年）左右④。這部書本名《大唐衆經音義》（見道宣《大唐內典錄》卷五），後來改稱《一切經音義》（見智昇《開元釋教錄》卷八）。全書二十五卷，共注釋佛典四百四十三部。

玄應書中用以注音的大量反切是研究漢語音韻學的重要資料⑤，而書中收羅的豐富詞彙及釋義則爲漢語訓詁學和詞彙史的研究提供了寶貴的材料。特別值得注意的是其中爲數衆多的複音詞、方言口語詞以及魏晉以來出現的新詞、新義。此外，書中又經常引用古傳注和古字書。其中今已亡佚的，我們可以由此看到一些鱗爪⑥；現在尚存的，我們也可據以補正今本的脫誤。

下面引錄原書數則爲例⑦。

---

① "一切經"即大藏經，包括經、律、論"三藏"，是佛教典籍的總稱。

② 參看陳垣《中國佛教史籍概論》，中華書局，1962 年，第 66—89 頁。

③ 關於"譯場"、"正字"，參看蘇晉仁《佛教譯場的發展》，《翻譯通報》第 2 卷第 5 期，1951 年；李思純《譯經工序考》，《江村十論》，上海人民出版社，1957 年；季羨林《大唐西域記校注》，中華書局，1985 年。

④ 參看周祖謨《校讀玄應〈一切經音義〉後記》，《問學集》上冊，第 192 頁。

⑤ 參看周法高《玄應反切考》，《歷史語言研究所集刊》第 20 本上冊，1948 年；王力《玄應〈一切經音義〉反切考》，《語言研究》（華中工學院）1982 年第 1 期。

⑥ 清代學者輯錄古佚小學書，如任大椿輯《字林》、孫星衍輯《倉頡篇》，都曾取材於玄應書。

⑦ 據商務印書館《叢書集成》影印《海山仙館叢書》本。標點和括注是引者所加。

船舶　音白。《埤蒼》:"舶,大船也。"《通俗文》:"吴船曰艑,晉船曰舶,長二十丈、載六七百人者是也。"艑,音蒲殄反。(卷一)

訓狐　關西呼訓侯,山東呼謂之訓狐,即鳩鴟也,一名鵂鶹。經(指《大集月藏分經》)文作"熏胡",非體也。(卷一)

麽蟲　莫可反。《通俗文》:"細小曰麽。"《三蒼》云:"麽,微也。"經(指《順權方便經》)文作"尛",近字也。(卷八)

蟆子　音莫。蚊類而小。廬山南多饒此物,群飛蔽日,嚙人痕如手許大者。(卷八)

陂濼　筆皮反,下匹博反。陂,池也。山東名爲濼,鄴東有鸕鷀濼是也。幽州呼爲淀,音殿。(卷十二)

竿蔗　音干,下之夜反。《廣志》作竿蔗。今蜀人謂之竿蔗。《上林賦》曰:"諸柘巴苴。"集注曰:"諸柘,甘柘也。"甘蔗,通語耳。(卷十四)

舂磨　《字林》作"䃺",同。忙佐反。郭璞注《方言》云:"磑即磨也。"《世本》:"輸班作磑。"北土名也。江南呼磨也。(卷十四)

玄應《一切經音義》有好幾種本子,較好的是南宋理宗時蘇州陳湖延聖院所刻《磧砂藏》(1935 年上海影印)本,較通行的是清乾隆五十一年莊炘據明永樂《南藏》本重刻本(收入潘仕成《海山仙館叢書》中)和同治八年曹籀覆刻莊本。各本都有錯訛。莊本附有錢坫、孫星衍和莊氏本人的校語,但仍多錯字,而且對原書頗有删削,不是足本。

關於此書的工具書有周法高編《〔玄應〕一切經音義索引》(臺北歷史語言研究所,1962 年)。

繼玄應之後以更大的規模給佛典作音釋的是中唐時的慧琳和尚,他所著的書也叫《一切經音義》。

慧琳,俗姓裴,疏勒國(今新疆喀什市)人,長安大興善寺和西明寺沙門,生於唐玄宗開元二十五年(737 年),卒於憲宗元和十五年(820 年)。他撰寫《一切經音義》這部巨著,創始於德宗建中四年（783 年），完成於憲宗元和二年（807 年）①，前後達二十四年之久。

慧琳《音義》的性質、體例和功用跟玄應《音義》相同，但内容更豐富，引證更浩博②，因而篇幅也大得多。全書一百卷，共注釋佛典一千三百部，把《開元釋教録》所著録的一千零七十六部佛典全都包括在内了。凡已有前人音釋可用的他就直接采用（如玄應《一切經音義》、慧苑《華嚴經音義》），没有的他就自撰，不過事實上前者只占全書的小部分。

慧琳《音義》在五代時已罕見，但朝鮮和日本都有傳本，到了清光緒初才又從日本傳回我國。

慧琳《音義》雖然收羅宏富，但没有包括《開元釋教録》以後續出的佛典③。因此遼僧希麟於遼聖宗統和五年即宋太宗雍熙四年（987 年）又撰《續一切經音義》十卷，把圓照《貞元釋教録》所著録而慧琳未及收采的佛典一一加以音釋。

慧琳《音義》和希麟《續音義》有如下幾種本子可用：《頻伽藏》（1912 年上海頻伽精舍印）本、日本《大正新修大藏經》（簡稱《大正藏》）本、日本獅谷白蓮社本和上海醫學書局影印白蓮社本。最後一種本子附有《通檢》，檢索較便。

九、《經籍籑詁》

《經籍籑詁》是在清代著名學者阮元（1764—1849）④的主持領

---

① 參看周祖謨《〈切韻〉與吴音》，《問學集》上册，第 479 頁。
② 參看北京大學研究院文史部編《慧琳〈一切經音義〉引用書索引》，商務印書館，1938 年。
③ 佛典用語"出"是"譯出"的意思，如梁僧祐《出三藏記集》。
④ 阮元，字伯元，號雲台，又號芸台，江蘇儀徵人。關於他的傳記，見李元度《國朝先正事略》卷二十一；李桓《國朝耆獻類徵》卷三十九；《清史稿》卷三百六十四；《清史列傳》卷三十六。參看震鈞《國朝書人輯略》（1908）卷七；葉恭綽《清代學者像傳》（1928）卷三；A. Vissière：Biographie de Jouan Yuan, Homme d'État, lettré et mathématicien", *T'oung Pao*, Vol. V, 1904, pp. 561–596；Fang Chao-（轉下頁）

導下纂輯的一部規模巨大的專收古漢語單字訓詁的資料匯編,實際主編和定稿人是臧鏞堂(1767—1811)[1],參加工作的共四十餘人[2],其中不乏當時的知名學者,如周中孚、洪頤煊、陳鱣等。

　　本書創始於嘉慶二年(1797年)春,次年秋即告完成,嘉慶五年初刊行。工作效率之高,令人贊歎。

　　本書的編寫目的在於把所有見於古籍的訓詁資料匯總,以詞典的形式編排起來,以便學者參考利用。良法美意,值得稱道。書中所收集的都是最有用的原始資料,主要包括以下幾大類:

　　(一)群經、諸子本文中的訓詁;

　　(二)群經舊注:以《十三經》的現存古注爲主,補以後人輯錄的古佚注,以及唐人的疏;

　　(三)古史、諸子和群書的舊注,如《國語》韋昭注,《戰國策》、《呂氏春秋》、《淮南子》高誘注,《山海經》郭璞注;

　　(四)史部、集部書的舊注,如《史記》三家注(裴駰集解、司馬貞索隱、張守節正義),《漢書》顏師古注(含所引諸家古注),《楚辭》王逸注,《文選》李善注;

　　(五)訓詁專書,如《爾雅》、《方言》、《説文解字》、《小爾雅》、《釋名》、《廣雅》、《經典釋文》、《一切經音義》(玄應)[3],以及後人所輯古佚小學書。

　　由此可見,本書的取材是涵蓋廣博的(comprehensive),在所定範圍内是窮盡性的(exhaustive)。

（接上頁）ying（房兆楹）："Juan Yuan", in Arthur W. Hummel（Ed.）: *Eminent Chinese of the Ch'ing Period*, Vol. I, 1943, pp. 399 – 402;傅吾康（Wolfgang Franke）:"Juan Yuan（德文）", *Monumenta Serica*, Vol. IX, 1944。

[1]　臧鏞堂,字在東,一字東序,三十七歲時(嘉慶九年)改名庸,字用中,一字西成,江蘇武進人。關於他的傳記,見《國朝先正事略》卷三十三;《國朝耆獻類徵》卷四百十六;《清史稿》卷四百八十一;《清史列傳》卷六十八。參看吉川幸次郎《臧在東先生年譜》,《東方學報》(京都)第六册,1936年;Hiromu Momose（百瀨弘）:"Tsang Yung", in *Eminent Chinese of the Ch'ing Period*, Vol. II, pp. 736 – 737。

[2]　見原書卷首"《經籍籑詁》姓氏"。

[3]　慧琳《一切經音義》當時國内尚無傳本,直到光緒初才從日本傳回我國。

　　本書的編排法是按"平水韻"（詩韻）的一百零六韻編次字條（一字幾讀的分見各韻之下），以一韻爲一卷。

　　本書的優點在於内容豐富,體例謹嚴①。每個字頭之下不但羅列古傳注和訓詁專書中的所有解釋,而且摘録經籍原文,詳注出處。我們要知道一個字的各個古義及其在經籍中出現的情况,一查即得,十分便利。正如王引之（1766—1834）在本書序中所説,"展一韻而衆字畢備,檢一字而諸訓皆存,尋一訓而原書可識"。有了如此齊備的訓詁資料,我們在閱讀古籍時遇到需要求解的字詞,就可以利用這些資料,參互比較,找到確切的釋義。此外,本書還采録了許多經傳異文和古字通假的資料,這對於研究古音古義也是很有助益的。

　　下面我們舉兩個簡單的例子來説明本書用途和用法的一斑:

　　（一）比如我們讀到《詩·小雅·菁菁者莪》四章:"汎汎楊舟,載沉載浮。既見君子,我心則休",可能覺得"休"字較爲費解。看《詩經》舊注,《毛傳》對此字没有訓釋;《鄭箋》云"休者,休休然",説了等於没説;陸德明《釋文》云"休,美也",似乎也對不上號。試查《經籍籑詁》卷二十六"休"字條（世界書局本,第385頁）②:

　　　　休　—③,美也。《爾雅·釋詁》④。……《詩·破斧》"亦孔之—"傳。……《菁菁者莪》"我心則—"釋文。……○⑤—,喜也。《廣雅·釋詁一》,又《國語·周語》"爲晉—戚"注。

　　　　休⑥　○—者,——然。《詩·菁菁者莪》"我心則—"箋。

通過比較、審辨,就可以知道"我心則休"的"休"宜據張揖《廣雅》

①　關於本書體例,見原書卷首《經籍籑詁》凡例"。

②　下面引文中的標點是引者所加。

③　—代表字頭字,此處即代表"休"字,下同。

④　這以下是列舉"休,美也"這一訓釋的出處,他仿此。

⑤　○表示以下爲另一訓釋或另一"義項"。

⑥　低一格的文字爲"補遺"。

和《國語》韋注解釋爲"喜"①。

(二)又比如我們讀到《詩·大雅·雲漢》六章:"昊天上帝,則不我虞",或者讀到《左傳·昭公六年》:"始吾有虞於子,今則已矣",可能感到"虞"字很不好懂。看二書舊注,《毛傳》對此字沒有訓釋,《鄭箋》、朱熹《詩集傳》和《左傳》杜注都説"虞,度也",用之於原文,仍難明瞭。試查《經籍籑詁》卷六"虞"字條(第 101 頁):

> 虞 一,度也。…《左氏》桓十一年傳"且日一四邑之至也"注。……昭六年傳"始吾有一於子"注。……《孟子·離婁上》"有不一之譽"注。〇一,望也。《廣雅·釋詁一》。……〇一,助也。《廣雅·釋詁二》。

> 虞 〇一,度也。《詩·雲漢》"則不我虞"箋。〇一,望也。《方言》十二。

通過審辨,就不難判斷:《詩經》"昊天上帝,則不我虞"的"虞"可據《廣雅》釋爲"助"②,而《左傳》"始吾有虞於子,今則已矣"的"虞"可據《方言》和《廣雅》釋爲"望"③。這都比解釋爲"度"更爲恰切、明瞭,儘管"助"、"望"二義可以説是從"度"(duó)義引申而來。

本書雖是一部謹嚴的著作,但由於篇幅浩瀚而成書倉卒,書中難免有這樣那樣的失誤。這裏就幾個方面約舉數例:有遺漏,如卷八十四"定"字條(第 843 頁)失引《詩·周南·麟之趾》"麟之定"毛傳:"定,題也。"有訛字,如卷二十二"俍"字條(第 311 頁)引《説文》〔八上人部〕"俍,…一曰朴也","朴"當爲"仆";卷十六"蚈"字條(第 243 頁)引《淮南子·時則》高誘注:"蚈讀奚徑之奚也","之奚"當爲"之徑";卷二十三"庚"字條(第 327 頁)引《列子·黃帝》"心庚言是非","言"當爲"念";卷三十七"詡"字條(第 499 頁)引《漢書·張敞

---

① "喜"和"休"聲母同爲曉紐,韻部爲"之""幽"對轉,音義相通,可能同源。比較《菁菁者莪》二章:"既見君子,我心則喜。""喜"與四章的"休"互文見義。參看王引之《經義述聞》卷六"我心則休"條。

② 比較《雲漢》四章:"群公先正,則不我助。""助"與六章的"虞"互文見義。

③ 洪亮吉《春秋左傳詁》於桓公十一年和昭公六年兩處的"虞"都取《廣雅》作釋,是。

傳》孟康注"北方人謂媚好爲訕","訕"當爲"畜"①;卷四十一"畛"字條(第520頁)引《詩〔·周頌〕·載芟》傳"畛,場也","場"當爲"塲"②。有衍文,如卷三十六"緒"字條(第480頁)引《莊子·讓王》釋文"緒餘,謂殘餘也","緒餘"二字爲原書所無。有句讀之誤,如卷十一"陳"字條(第165頁)"久也"項引《史記·平準書》"於是大農陳",《史記》原文作"於是大農陳藏錢經耗","陳"如訓"久"則當屬下爲詞③;卷五十三"逞"字條(第600頁)引《史記·晉世家》"欒氏宗逞者",《史記》原文"曲沃攻逞,逞死,遂滅欒氏宗。逞者,欒書孫也",《餈詁》失其句讀。有文字兼句讀之誤,如卷二十三"驚"字條(第331頁)引《易·震〔·卦辭〕》"震驚百里"鄭注"驚之言警戒也",當爲"驚之言警,戒也"。有出處之誤,如卷四十"倍"字條(第514頁)引《荀子·五輔》"長幼無等則倍",《荀子》當爲《管子》;卷九十"屋"字條(第869頁)引《詩〔·大雅〕·抑》"尚不愧于屋漏"傳"屋,小帳也"④,"傳"當爲"箋"。所以,我們如從此書引用材料,最好覆核原書⑤,以免沿誤。

阮氏琅嬛仙館原刻本《經籍餈詁》已不易得,過去通行的本子是1936年世界書局影印本,卷首附有按字頭筆畫(同一筆畫之下以《康熙字典》部首爲序)編排的"目錄索引"。此本於1982年經成都古籍書店翻印,流通較廣。另外有1982年中華書局據琅嬛仙館原刻影印本(附筆畫索引),也便於使用。

十、《説文通訓定聲》

《説文通訓定聲》十八卷,清朱駿聲(1788—1858)著。朱駿

---

① "畜"通"嫭"。《説文》十二下女部:"嫭,媚也。"《廣雅·釋詁》:"嫭,好也。"
② 郝懿行《爾雅義疏·釋言》"鄣,畛也"條:《詩·載芟》傳:'畛,場也。''場''鄣'聲義近。"這就是照鈔《經籍餈詁》而致誤。
③ 《爾雅義疏·釋詁》"曩、塵……久也"條轉引沿誤。
④ 王力主編《古代漢語》(中華書局,1962年,第615頁)轉引沿誤。
⑤ 阮元在本書"凡例"中已説:"此書采輯雜出衆手,傳寫亦已數過,訛舛之處或亦不免,凡取用者宜檢查原書,以期確實。"

聲，字豐芑，號允倩，江蘇蘇州人①。本書撰成於道光十三年
（1833），道光二十九年（1849）刊行，同治九年（1870）重刊。

　　本書雖然也可以說是許慎《說文解字》的一個注本，但是却獨具
特色。它的宗旨不在於解釋許書原文，而在於闡明《說文》所收每一
個字（詞）在古書中的各種意義以及詞和詞、詞義和詞義之間的各種
關係和聯繫②。所以人們一向多把它看作一部獨立的訓詁學著作。

　　本書不按《說文》的五百四十部首編排，而是把《說文》全書打
散，以字的聲符（聲旁）爲綱，重新加以組織。朱氏把這樣的聲符
叫做“聲母”，簡稱爲“母”，全書總共一千一百三十七母。凡聲符
相同的字，書中都繫聯在一起，構成一個個“聲系”。例如：在“小
部弟七”的“隺”字之下依次羅列“靃”、“鶴”、“唯”、“雖”等字（世界
書局本，第 288 頁），在“需部弟八”的“句”字之下依次羅列“笱”、
“鈎”、“翎”、“痀”、“耇”等字（第 300—301 頁），在“履部弟十二”的
“殹”字之下依次羅列“翳”、“驚”、“黳”、“繄”、“堅”等字（第 539
頁），在“壯部弟十八”的“康”字之下依次羅列“漮”、“歉”、“慷”等
字（第 840 頁）。這種聲繫式的編排法有助於認識詞的音義之間
的關係和詞與詞的族屬關係，便於學者“因聲以求義”。例如上面
所舉的同從“隺”聲的字都有“白”義③，同從“句”聲的字都有“曲”
義④，同從“殹”聲的字都有“黑”義⑤，同從“康”聲的字都有“空”
義⑥；它們各自構成一組同族詞或同源詞，而同屬一族的詞與詞之
間都具有音義上的某種關聯。正因爲“聲繫”法有它的特殊優點，
所以多爲中外學者所採用。例如沈兼士主編《廣韻聲系》（1945），

①　關於朱氏傳記，看閔爾昌《碑傳集補》（燕京大學國學研究所，1932 年）卷四十孫詒
　　讓《朱博士事略》；《清史稿》卷四百八十一；《清史列傳》卷六十九。
②　【補】參看林寒生《〈說文通訓定聲〉的詞義研究》，《辭書研究》1987 年第 2 期。
③　參看段玉裁《說文解字注》二上牛部“隺”字條、十上馬部“雖”字條；楊樹達《釋唯》，
　　《積微居小學述林》，中國科學院，1954 年，第 75 頁。
④　參看俞樾《群經平議》卷三十四“爾雅一”“耇、老，壽也”條；蔣禮鴻《義府續貂》“痀”
　　字條，中華書局，1981 年，第 71 頁。
⑤　參看王念孫《廣雅疏證》卷八上“釋器”“黳，黑也”條。
⑥　參看《說文解字注》八下欠部“歉”字條、十一上水部“漮”字條。

高本漢（Bernhard Karlgren）撰《漢字分析字典》（*Analytic Dictionary of Chinese and Sino-Japanese*，1923）、《漢字諧聲譜》（*Grammata Serica: Script and Phonetics in Chinese and Sino-Japanese*，1940）和《漢字諧聲譜新編》（*Grammata Serica Recensa*，1957），就都是用的這種編排法。

著者把全書所收的字按聲系組織起來之後，就把它們分別歸到他所定的古韻十八部之下。十八部的名稱都取自《周易》的卦名①，即：豐（東、冬）②，升（蒸），臨（侵、緝），謙（談、葉），頤（之、職），孚（幽、覺），小（宵、藥），需（侯、屋），豫（魚、鐸），隨（歌），解（支、錫），履（脂、質，微、物），泰（月），乾（元），屯（文），坤（真），鼎（耕），壯（陽）。

書中每個字頭之下先舉《説文》原文，講明此字的本義，再引古書文句和傳注作爲例證，然後分列"轉注"（引申義）③、"假借"（同音或音近通假）、"別義"（"既無關於轉注又難通以假借"的與本義各別的意義④）、"聲訓"（探索語源或説明通轉）、"古韻"（古書中此字與同韻部字相押的例子）、"轉音"（此字與相鄰韻部字通押的例子）。自然，不一定每個字條下這六項內容全都具備。此外，本書在釋文中還常常用到如下一些術語："連語"，即聯緜字；"重言形況字"，即形容詞性疊字；"託名幖識字"，即用於專有名詞（如姓氏、人名、地名）和特殊物名的字。例如"履部弟十二""栗"字條（第564頁）所舉疊韻連語"必栗"、雙聲連語"鷅鶹"、重言形況字"栗栗"、託名幖識字"栗廣〔之野〕"。

---

① 其中有的是卦名的略稱："孚"是"中孚"之略，"壯"是"大壯"之略，"小"是"小畜"或"小過"之略。
② 括弧內是王力先生所定古韻三十部的名稱。見《古代漢語》（修訂本）第2冊，中華書局，1981年，第534—535頁。
③ 朱氏所謂"轉注"是指意義的引申，與許慎"六書"説中的"轉注"涵義不同。【補】參看森賀一惠《〈説文通訓定聲〉的字義體系》，高田時雄編《中國語史的資料與方法》，京都大學人文科學研究所，1994年，第356—360頁。
④ 例如"豐部弟一""釭"字條（第15頁）："釭，車轂中鐵也。……〔別義〕《釋名·釋兵》：'矢（當作鏃），關西曰釭。釭，交（當作鉸）也，言有交刃也。''工''交'雙聲。又後世謂膏燈曰'銀釭'。"

　　書中每個字頭的頂上還用小字標出這個字在"平水韻"（詩韻）一百零六韻的哪一韻，這對讀者也是很有用的。

　　下面節引"孚部弟六"的"幽"字條（第 189 頁）爲例（標點和括注是引者所加），以見本書體例和内容的一斑。

　　^尤**幽**，隱也。从山中从丝，會意，丝亦聲①。（以上爲《説文》原文。）按：从山，與"陰""隱"字从阜同意，山之隱處也。（以上爲朱氏按語，申釋字形"从山"和字的本義"隱也"的涵義。）《易·困》："入于幽谷。"注："不明之辭也。"《詩·伐木》："出自幽谷。"傳："深也。"《斯干》："幽幽南山。"傳："幽幽，深遠也。"……（以上引證經籍用例和故訓，説明"幽"的各種意義。）【轉注】《爾雅·釋詁》："幽，微也。"……《荀子·解蔽》："上幽而下險。"注："暗也。"……《荀子·王霸》："公侯失禮則幽。"注："囚也。"……（以上列舉"幽"的引申義的例證。）【假借】爲"黝"。《詩·隰桑》："其葉有幽。"傳："黑色也。"……（以上解釋"幽"的假借義。）【聲訓】《史記·曆書》："幽者，幼也。"又《春秋元命苞》："幽之爲言窈也。"……（以上列舉同源詞，解説"幽"的語源。）【古韻】《詩·隰桑》叶"幽""膠"；《何草不黄》叶"幽""周"，句中韻②；《楚辭·惜往日》叶"流""昭""幽""聊""由"；《靈樞·師傳》叶"流""幽""時"。（以上舉古書中"幽"與同部字押韻的例子，其間有鄰韻字通押的也一并舉出③。）【轉音】《文子·道原》叶"幽""交"④。（以上舉"幽"與鄰韻字通押的例子。）

由此可見，本書每一字條，既解説了文字的形體結構，又通釋了字

---

① 二徐本《説文》（四下丝部）並作"从山中丝，丝亦聲。"段注本作"从山、丝，丝亦聲。""亦聲"是説該偏旁既表義又表聲。

② 《詩·小雅·何草不黄》："有芃者狐（豫部），率彼幽草（孚部）；有棧之車（豫部），行彼周道（孚部）。"

③ 例中"昭"是"小"部字，"時"是"頤"部字。

④ 例中"交"是"小"部字。

（詞）的各種義訓，還確定了此字在古音系統中的聲韻地位，一書而兼具三種作用，所以稱爲《説文通訓定聲》①。我們如果善於充分利用此書，也就可以一舉三得。比如上舉"幽"字一例，"从山中从絲，會意，絲亦聲。……山之隱處也"解説了"幽"是會意兼形聲字，以及字形和字的本義的關係。接着通釋了"幽"字所具有的"不明"、"暗"、"深"、"深遠"、"微"、"囚"、"黑"等引申義和假借義。同時，從此字的歸部和本組字條前所注的"於虯切"以及字頭頂上標注的"尤"，就可以知道"幽"字古韻屬"孚"部，聲母屬"影"紐，《廣韻》在"幽"韻，平水韻在"尤"韻。

在釋義上，本書除闡明字的本義和詳述引申義外，特別着重於解釋假借義，這是本書的特色之一，值得注意。例如："臨部弟三""覃"字條（第 69 頁）説《詩·周南·葛覃》"葛之覃兮"和《大雅·生民》"實覃實訏"的"覃"是假借爲"延"，義爲"長，延長"，"覃""延"雙聲；《小雅·大田》"以我覃耜"的"覃"是假借爲"剡"②，義爲"利，鋒利"，"覃""剡"亦雙聲③。"泰部弟十三""逝"字條（第 604 頁）説《詩·魏風·碩鼠》"逝將去女"的"逝"是假借爲"誓"④，爲"要約之辭"。"壯部弟十八""攘"字條（第 807 頁）説《楚辭·離騷》"忍尤而攘詬"的"攘"是假借爲"囊"，義爲"含"，王逸訓"除"失之。這些解釋都是可取的。清代訓詁學者利用古音知識講古書文字假借（通假），成果很多，但是散見各書，不易尋檢，朱氏吸收了前人的研究成果，再加上自己的心得，綜合起來編排在一部字典式的著作裏，易於檢索，便於比較，這就給讀者提供了極大的方便。

本書除了對《説文》所收九千幾百個字作了系統的詳細的解説而外，還補收了《説文》不録的七千多個字，加上簡單注釋，附在十八部的每部之末，使讀者能從本書中查到更多的字，這也是很有益的。

---

① 書名中"説文"蓋兼涵二意。
② 《爾雅·釋詁》"剡，利也"郭璞注引《詩》即作"以我剡耜"。
③ "覃"古聲屬"定"母（d'-），"延""剡"屬"以"母（d-），爲準雙聲。"覃"古韻屬"臨（侵）"部，"剡"屬"謙（談）"部，爲準疊韻。
④ 《春秋公羊傳·昭公十五年》徐彥疏引《詩》即作"誓將去女"。

　　總之,本書體例完善,内容豐富,徵引浩博[1],辨析精審,無論是閱讀古籍或研究訓詁音韻,它都能給我們很大的幫助和不少的啓發。

　　本書除舊刊本外有 1936 年上海世界書局出版的影印精裝本,翻檢較便。中華書局刊有新的影印本,此本附有朱氏之子朱孔彰就朱氏在原書上所作批注輯成的《説文通訓定聲補遺》,全書有斷句,書後有索引,當更爲適用。

十一、《辭　　通》

　　《辭通》是近人朱起鳳(1874—1948)編著的一部專收古漢語雙音詞語的辭書[2],1934 年開明書店出版,1982 年上海古籍出版社重印[3]。由於此書在體例和方法上有所創新,一時曾受到語言文字學界的重視和好評,著名學者胡適、錢玄同、劉大白、林語堂等都給寫了具有學術性的長序,致其推挹。

　　本書所收雙音詞語包含各種類型,而以聯緜字爲主體,同時編者最爲着意的也在於此。因此本文主要就這一方面加以述評。

　　古漢語裏的聯緜字數量不小,魏晉以前這一類詞寫法不很固定,同詞異形的現象相當紛繁。例如"差池"一詞就有"柴(傞)池"、"柴(虘)虒"、"趀犿"等不同寫法。(當然,有時候不同的寫法

---

① 朱書徵引材料多采自《經籍籑詁》。由於未檢原書或抄録疏忽,錯誤不少。如本文前注中所舉"釭"字條引《釋名》,即因轉抄《籑詁》而出現文字之誤。此外,還有屬讀之誤。如"孚部弟六""就"字條(第 214 頁)引《吕覽・下賢》:"其節之不庫也就就乎",原書作"確乎其節之不庫也,就就乎其不肯自是","就就乎"屬下不屬上讀。還有出處之誤。如"豫部弟九""所"字條(第 343 頁)引《禮記・檀弓》:"高四尺所",實出《檀弓》鄭注,朱氏抄《籑詁》而脱一"注"字,遂誤爲《禮記》本文。其後楊樹達《詞詮》(卷六)"所"字條又沿襲朱氏之誤。我們如自朱書引用材料,宜加注意,最好覆核原書。

② 參看宋雲彬《介紹一部未出版的偉大辭書》,《貢獻》第 2 卷第 8 期,1928 年;金文明等《談談〈辭通〉》,《辭書研究》1980 年第 3 期。

③ 【補】1991 年上海古籍出版社出版吴文祺主編《辭通續編》,雖篇幅不多,亦可供參考。

也可能反映因時因地而產生的語音差異。）魏晉以後這類字形紛歧趨向統一，每個詞逐漸有了書寫的定形。

後世學者由於不理解"古字聲同聲近皆相假借"的道理，在訓釋聯緜字的詞義時往往拘泥字形，從而出現一些望文生訓的解說。例如"猶豫"一詞，隋顏之推在《顏氏家訓·書證》篇中解釋說："案《尸子》曰：'五尺犬爲猶。'《説文》〔十上犬部〕云：'隴西謂犬子爲猶。'吾以爲人將犬行，犬好豫在人前，待人不得，又來迎候，如此往還，至於終日，斯乃豫之所以爲未定也，故稱'猶豫'。或以《爾雅〔·釋獸〕》曰：'猶，如麂，善登木。'猶，獸名也，既聞人聲，乃豫緣木，如此上下，故稱'猶豫'。"唐顏師古注《漢書》卷三《高后紀》"計猶豫，未有所決"句，也作了類似的解釋。其實"猶豫"是雙聲聯緜字，不能拆開來分別爲訓[1]。這個詞另外還有"猶（優、由）與"、"由（尤）豫"等寫法。果真如顏氏祖孫之所解釋，那麼當其寫成上舉不同字形時，又將如何説明？又如"黽（mǐn）勉"一詞，南宋孫奕在《履齋示兒編》卷三"黽勉"條解釋説："黽（měng），蛙屬也。……蛙黽之行，勉强自力，故曰'黽勉'。如猶之爲獸，其行趑趄，故曰'猶豫'。"清王士禛《古夫于亭雜録》卷四引此，認爲其"説甚新"。其實"黽勉"也是雙聲聯緜字，不能分拆開來字各爲義的。否則對同一詞的不同寫法如"僶（閔、敃、暋）勉"、"閔免"、"俛勉"、"牟勉"等，又將何以爲説？所以，王念孫在《廣雅疏證·釋訓》"躊躇，猶豫也"條，王引之在《經義述聞》卷三十一"通説上""猶豫"條均批評説："夫雙聲之字本因聲以見義，不求諸聲而求諸字，固宜其説之多鑿也。"

由此可見，要正確理解古漢語中的聯緜字，必須着眼於語音而不受字形拘限，有時還需要類聚音同音近的詞綜合探討。在這方面清儒做了不少工作，但研究成果散見於各種著述，不易尋檢，而且有時異説歧出，難於折衷。《辭通》編者對這些資料下了一番

---

[1]　參看黃生《義府》卷下"猶豫"條；王念孫《讀書雜志·漢書一》"猶豫"條；段玉裁《説文解字注》十上犬部"猶"字條。

薈粹綜合的工夫,再加上他自己搜集的材料和研究的心得,納入一部辭書之中,這就便於學者參考利用了。

《辭通》的編排法是按雙音詞語下字的韻(依平水韻)排列①,這樣就可以把同一個詞的異寫和音同音近的同源詞歸到一起,便於看出其間的關係和聯繫。這一優點是部首編排法不可能具有的。

例如我們翻到本書卷十、上聲七麌韻,就可以同時查到下面這一系列的詞:

(1) 傴僂 《一切經音義》二:“《通俗文》曰:‘曲脊謂之○○。’”賈誼《新書·官人》:“柔色○○,唯諛之行,唯言之聽,以睞眤②之間事君者,厮役也。”《淮南子·精神》:“子求行年五十有四而病○○,脊管高於頂。”

(2) 痀瘻 《莊子·達生》:“仲尼適楚,出於林中,見○○者承蜩,猶掇之也。”

(3) 痀僂 《列子·黃帝》:“仲尼適楚,出於林中,見○○者承蜩,猶掇之也。”

(4) 曲僂 《莊子·大宗師》:“○○發背,上有五管,頤隱於齊,肩高於頂,句贅指大。”

(5) 踽僂 《文選》〔卷十九〕宋玉《登徒子好色賦》:“旁行○○。”

(6) 傴旅 《漢書》〔卷六十五〕《東方朔傳》:“步行○○。”顏注:“○○,曲躬貌。”(以上見第1318—1319頁)

(7) 枸簍 《方言》九:“車(言按:‘車’下脱‘枸簍’),或謂之籈籠,秦晉之間自關而西(言按:當作‘自關而西秦晉之間’)謂之○○。”《廣雅·釋器》:“○○,軬也。”王念孫《疏證》:“此謂蓋弓也。”

---

① 書末附有按上字查檢的“四角號碼索引”,還有“筆畫檢字”。

② 蔣禮鴻先生謂“睞眤”當作“睞眤”,見《義府續貂》,中華書局,1981年,第60頁。下文“厮役”,蔣書誤爲“厠役”。

(8) 姑篹　《玉篇·竹部》:"篹〔籠〕,〇〇也。"

(9) 岣嶁　《廣韻》〔上聲〕九麌:"〇〇,衡山別名。"

(10) 岣嵧　《廣韻》〔下平聲〕十八尤:"〇〇,羅君山峰。"

（以上見第 1281 頁）

這正如吳文祺之所介紹,"其書以韻分部,展一韻而衆詞畢備,檢一詞而諸體皆存,尋一體而原書可識"①。就上引各條來看,(1)—(6)顯然是同一個詞,義爲"脊柱隆起,弓腰曲背";(7)(8)也是同一個詞,義爲"(弓起的)車篷";(9)(10)是專名,得義於"(山峰)隆起"。而這三者又是由同一"語根"衍生的同源詞,共同構成一個詞族(word family)②。本書把這樣的詞(連同其各種異寫)分組繫聯起來,就能收到執簡馭繁、融會貫通的效果;如果是像符定一編《聯緜字典》那樣按部首列字,上面這些詞及其異寫就分散在"人"、"疒"、"曰"、"足"、"木"、"女"、"山"各部,不能貫串起來觀其會通了。

　　此外本書還有其他優點,約舉如下:

　　(一) 資料豐富。本書材料充實,又經過適當排比,這除了使讀者能查到爲數衆多的雙音詞並明瞭其間的聯繫而外,還有別的好處,比如說有助於瞭解古漢語音韻變遷和文字假借的一些情況。例如從"陵夷/陵遲"、"馮夷/馮遲"、"威夷/威遲"、"辛夷/辛薙"、"新夷/新雉"的交替可以看出"以"母古讀與"定"母相近;從"綠竹/綠薵"可以看出舌上音古歸舌頭;從"伏羲(犧)/包犧/庖犧"、"負尾/陪(倍)尾"可以看出輕脣音古歸重脣。

　　(二) 例證詳細。本書引例充足,引文也較完整;除唐宋人詩句外③,一般都標出篇名卷次。引例充足,有助於瞭解詞義。引書

---

① 吳文祺《介紹朱丹九先生著〈辭通〉》,《國立北平圖書館館刊》第 7 卷第 2 期,1933 年。

② 屬於這一詞族的詞還有本書收入卷十一尤韻的"苦蔞"、"栝(括)樓"、"瓠瓟"、"瓝蓏"、"鈎瓟"(第 1064 頁)和卷十五骨韻的"甌窶"(第 1479 頁)。言按:"甌窶"亦當入尤韻。

③ 本書引唐宋詩多不出篇名,大抵是因爲轉引自《佩文韻府》之故。

注明篇卷,更有兩種好處:第一,便於讀者覆核原文,並藉助上下文增進對詞義的瞭解;第二,可以明確例證的時代性,因爲有些傳世古籍的不同篇章是不同時代的産物。

(三)附有考證。本書每條之末大都有編者按語,或采録前人成説,或提出自己見解,均可供參考。試以"無慮"一詞爲例。《禮記·禮運》:"故聖人耐以天下爲一家、中國爲一人者,非意之也。"鄭玄注:"意,心所無慮也。"孔疏:"謂於無形之處用心思慮。"《左傳·宣公十一年》:"使封人慮事,以授司徒。"杜注:"慮事,無慮計功。"孔疏:"城築之事,無則慮之。"看來唐朝人對漢晉人所用的"無慮"已經不甚了然,所以有此穿鑿之説。《辭通》卷十七"無慮"條按語謂:"無"通"謨",即"謨"或"謀";"無慮"即"謀慮"(第1736頁)。其説宜若可取。

由於編著者學識的局限,本書也存在着不少疏誤。下面分五個方面舉例説明。

(一)拘泥字形,造成誤解。例如"蟬聯",本書釋爲"謂如蟬聲之聯續不絶也"(第654頁)。"蟬"非謂蟬聲。"蟬聯"與本條的"嬋聯(連)"、"繵緜"都是疊韻聯緜字,代表語言裏的同一個詞;"蟬"與"嬋"、"繵"一樣,只是表音的字。如若釋"蟬"字爲蟬聲,則對"嬋"、"繵"二字又將何説?

(二)解釋詞義,斟酌失當。例如《世説新語·賞譽》:"簡文云:'劉尹茗柯有實理。'"宋人校記云:"柯,一作打,又作仃。"一本爲是。"茗打(都挺切)"、"茗仃"就是酩酊。黄生云:"茗仃有實理"謂醉中亦無妄語①,這是正確的。《辭通》不采此説,而據《玉篇》"娗奵,自持也"作釋,謂"晉尚清談,梁承其弊,亦無不喜清談者,惟劉尹力矯惡習,所言皆矜持有理,故簡文云然"(第1557頁)。《世説新語》一書成於劉宋,不可能涉及蕭梁時事。"簡文"指晉簡文帝司馬昱,不是梁簡文帝蕭綱;劉尹即劉惔,是東晉時清談大家,不是梁代力矯清談惡習的什麽人。朱氏之説殊爲不倫。

_____

① 《義府》卷下"酩酊"、"茗柯"二條。

　　（三）談論音理，動輒錯謬。例如卷三“爰居/延居”條按語：“‘延’‘爰’古讀同聲。”（第 290 頁）實則無論上古音或中古音，此二字都不同聲。又不知何故，朱氏談論音理，特別喜歡講“古無輕唇音”，好像這是說音的萬應靈藥似的。例如卷十三“何許/何所”條按語：“古無輕唇音，‘許’字亦讀如‘所’。”（第 1244 頁）又卷十六“書記/疏記”條按語：“古無輕唇音，‘書’字亦讀如‘疏’。”（第 1669 頁）又卷十八“昏昧/曛昧”條按語：“古無輕唇音，‘曛’字亦讀如‘昏’。”（第 1916 頁）又卷十八“和堇/模堇”條按語：“古無輕唇音，故‘和’字亦讀如‘模’。”（第 1948 頁）又卷二十二“漁奪/禦奪”條按語：“古無輕唇音，故‘漁’讀如‘禦’。”（第 2408 頁）其實所有這些都與“古無輕唇音”的道理毫無關係①。

　　（四）臆改原文，以正爲誤。例如《漢書》卷六十四下《王褒傳》載褒《聖主得賢臣頌》：“過都越國，蹶如歷塊。”顏注：“如經歷一塊，言其速疾之甚。”《辭通》卷十八“歷塊”條按語：“‘歷’與‘塵’兩形相似，因此致誤。‘蹶如塵塊’謂馬之疾速如塵塊之飛揚，顏讀‘歷’如本字，失之矣。”（第 1926 頁）原文“歷塊”是對“過都”“越國”而言，同爲動賓結構，顏注無誤。朱氏臆改原文，扞格難通，於是又增“飛揚”二字爲訓；“塵塊”亦不成詞，且“塵”可飛揚，“塊”何可飛揚？其誤顯然。又如《文選》卷五十八蔡邕《郭有道碑文》：“僉以爲先民既没而德音猶存者，亦賴之於見述也。”《辭通》卷二十一“著述”條按語：“‘見述’不詞，‘見’蓋‘著’字之誤。”（第 2349 頁）“見述”就是“被稱述，爲人所稱述”，並非“不詞”。朱氏臆改無據，且全背文意。

　　（五）引證錯訛，易滋誤會。

　　（1）誤立詞目。例如《荀子·儒效》：“身不肖而誣賢，是猶傴伸而好升高也。”“伸”爲“傻”之壞字，早經劉臺拱指出，王先謙《荀子集解》亦采録其説。朱氏不辨，據今本《荀子》訛字，於《辭通》卷十三誤立“傴伸”一目（第 1318 頁）。

---

① 【補】參看李文澤《〈辭通〉論音之商榷》，《成都大學學報》1985 年第 3 期，第 63 頁。

（2）詞語顛倒。例如《隋書》卷五十七《盧思道傳》載思道《勞生論》：“余則違時薄宦，屏息窮居，甚耻驅馳，深畏乾没。”《辭通》卷二十二“乾没”條誤“甚耻驅馳”爲“甚耻窮居”，大背作者之意①（第2879頁）。

（3）文字訛誤，句讀舛錯。例如漢樂府《隴西行》：“好婦出迎客，顔色正敷愉。”《爾雅·釋草》：“蕍、芛、葟、華，榮。”郭注：“今俗呼草木華初生者爲芛，音豬豬；蕍，猶敷蕍，亦華之貌。”②可知“敷愉”即“敷蕍”，是以花開貌形容好婦的顔色。郭注“音豬豬”猶言“音豬豬之豬”，乃是給他注中所用的當時語“芛”作音③。《辭通》卷四“敷蕍”條引《爾雅》郭注，作“今俗呼草木華初生者爲芛，音豬，豬蕍猶敷蕍，亦華之貌”（第375頁）。大誤。

（4）引文混淆，張冠李戴。例如卷十七“猶豫”條按語：“《爾雅·釋獸》：‘猶，如麂，善登木。此獸性多疑慮，常居山中，忽聞有聲，即恐有人（來）且來害之，每豫上樹，久之無人，然後敢下，須臾又上，如此非一，故不決者稱猶豫〔焉〕。’又《顔氏家訓·書證篇》……。《爾雅》及顔氏之説皆望文生訓，穿鑿附會。”（第1743頁）其實《爾雅》只有“猶，如麂，善登木”六個字，“此獸性多疑慮”以下乃是《漢書·高后紀》顔注中語，《爾雅》何“望文生訓，穿鑿附會”之有！

（5）删節不當。例如《方言》卷九：“車枸簍，宋魏陳楚之間或謂之筱籠，自關而西秦晉之間謂之枸簍，西隴謂之楇，南楚之外謂之篷。”《廣雅·釋器》“枸簍、篷、筱籠，楇也”，即全本《方言》。《辭通》卷十三“枸簍”條引用，節略過多，頗爲失當；略去《方言》“車枸簍”的中心詞“枸簍”，僅餘“車”字，尤非。

（6）出處錯誤。例如卷十一“黔婁”條引“李商隱詩：‘謝公最小偏憐女，自嫁黔婁百事乖。’”（第1051頁）所引詩句出自元稹

---

① 參看《義府續貂》第29頁。盧文“驅馳”，蔣書誤爲“馳驅”，“深畏”誤爲“深患”。
② 參看《文選》卷五左思《吳都賦》劉逵注：“敷蕍，華開貌。”
③ 關於郭璞給自己注中所稱引的當代方言詞作音，參看王國維《觀堂集林》卷五《書郭注方言後一》。

《遣悲懷》三首之一,不是李商隱詩。

　　儘管如此,《辭通》仍不失爲一部研究古漢語和訓詁學的重要
參考書,只要善於利用,我們是能够從中得到不少有用的資料和
有益的啓發的。

附論《聯緜字典》

　　《聯緜字典》[①],近人符定一(1877—1958)編著,1943年出版,
1983年中華書局有新印本。這也是一部古漢語雙音詞詞典,跟
《辭通》相比,約有三點異同:

　　(一)跟《辭通》一樣,本書所收條目除聯緜詞外,還包括其他
雙音複合詞和詞組[②]。但《辭通》著者没有稱自己的書爲"聯緜詞
典",這是説得過去的;本書明標爲《聯緜字典》,就未免名實不
符了。

　　(二)本書所收條目比《辭通》多,但取材範圍限於六朝以前,
不像《辭通》對於南北朝以迄唐宋的材料也有所采録。

　　(三)本書按雙音詞語上字的部首和筆畫排列,不像《辭通》按
下字的韻排列。

　　《聯緜字典》收羅的材料很多,解釋比較詳細,是一部有用的
古漢語工具書,對訓詁學研究也有一定的幫助。但是,本書也有
顯著的缺點,約舉如下:

　　(一)編排問題　本書采用《辭源》、《辭海》的編排方法。這種
編排法的缺點是不但不能讓人看出音同(或音近)義通的詞之間
的關係,而且同一個詞由於寫法不同就得分散在幾處,難以觀其
會通。例如:"迣道"="交錯",但"交錯"在第一册子集亠部,而

① 參看鈍翁《評〈聯緜字典〉》,《漢學》第1輯,中法漢學研究所,1944年;孫楷第《評
〈聯緜字典〉》,《滄州後集》,中華書局,1985年,第389—400頁。
② 周法高《二十世紀的中國語言學》:"專收聯緜字的有朱起鳳編的《辭通》和符定一
的《聯緜字典》。"見《論中國語言學》,香港中文大學出版社,1980年,第38頁。其
説不確。

"适道"在第九册酉集辵部;"逸欲"="佚欲",但"佚欲"在第一册子集人部,而"逸欲"在第九册酉集辵部。

(二) **收詞問題** 第一,按照本書所定的收詞範圍和體例,凡見於六朝以前典籍的雙音詞,不論是單純詞還是複合詞,都在采錄之列。據此而論,本書搜羅雖富,掛漏亦多。第二,由於不明句讀而誤收了一些"不詞"的詞條。例如:《史記·鄭世家》:"然是二者不害君身。""是二者"即"此二者",指實沈和臺駘兩個神;"是"字屬下讀,不屬上讀。可是本書巳集火部却據《史記》此文收了"然是"一個詞目。

(三) **釋義問題**

(1) 義項多有遺漏。例如:丑集大部"大曲"釋爲"弓名",而不提"古代一種大型樂曲"一義;"大家"釋爲"巨室,富家",而不提"古代對尊長的一種稱呼"一義;寅集宀部"家家"釋爲"每家",而不提"對嫡母的稱呼"一義;"實錄"釋爲"録事實",而不提"專記帝王行事的一種編年體史書"一義。

(2) 生搬經傳文句或事物異稱以代替詞典的正規釋義。例如:"曲折"有"(音樂的)節奏"一義,如《詩·商頌·那·序》鄭箋:"樂師失其聲之曲折。"可是本書辰集口部"曲折"條的義項㊀却不這樣解釋,而是搬用《禮記·樂記》的文句①,以"曲如折也"作爲釋義。"鼓舞"有"鳴鼓而舞,舞蹈"義,如《墨子·非儒下》:"弦歌鼓舞以聚徒。"可是本書亥集"鼓舞"條的義項㊀却不這樣解釋,而是搬用《樂記》的文句②,以"動其容也"作爲釋義。"石蜜"指"崖穴間野蜂所釀的蜜"或"飴狀蔗糖"③,可是本書午集石部"石蜜"條却不這樣解釋,而是搬用《本草》所載此物別名,以"石飴也"作爲釋義。諸如此類食古不化、生吞活剥、照搬舊文、注了等於不注的釋義,本書中所在多有,結果是使讀者查了這部大型詞典往往仍然不知

① 《樂記》:"故歌者上如抗,下如隊,曲如折。"
② 《樂記》:"歌,咏其聲也;舞,動其容也。"
③ 參看蘇繼廎《島夷志略校釋》,中華書局,1981年,第21頁。

某詞爲何義、某名指何物。

（3）誤以整個詞組的意義作爲其組成部分的意義。例如："馬齒已長"有"比喻年老"的意義①，但"馬齒"並無這一意義。可是本書亥集馬部收"馬齒"爲詞條，釋爲"喻年老也"，這顯然是錯誤的。

（4）誤以舊注對甲詞的釋義作爲乙詞的釋義。例如《文選》左思《魏都賦》："牢籠百王。"五臣呂向注："牢籠百王之制法。"呂注是以"百王之制法"解釋原文的"百王"，猶言"百王，謂百王之制法"。可是本書已集牛部"牢籠"條却據呂注釋"牢籠"爲"制法"。果如此釋，則"牢籠百王之制法"的意思就是"制法百王之制法"了！

（5）按語無謂。本書編者常在詞條釋文之末附加按語，但無謂者多。例如："家家：每家也。……定一按：家家猶言每家。""鼓舞：動其容也。……定一按：《禮記·樂記》：'舞，動其容也。'"

（6）釋文字訛。例如酉集車部"輻湊：如車輪之集於轂。""車輪"是包括"輻"、"轂"在內的整體，如何能"集於轂"！"輪"當作"輻"。

總之，由於編者學力和識解的限制，本書所做到的主要是大量材料的抄撮；從語文學的角度來看，其水平還不及《辭通》②，雖然它成書在後。自然，作爲一部訓詁資料書，本書自有它一定的用途，不容抹殺，問題在於我們能揚長避短，善於利用而已。

十二、《助字辨略》和《經傳釋詞》

《助字辨略》和《經傳釋詞》是清代兩部重要的講古漢語虛詞的訓詁專書，前者取材廣博，後者析義精審，都有很高的學術價值。

---

① 《公羊傳·僖公二年》："吾馬之齒亦已長矣。"何注："以馬齒長……喻荀息之年老。"
② 楊樹達云："其書荒穢凌雜，絕無可取。"見《積微翁回憶錄》，上海古籍出版社，1986年，第105頁。

　　《助字辨略》,劉淇著①。淇字武仲,號南田,清初山東濟南人,
先世爲河南碻山人。《助字辨略》初刊於康熙五十年(1711)。這
是我國第一部大規模地講解古漢語虛詞的專著,取材範圍很廣:
時代包括周秦到唐宋,門類遍及經史子集。書中對虛詞所作的解
釋絕大部分都是正確的。無論是研究訓詁或閱讀古籍,本書都是
一部很有用的參考書。

　　本書的一個缺點是對"助字"的分類缺乏科學性。著者把"助
字"分爲三十類,不僅流於煩瑣,而且不倫不類。我們使用本書,
對於每個"助字"的類別應當依據現代語言學理論重新加以認識。

　　本書分上平聲、下平聲、上聲、去聲、入聲五卷,每卷之內依照
"平水韻"韻部的順序列字。

　　本書最好的本子是近人章錫琛校注本(開明書店 1939 年初
版)。這個本子采錄了諸家的序、跋,又把劉師培和楊樹達兩家的
校語附在有關條目之後,並在書眉標出每個詞條的各個義項,在
書末附有筆畫索引,從而大大方便了讀者。

　　《經傳釋詞》,王引之(1766—1834)著②,成書於嘉慶三年
(1798)。這是一部專門研究經傳中的虛詞的書,取材範圍限於先
秦、西漢的文籍③。著者精於聲韻訓詁之學,所作考釋大多論證縝
密,斷制謹嚴,富有創見。

　　據錢熙祚《經傳釋詞跋》所歸納,本書探索詞義的方法有六種:

　　(一) 擧同文以互證　　如據《左傳・隱公六年》"我周之東遷,
晉鄭焉依",《國語・周語中》作"我周之東遷,晉鄭是依",證"焉"
之猶"是"。

　　(二) 擧兩文以比例　　如據《戰國策・齊策》"救趙孰與勿救",

①　關於劉氏生平、著述,見章錫琛校注本《助字辨略》卷首盧承琰序、國泰序,卷末錢
　　泰吉跋及《曝書雜記》、王元啓《濟寧圖記・人物列傳》。《清史稿》卷四百八十四
　　《劉淇傳》只有四十三個字,簡略殊甚。
②　關於王引之的傳記,見李元度《國朝先正事略》卷十六;李桓《國朝耆獻類徵》卷七
　　十六;繆荃孫《續碑傳集》卷十;《清史稿》卷四百八十一;《清史列傳》卷三十四。
③　書中偶爾也引用西漢以後的材料,如卷六"那"字條引文欽《與郭淮書》即是一例。

《趙策》"與秦城何如不與"，證"孰與"之猶"何如"。

（三）因互文而知其同訓　如據《孟子·盡心上》"孩提之童，無不知愛其親者；及其長也，無不知敬其兄也"，證"也"之猶"者"。

（四）即別本以見義　如據《莊子·大宗師》"莫然有閒"，《釋文》"本亦作'爲閒'"，證"爲"之猶"有"。

（五）因古注以互推　如據《公羊傳·宣公六年》何休注"焉者於也"，證《孟子·盡心上》"人莫大焉無親戚君臣上下"之"焉"當訓"於"。

（六）采後人所引以相證　如據顏師古《匡謬正俗》〔卷八"鄙人"條〕引孔子曰"鄙夫可以事君也與哉"，證《論語·陽貨》"鄙夫可與事君也與哉"之"與"當訓"以"。

這些方法一直爲後來同類的著作所采用，值得加以注意。

《經傳釋詞》共十卷，依古漢語聲母類別排列字頭次序：卷一至四爲喉音字，卷五爲牙音字，卷六爲舌音字，卷七至九爲齒音字，卷十爲唇音字。這種編排法有它的優點。因爲上古漢語裏詞的孳乳、字的假借、音的通轉往往是以聲母爲樞紐，把語詞依聲類排列就有助於學者體察某些詞之間的聯繫和音義相關的道理。

本書版本很多，最適用的是 1956 年中華書局排印本。這個本子附有王引之《經義述聞》卷三十二的"語詞誤解以實義"條、章炳麟《王伯申新定助詞辯》、裴學海《經傳釋詞正誤》、孫經世《經傳釋詞補》和《經傳釋詞再補》。值得注意的是：章、裴兩家"辯""正"王説的地方，未必章、裴是而王氏非；孫書質量低，可取之處很少。

下面我們對比《助字辨略》和《經傳釋詞》二書，談談它們的異同。

（一）《辨略》取材直到唐宋而《釋詞》斷至西漢，因此當涉及東漢以後的新詞、新義時，我們就得查考《辨略》。例如六朝的"都"、"了"，唐宋的"者（這）"[1]：

　　　都　《廣韻》〔上平聲十一模〕云："猶總也。"……《水經注》〔卷二"河水"引段國《沙州記》〕："西極大楊川，望黄沙，猶

---

① 引文據章氏校注本，括號内的文字是引者所加。

若人委乾楂（當作‘糌’）於地，都不生草木。"《世説〔新語·言語〕》："於時天月明净，都無纖翳。"（卷一，第 56 頁）

了　絶也，殊也。《世説〔新語·文學〕》："庾子嵩讀《莊子》，開卷一尺許便放去，曰：‘了不異人意。’"（卷三，第 157 頁）

者　蜀主王衍《醉妝詞》："者邊走，那邊走。"者邊猶云此邊也。毛晃〔《增韻》上聲馬韻〕云："凡稱此個爲者個，俗多改用‘這’字。這乃迎也。"愚案："這"音彦，今借作"者"，讀作者去聲。韋縠《才調集》〔卷二〕載無名氏詩云："三十六峰猶不見，況伊如燕這身材。"唐人用"這"字始此。（卷三，第 165 頁）

（二）對於易曉的"常語"，《釋詞》一律略而不論，因而遺漏了一些重要的詞或詞義，《辨略》則一視同仁，兼收並蓄。例如下引"會"、"相"、"見"三個詞，就都是《釋詞》所不收而《辨略》詳加論列的。

會　《廣韻》〔去聲十四泰〕云："合也。"愚案：合也者，應也，言應當也，本是會合之會，轉爲應合耳。《〔三國志·〕魏志·崔琰傳》注〔引《吴書》〕："男兒居世，會當得數萬兵、千匹騎著後耳。"《顔氏家訓〔·勉學〕》："人生在世，會當有業。"會即當也。會當，重言之也。○杜子美〔《三絶句》〕詩："會須上番看成竹。"會須猶會當也。○又太史公《報任安書》："會東從上來。"此"會"字猶適也。會合有適然之意，故得通爲適也。（卷四，第 211—212 頁）

相　《廣韻》〔下平聲十陽〕云："共也。"○《詩·小雅〔·角弓〕》："〔不令兄弟，〕交相爲瘉。"交相者，彼此更共之也。○《孟子〔·公孫丑上〕》："〔又有微子、微仲、王子比干、箕子、膠鬲……〕相與輔相之。"相與者，比合之辭也。○又《漢書·朱雲傳》："〔雲曰：〕小生乃欲相吏邪？"相吏猶云見吏，言欲官我也。（卷二，第 99 頁）

見　○又韓退之《黄州（當作"家"）賊事宜狀》："臣自南

來,見説江西所發共四百人。"白香山〔《燕子樓》〕詩:"見説白
楊堪作柱。"案:唐人多以聞説爲見説,當時方言如此也。(卷
四,第 218 頁)

(三)這兩種書都涉及的詞和詞義,總的説來,《釋詞》較爲詳
贍精確,而《辨略》則間有疏失。例如:《辨略》卷一釋"終",不知
"終"可作關聯詞,有"既"義;卷三釋"有",不知"有虞"、"有夏"之
"有"乃是没有實義的詞頭,而誤解爲動詞"撫有"。但是,《辨略》
跟《釋詞》不謀而合的地方也不少,也有個别地方勝過《釋詞》。關
於前一方面的例子,可看楊樹達的《助字辨略跋》;關於後一方面
的例子,可看劉毓崧的《助字辨略跋》。兩家的跋都載於章氏校注
本,這裏爲了節省篇幅就不舉例了。

總之,《助字辨略》和《經傳釋詞》二書可以説是先後輝映,各
有千秋,短長互見,不可偏廢,我們在使用的時候注意取長補短就
是了。

《助字辨略》之後,很少有人繼續走這一條研究路綫[1];《經傳
釋詞》之後,踵武之作却很多,如吳昌瑩《經詞衍釋》、楊樹達《詞
詮》、裴學海《古書虚字集釋》等等。

十三、《古書疑義舉例》

《古書疑義舉例》七卷,俞樾(1821—1907)著[2]。俞樾字蔭甫,
號曲園,浙江德清人,晚清著名的博學之士,生平著述極多,屬於訓
詁研究方面的主要有《群經平議》、《諸子平議》和《古書疑義舉例》。

《古書疑義舉例》專門解釋周秦兩漢古書的"辭例",全書總共
八十八例,涉及各種不同的語文學問題。其中,有的是詞彙、語義

---

[1]　參看張永言《古典詩歌"語辭"研究的一些問題——評張相著〈詩詞曲語辭匯釋〉》,
　　《中國語文》1960 年第 4 期。

[2]　關於俞樾的傳記,見繆荃孫《續碑傳集》卷七十五;《清史稿》卷四百八十二。參看
　　周雲青《俞曲園先生年譜》,《民鐸雜誌》第 9 卷第 1 期,1927 年。

問題,如卷二"因此以及彼例"(據《古書疑義舉例五種》本):

　　　古人之文,省者極省,繁者極繁,省則有舉此見彼者矣,繁則有因此及彼者矣。《日知錄》〔卷二十七"通鑒注"條〕曰:"古人之辭寬緩不迫。得失,失也,《史記·刺客傳》:'多人,不能無生得失。'……緩急,急也。《史記·倉公傳》:'緩急無可使者。'《遊俠傳》:'緩急,人之所時有也。'成敗,敗也。《後漢書·何進傳》:'先帝嘗與太后不快,幾至成敗。'……禍福,禍也。晉歐陽建《臨終詩》:'成此禍福端。'"按:此皆因此及彼之辭,古書往往有之。《禮記·文王世子》篇:"養老幼於東序。"因老而及幼,非謂養老兼養幼也。《玉藻》篇:"大夫不得造車馬。"因車而及馬,非謂造車兼造馬也。(第41—42頁)

又"古人行文不嫌疏略例":

　　　襄二年《左傳》,"以索馬牛皆百匹。"《正義》曰:"《司馬法》:'丘出馬一匹、牛三頭。'〔則〕牛當稱頭而亦云匹者,因馬而名牛曰匹,並言之耳。經傳之文,此類多矣。《易·繫辭》云:'潤之以風雨。'《論語〔·鄉黨〕》云:'沽酒市脯不食。'《玉藻》云:'大夫不得造車馬。'皆從一而省文也。"按:此亦古人行文不嫌疏略之證。(第24—25頁)

以上二"例"中所舉的"得失"、"緩急"、"成敗"、"禍福"以至"老幼"、"車馬"、"風雨"等就是通常所說的"複詞偏義",而"以索馬牛皆百匹"、"沽酒市脯不食"[1]則是另一種特殊的表達法[2],類似外國

---

[1]　漢代典籍中有說"食酒"的,如《漢書·于定國傳》:"定國食酒至數石不亂。"但王念孫認爲"食"當爲"飲"。見《讀書雜志·漢書十二》"食酒"條。

[2]　其他例子如《墨子·兼愛上》:"臣子之不孝君父,所謂亂也。"《孟子·公孫丑下》:"威天下不以兵革之利。"《說苑·立節》:"軒冕在前,非義弗乘。"《宋書·張興世傳》:"樂聞鼓角,可送一部,行田時吹之。"李賀《酒罷,張大徹索贈詩,時張初效潞幕》:"歺角雞香早晚含?"南宋吳正子《李長吉歌詩箋注》卷二:"香可含而歺角連言,似是語疵,然古書多有此類,如'大夫不得造車馬',車可造,馬不可造,不可以辭泥。"(第14頁下—15頁上)

語言學所説的"軛式搭配法"（zeugma）①。又如卷三"美惡同辭例"：②

    古者美惡不嫌同辭。如〔《詩·召南·羔羊》：〕"退食自公，委蛇委蛇"，詩人之所美也，而《左傳〔·襄公七年〕》云："衡而委蛇必折"，則"委蛇"又爲不美矣。〔《詩·大雅·洞酌》：〕"豈弟君子，民之父母"，詩人之所美也，而《齊風〔·載驅〕》云："魯道有蕩，齊子豈弟"，《傳》曰："言文姜於是樂易然"，《正義》足成其義曰："於是樂易然，曾無慚色"，則"豈弟"又爲不美矣。（第59頁）

這就是説，一個詞的含義在不同的上下文或語言環境裏可以帶有褒或貶、愛或憎的不同色彩。

有的是語法問題，如卷三"實字活用例"：

    宣六年《公羊傳》："勇士入其大門，則無人門焉者。"上"門"字實字也，下"門"字則爲守是門者。襄九年《左傳》："門其三門。"下"門"字實字也，上"門"字則爲攻是門者矣。此實字而活用者也。《爾雅·釋山》："大山宮小山，霍。"郭注曰："宮，謂圍遶之。""宮"本實字，而用作"圍遶"之義則活矣。宣十二年《左傳》："屈蕩户之。"杜注曰："户，止也。""户"本實字，而用作"止"義則活矣。……執持於手即謂之"手"，莊十二年《公羊傳》："手劍而叱之"，《禮記·檀弓》篇："子手弓而可"是也。懷抱於腹即謂之"腹"，《詩〔·小雅〕·蓼莪》篇："出入腹我"是也。（第63頁）

這就是説，在古漢語中名詞往往可以用如動詞。又如卷一"倒句例"：

----

① 軛式搭配法就是一個動詞、形容詞或量詞和兩個名詞發生句法關係，而在語義上只有其中一個名詞是適合於跟該動詞、形容詞或量詞相搭配的。參看 Mario A. Pei and Frank Gaynor: *A Dictionary of Linguistics*, 1954, p. 238。

② 參看孫德宣《美惡同辭例釋》，《中國語文》1983年第2期，第112—119頁；孫景濤《美惡同辭質疑》，《語文研究》1986年第1期，第32—37頁。

> 古人多有以倒句成文者,順讀之則失其解矣。……《墨子·非樂上》篇:"啓乃淫溢康樂,野於飲食。"按:"野於飲食"即下文所謂"渝食於野"也。與〔昭公十九年〕《左傳》"室於怒"、"市於色",句法正同。(第6頁)

這就是説上古漢語中有一種特殊的倒裝句:"野於飲食"即"飲食於野","室於怒"、"市於色"即"怒於室"、"色於市"。

有的是修辭問題,如卷三"以小名代大名例":

> 又有舉小名以代大名者。《詩〔·王風〕·采葛》篇:"一日不見,如三秋兮。"三秋即三歲也。歲有四時而獨言秋,是舉小名以代大名也。《漢書·東方朔傳》:"年十三學書,三冬文史足用。"三冬亦即三歲也。學書三歲而足用,故下云"十五學擊劍"也。注者不知其舉小名以代大名,乃泥"冬"字爲説,云:"貧子冬日乃得學書"[①],失其旨矣。(第54—55頁)

這裏説的就是現代修辭學上所謂"借代"或"提喻"的問題。又如卷二"古人行文不避繁複例":

> 古人行文亦有不避繁複者。《孟子·梁惠王》篇:"故王之不王,非挾泰(當作'太')山以超北海之類也;王之不王,是折枝之類也。"《離婁》篇:"瞽瞍底豫而天下化,瞽瞍底豫而天下之爲父子者定。"兩"王之不王"、兩"瞽瞍底豫",若省其一,讀之便索然矣。(第25頁)

這裏所説的是文句繁簡跟修辭效果和文章風格的關係問題。

還有的是校勘問題,原書卷五至卷七所舉各"例"基本上都屬於這一類,這裏爲了節省篇幅就不加引列了。

《古書疑義舉例》是一部帶有總結性而又富於啓發性的訓詁學名著,在中國語言學史上占有重要的地位,值得我們認真研讀。

---

① 此爲顏注引如淳説。王先謙《漢書補注》:"三冬謂三年,猶言三春、三秋耳。"即用俞氏之説。

　　俞書刊行以後，補續的著作有好幾種，如劉師培《古書疑義舉例補》、楊樹達《古書疑義舉例續補》、馬叙倫《古書疑義舉例校錄》、姚維鋭《古書疑義舉例增補》，都有一定的參考價值，而以楊書發明爲多。

　　1956 年中華書局把俞氏原著連同上舉四種續書匯編爲《古書疑義舉例五種》出版，最爲方便適用。

第四章　訓詁方式和訓詁
用語綜述

一、訓　詁　方　式

各個時代各種訓詁著作所用的訓詁方式是多種多樣的,這在前面的一些章節裏已經涉及;爲了參考方便,現在再以"形訓"、"聲訓"、"義訓"爲綱,作一個簡括的綜述①。

(一) **形訓**　所謂形訓就是通過字形分析來解釋字(詞)義。例如《説文》五下亼部:"亼,三合也。从人、一,象三合之形。"又六上木部:"本,木下曰本。从木,一在其下。"又四上雥部:"雧,群鳥在木上也。从雥,从木。集,雧或省。"

在"六書"中可以應用形訓的主要是象形字、指事字和會意字,如上舉三例。形訓有助於探求字的本義。但是從語言學的觀點看來,語言裏的詞乃是音和義的結合物,形訓所能説明的只是表示某個詞的文字當初爲什麽如此書寫,並藉以闡釋詞的本義而已。這就是説,形訓有助於解釋詞的本義,但不能説明語源。例如"祭"字从示,从手持肉,顯示其本義是"血祭"。但是如果要知道"祭"這個詞的語源,就還得結合語音來考察。"祭"和"殺"古韻同部,聲母相近,是一語之轉,"祭"的語源義也是殺(比較同源詞"蔡"):因其爲殺牲或殺人以祀神鬼,故謂之"祭"②。所

<hr>

① 參看高亨《文字形義學概論》,齊魯書社,1981年,第283—299頁。

② 參看沈兼士《"希""殺""祭"古語同原考》,《輔仁學志》第8卷第2期,1939年,第2—10頁,《沈兼士學術論文集》,中華書局,1986年,第212—215頁;陸宗達《説文解字通論》,北京出版社,1981年,第198頁。

以，形訓在訓詁上的作用是有限度的，而且不可濫用。再有，形訓的主要目的既然是探求字的本義，就應當依據較古的字形來立說。前代訓詁學者講形訓，多半是憑藉見於《説文》的小篆，不一定都可靠。現在古文字（如甲骨文、金文）資料已經積累得越來越豐富，我們應當充分加以利用，據以訂正舊說和創立新説。

（二）聲訓　聲訓又稱"音訓"，就是用音同或音近的字來解釋字（詞）義。聲訓的主要作用有三：

（1）追溯語源。例如《禮記・檀弓上》："葬也者，藏也。"《詩・小雅・巧言》："君子信盜，亂是用暴。"毛傳："盜，逃也。"①又《大雅・崧高》："吉甫作誦，……以贈申伯。"毛傳："贈，增也。"②《爾雅・釋山》："〔山〕獨者，蜀。"《釋名・釋形體》："腕，宛也，言可宛屈也。"又《釋典藝》："銘，名也，述其功美，使可稱名也。"

（2）探求本字。例如《詩・鄭風・揚之水》："無信人之言，人實迋女。"毛傳："迋，誑也。"③又《小雅・常棣》："兄弟鬩于墻，外御其務。"毛傳："御，禦也。務，侮也。"

（3）説明詞的通轉。例如《詩・唐風・綢繆》："綢繆束薪。"毛傳："綢繆，猶纏緜也。"又《小雅・裳裳者華》："裳裳者華。"毛傳："裳裳，猶堂堂也。"《爾雅・釋言》："顛，頂也。"又："頟，題也。"又："訛，化也。"《説文》一上上部："旁，溥也。"又二下辵部："逆，迎也。"《國語・周語中》："叔父若能光裕大德。"韋注："光，廣也。"又如《詩・鄘風・墻有茨》："墻有茨。"毛傳："茨，蒺藜也。"《爾雅・釋天》："扶搖謂之猋。"《國語・吳語》："鳴鐘、鼓、丁寧。"韋注："丁寧，鉦也。"這後三例是説明一種特殊的通轉，即所謂"合音"，如"茨"即是"蒺藜"的合音，或者説緩言爲"蒺藜"，疾言則爲"茨"。

聲訓漢儒已廣泛使用，但還缺少科學性；到了清儒，才以較爲

---

① 鄭箋："盜，謂小人也。"這才是解釋"盜"在當句的意義。
② 鄭箋訓"贈"爲"送"，才是解釋它的本義。比較《秦風・渭陽》："何以贈之？"毛傳："贈，送也。"
③ 《説文》二下辵部："迋，往也。"又言部："誑，欺也。"

精密的方法,運用"音同(音近)義通"的原理來研究訓詁(明假借、溯語源、探義根、尋詞族),取得很大的成績。

(三) **義訓**　形訓、聲訓以外的訓釋字(詞)義的方式都屬於義訓。義訓是"訓詁之常法"[①],最能普遍應用。義訓的體例很多,略述如下[②]。

(1) 從詞義的廣狹來看,有:

1. 以大名(共名)釋小名(別名)。例如《爾雅·釋器》:"木豆謂之豆,竹豆謂之籩,瓦豆謂之登。"又《釋天》:"暴雨謂之涷,小雨謂之霡霂,久雨謂之淫。"又:"春獵爲蒐,夏獵爲苗,秋獵爲獮,冬獵爲狩。"這裏"豆"、"雨"、"獵"是大名,"籩"、"涷"、"蒐"等是小名。

2. 以小名釋大名,以狹義釋廣義。例如《書·舜典》:"予擊石拊石。"僞孔傳:"石,磬也。"《左傳·成公三年》:"齊侯朝於晉,將授玉。"孔疏:"玉,謂所執之圭也。"《論語·子路》:"善人爲邦百年,亦可以勝殘去殺矣。"皇疏:"爲者治也。"又《述而》:"亦爲之不厭,誨人不倦。"皇疏:"爲猶學也。"

(2) 從同義、反義、多義的角度來看,有:

1. 同訓,即用同一個詞來訓釋兩個以上的同義詞。例如《爾雅·釋詁》:"賚、貢、錫、畀、予、貺,賜也。"又《釋言》:"蠲,明也;茅,明也。"

2. 互訓,即用同義詞互相訓釋。例如《爾雅·釋詁》:"逷,遠也。"又:"遠,逷也。"[③]又《釋宮》:"宮謂之室,室謂之宮。"《説文》二上走部:"走,趨也。"又:"趨,走也。"

3. 遞訓,即以乙訓甲,又以丙訓乙,層遞而下。例如《爾雅·釋言》:"速,徵也;徵,召也。"又《釋魚》:"蠑螈,蜥蜴;蜥蜴,蝘蜓[④];

---

① 朱宗萊《文字學形義篇》,北京大學出版部,1925 年,第 29 頁。

② 參看趙仲邑《訓詁學講授提綱》第 53—55 頁。

③ 郭注:"逷亦遠也。轉相訓。"

④ 《釋文》:"蝘,烏典反。蜓,徒典反。""蜓"從"廷"聲,本音"徒頂反"。"蝘蜓"ien d'ieŋ>ien d'ien,這是語音上同化作用的結果。比較《莊子·則陽》"顛冥乎富貴之地"《釋文》:"冥音眠。"

蝘蜓,守宫也。"郭注:"轉相解,博異語,別四名也。"①《釋名·釋宫室》:"大屋曰廡,廡,幠也,幠覆也;并冀人謂之庌,庌,雅也,雅正也,屋之正大者也。"《詩·周南·芣苢》:"采采芣苢。"毛傳:"芣苢,馬舄;馬舄,車前也。"《公羊傳·昭公五年》:"濆泉者何? 直泉也。直泉者何? 涌泉也。"

4. 反訓,即用反義詞來作訓釋。反訓之所以可能是因爲語言裏的同一個詞可能具有相反的意義②。例如《爾雅·釋言》:"匿,正也。"③《説文》十四下乙部:"亂,治也。"④

5. 歧訓,即爲避免訓釋詞産生歧義而再加一個訓釋,使詞義更爲明確。例如《爾雅·釋言》:"祺,祥也;祺,吉也。"因爲訓釋詞"祥"兼有吉、凶二義⑤,爲了明確這裏是取其吉祥、福善一義,故又用"吉"字作釋。《荀子·性惡》:"人之性惡,其善者僞也。"楊注:"僞,爲也,矯也。""爲"是個多義詞,爲了明確這裏是取其"人爲,造作"一義,故又用"矯"字爲釋。

(3) 從時地關係來看,有:

1. 以今語釋古語。例如《詩·王風·葛藟》:"終遠兄弟,謂他人昆。"毛傳:"昆,兄也。"《周禮·夏官·司甲》鄭注:"甲,今之鎧也。"《説文》七下朩部:"朱,豆也。"⑥八下舟部:"舟,船也。"⑦十三

---

① 這是幾個古方言同義詞,見《方言》卷八。參看司禮儀(Paul L.-M. Serruys):"The Name for the Lizard in the Old Chinese Dialects",*Orbis*,Tome I,No. 2,1953。

② 如"匿"有"枉,曲"義,又有"正,矯正"義。參看董璠《反訓纂例》,《燕京學報》第22期,1937年;徐世榮《反訓探源》,《中國語文》1980年第4期;徐朝華《反訓成因初探》,《南開學報》1981年第2期。這種現象在其他語言裏也有。參看P. A. Будагов:Очерки *по языкознанию*,1953,стр. 38 - 39;又,*Введение в науку о языке*,1958,стр. 58 - 59。

③ 如《詩·小雅·六月》:"王于出征,以匡王國。"《左傳·襄公十四年》:"過則匡之。"

④ 如《書·顧命》:"其能而亂四方。"

⑤ 如《左傳·僖公十六年》:"是何祥也? 吉凶焉在?"《論衡·異虛》:"善祥出,國必興;惡祥見,朝必亡。"

⑥ 段注:"朱、豆,古今語,亦古今字。此以漢時語釋古語也。《戰國策〔·韓策〕》:'韓地五穀所生,非麥而豆;民之所食,大抵豆飯藿羹。'《史記》豆作菽。"

⑦ 段注:"古人言舟,漢人言船。"

下土部："堂，殿也。"①

2. 以俗語(口語)釋文言(書語)。例如《爾雅·釋草》："蘮，鼠尾。"又："薺，牛脣。"《釋鳥》："鶌，鼁母。"《釋蟲》："蜆，縊女。"

3. 以通語釋方言。例如《左傳·宣公四年》："〔楚人〕謂虎'於菟'。"《說文》一下艸部："莒，齊謂芋爲莒。"

(4) 從表述方式來看，有：

1. 代語，即用彼此可以相代的同義詞語作釋。例如《詩·鄘風·相鼠》："相鼠有皮。"毛傳："相，視也。"又："胡不遄死。"毛傳："遄，速也。"

2. 界說，即用下定義的方式作釋。例如《爾雅·釋訓》："善父母爲孝，善兄弟爲友。"又《釋親》："父之考爲王父，父之妣爲王母。"

3. 類別，即指明類屬或屬中求別。前者如《爾雅·釋鳥》："鳶、烏醜。……鷹、隼醜。……鳧、雁醜。"《說文》四上鳥部："鴿，鳩屬。"《管子·四時》："寒生水與血。"尹注："血亦水之類。"②後者如《詩·豳風·七月》："言私其豵，獻豜於公。"毛傳："豕：一歲曰豵，三歲曰豜。"《爾雅·釋器》："弓：有緣者謂之弓，無緣者謂之弭；以金者謂之銑，以蜃者謂之珧，以玉者謂之珪。"

4. 描述，即用語句對事物的性狀加以描寫叙述。例如《爾雅·釋獸》："貘貐，類貚，虎爪，食人，迅走。"又："麠，麕身，牛尾，一角。"關於《爾雅》中的這類訓釋，有一點值得注意，就是有時在描述事物性狀的同時也就解釋了這事物的"命名之義"。例如《釋獸》："猱：蝯，善援；玃父，善顧。"③又："威夷，長脊而泥。"④《釋

---

① 段注："許以殿釋堂者，以今釋古也。古曰堂，漢以後曰殿。"《莊子》雜篇有"殿門"、"殿下"，透露其時代性。

② "血亦水之類"並非訓"血"爲"水"。《中國古代史籍校讀法》據《管子》此注謂《禮記·禮運》"未有火化，食草木之實，鳥獸之肉，飲其血，茹其毛"的"血"應訓"水"，舊釋爲"鳥獸之血"者非(第 262 頁)。其實，不管"其"字何所指，"飲其水"都是講不通的。

③ 蝯之言援，攀援也；此獸善援，故謂之"蝯"。玃之言矍，顧視也；此獸善顧，故謂之"玃父"。參看王引之《經義述聞》卷二十八"猱蝯善援，玃父善顧"條；聞一多《爾雅新義》，《聞一多全集》第 2 冊，第 231 頁。

④ 威夷，猶倭遲，長貌；此獸脊長，故謂之"威夷"。參看《經義述聞》卷二十八"威夷，長脊而泥"條。

蟲》："蠭蛸,長踦。"①

5. 比較,即通過對比來釋明意義相近或相關的詞。例如
《詩·小雅·無羊》："何蓑何笠。"毛傳："蓑,所以備雨;笠,所以禦
暑。"《漢書·韓信傳》："樵蘇後爨。"顔注："樵,取薪也;蘇,取草
也。"《爾雅·釋器》："金謂之鏤,木謂之刻,骨謂之切,象謂之磋,
玉謂之琢,石謂之磨。"

6. 舉例。例如《爾雅·釋地》："東方之美者,有醫無閭之珣玗
琪焉;東南之美者,有會稽之竹箭焉;南方之美者,有梁山之犀象
焉;西南之美者,有華山之金石焉;西方之美者,有霍山之珠玉
焉;……"

7. 申述。例如《詩·衞風·氓》："于嗟鳩兮,無食桑葚。"毛
傳："食桑葚過,則醉而傷其性。"

8. 參證。例如《周禮·春官·典瑞》："珍圭以徵守。"杜子春
注："若今時徵郡守以竹使符也。"《周禮·天官·追師》："追師掌
王后之首服,為副、編、次。"鄭注："副之言覆,所以覆首爲之飾,其
遺象若今步繇矣。"《釋文》："繇,本或作搖。"

至於徵引史實故事、標舉出處來源、訂正文字篇章等等,或則
前面一些章節已經講到,或則事涉考證校勘,已經逸出狹義訓詁
的範圍,這裏就略而不論了。

二、訓　詁　用　語

如上所述,經籍傳注和訓詁專書在訓釋詞語時使用了多種多
樣的方式。這些不同的訓詁方式常常體現於不同的訓詁用語。
我們要很好地利用歷代的訓詁資料,就必須正確地理解這些用語
的含義和用法。現在擇要介紹如下②。

---

① 蠭蛸,猶橚梢、浦㮽,長貌;此蟲踦長,故謂之"蠭蛸"。參看聞一多《詩經新義》,《聞
　一多全集》第 2 册,第 73—74 頁。
② 參看蔣禮鴻《傳注訓詁例述略》,《中國語文》1960 年第 5 期。

（一）**某，某也**　這是直言某詞訓某。訓釋詞和被訓釋詞有時只是單純的同義關係，如《詩·周南·卷耳》：“陟彼崔嵬。”毛傳：“陟，升也。”又《秦風·蒹葭》：“白露未晞。”毛傳：“晞，乾也。”有時訓釋詞和被訓釋詞兼有音同、音近關係，如《周南·汝墳》：“王室如燬。”毛傳：“燬，火也。”又《葛覃》：“言告師氏。”毛傳：“言，我也。”這是以音義相通的同源詞作釋。《詩·小雅·斯干》：“似續妣祖。”毛傳：“似，嗣也。”這是以本字解釋假借字。如果是連續以單音詞釋單音詞，往往最後才用一個“也”字。例如《周南·汝墳》：“父母孔邇。”毛傳：“孔，甚；邇，近也。”又《鄘風·柏舟》：“之死矢靡它。”毛傳：“矢，誓；靡，無；之，至也。”

（二）**曰、爲、謂之**　這幾個用語相當於現代漢語的“叫，叫做”。它們既用於一般釋義，又用於通過對比以辨析同義詞。前者如《詩·周南·卷耳》：“陟彼高岡。”毛傳：“山脊曰岡。”《左傳·文公三年》：“執事不以釁鼓。”杜注：“以血涂鼓爲釁鼓。”《爾雅·釋樂》：“大簫謂之言。”後者如《周南·汝墳》：“伐其條枚。”毛傳：“枝曰條，幹曰枚。”《爾雅·釋天》：“穀不熟爲饑，蔬不熟爲饉。”《穀梁傳·襄公二十四年》：“一穀不升謂之嗛，二穀不升謂之饑，三穀不升謂之饉，四穀不升謂之康，五穀不升謂之大侵。”

（三）**謂**　“謂”多用於以具體釋抽象、以狹義釋廣義、以別名釋共名，相當於現代漢語的“（此）指”。例如《論語·陽貨》：“君子學道則愛人。”孔安國注：“道，謂禮樂也。”《詩·大雅·旱麓》：“豈弟君子。”鄭箋：“君子，謂大王、王季。”《楚辭·離騷》：“恐美人之遲暮。”王注：“美人，謂懷王。”“謂”有時也用於串講句義，相當於現代漢語“説（的是）”。例如《詩·小雅·伐木》：“出自幽谷，遷于喬木。”鄭箋：“謂鄉時之鳥出從深谷，今移處高木。”

（四）**斥**　“斥”也是“指”的意思。例如《詩·魏風·碩鼠》：“碩鼠碩鼠。”鄭箋：“大鼠大鼠者，斥其君也。”《伐檀》：“彼君子兮，不素餐兮。”箋：“‘彼君子’者，斥伐檀之人。”又《小雅·南有嘉魚》：“君子有酒，嘉賓式燕以樂。”箋：“君子，斥時在位者也。”《周頌·雝》：“假哉皇考。”鄭箋：“〔皇考，〕斥文王也。”

（五）**貌**　"貌"一般是加在動詞、形容詞後面,用來説明被訓釋詞所表示的是某種狀態,相當於現代漢語的"……的樣子"。例如《楚辭·離騷》:"老冉冉其將至兮。"王注:"冉冉,行貌。"又:"時曖曖其將罷兮。"王注:"曖曖,昏昧貌。"

（六）**猶**　"猶"相當於現代漢語的"等於説",一般用於以近義詞作釋①,有時也用於以同源詞作釋。前者如《詩·召南·羔羊》:"羔羊之革。"毛傳:"革,猶皮也。"後者如《詩·魏風·葛屨》:"摻摻女手。"毛傳:"摻摻,猶纖纖也。"

（七）**言**　"言"相當於現代漢語的"説的是",一般用於隨文立訓,申明詞語在特定上下文中的含義,也用於串講句義或闡發文意。前者如《詩·鄘風·君子偕老》:"鬒髮如雲。"毛傳:"如雲,言美長也。"又《大雅·韓奕》:"諸娣從之,祁祁如雲。"毛傳:"如雲,言眾多也。"後者如《楚辭·九歌·山鬼》:"若有人兮山之阿,被薜荔兮帶女蘿。"王注:"言山鬼仿佛若人,見於山之阿,被薜荔之衣,以兔絲爲帶也。"《詩·大雅·旱麓》:"豈弟君子,干禄豈弟。"毛傳:"言陰陽和,山藪殖,故君子得以干禄樂易。"

（八）**之言、之爲言**　"之言"和"之爲言"都用於聲訓,訓釋詞和被訓釋詞有音同、音近的關係②。例如《禮記·中庸》:"南方之強與,北方之強與,抑而強與?"鄭注:"而之言女也。"又《學記》:"不興其藝,不能樂學。"鄭注:"興之言喜也。"這是以音義相通的同源詞解釋詞義。《周禮·春官·大宗伯》:"以肆、獻、祼享先王。"鄭注:"祼之言灌,灌以鬱鬯。"又:"以禋祀祀昊天上帝。"鄭注:"禋之言煙。"③《禮記·明堂位》:"天子皋門、雉門。"鄭注:"皋之言高也。"這是以音同、音近的詞説明被釋詞的語源。《詩·召南·甘棠》:"蔽芾甘棠,勿翦勿拜。"鄭箋:"拜之言拔也。"又《大

---

① 《説文》六下貝部:"贅,以物質錢。从敖、貝。敖者猶放。"段注:"敖與放義不同而可通,故曰'猶'。"

② 《説文》一上示部"祼"字段注:"凡云'之言'者,皆通其音義以爲詁訓。"又九下石部"磺"字段注:"凡云'之言'者,皆就其雙聲疊韻以得其轉注、假借之用。"

③ 禋是一種野祭,用火燒牲,使煙氣上沖於天。

雅·生民》："克禋克祀,以弗無子。"鄭箋："弗之言祓也。"這是以
本字解釋假借字。

（九）**讀曰、讀爲**　"讀曰"和"讀爲"一般用於以本字解釋假借
字,即所謂"破讀"。例如《書·堯典》："播時百穀。"鄭玄注："時,
讀曰蒔。"《周禮·考工記·陶人》："庾實二鬴。"鄭衆注："鬴,讀爲
斛。"但有時"讀爲"也用於注音,類似"讀若"。例如《周禮·春
官·大祝》："辨九拜:……七曰奇拜。"杜子春注："奇,讀爲奇偶
之奇。"

（十）**讀若、讀如**　"讀若"和"讀如"一般用於注音,但用"讀
如"時往往同時兼帶釋義。例如《説文》六上人部："倓,讀若談。"
又十四上金部："鋑,讀若老聃。"《周禮·考工記·陶人》："庾實二
鬴。"鄭注："庾,讀如'請益與之庾'之'庾'。"①有時"讀如"也用於
說明假借,類似"讀爲"。例如《禮記·中庸》："治國其如示諸掌
乎!"鄭注："示,讀如'寘諸河干'之'寘'。"②又《儒行》："雖危起居,
竟信其志。"鄭注："信,讀如屈伸之伸,假借字也。"

（十一）**當爲、當作**　"當爲"和"當作"都用於糾正誤字。"當
爲(當作)"和"讀爲(讀曰)"的區別在於:"凡言'讀爲'者,不以爲
誤;凡言'當爲'者,直斥其誤。"(段玉裁《周禮漢讀考序》)其中由
於字形相似而造成的錯誤稱爲"字之誤",由於音同、音近而造成
的錯誤稱爲"聲之誤"。前者如《禮記·緇衣》："唯君子能好其正,
小人毒其正。"鄭注："正當爲匹,字之誤也。"後者如《緇衣》："資冬
祁寒。"鄭注："資當爲至,齊魯之語聲之誤也。"

---

① 《論語·雍也》："子華使於齊,冉子爲其母請粟。子曰:'與之釜。'請益,曰:'與
　之庾。'"

② 《詩·魏風·伐檀》："坎坎伐檀兮,寘之河之干兮。"

校 補 後 記

　　復旦大學出版社準備重版業師張永言先生的三部著作——
《詞彙學簡論》(華中工學院出版社,1982 年)、《訓詁學簡論》(華中
工學院出版社,1985 年)和《語文學論集》(語文出版社,1992 年第
一版,1999 年增補本),因先生年事已高,沒有精力親自處理此事,
就把重版的相關事宜交給了我。現在校補工作已經全部完成,即
將付印,有一些事情在這裏向讀者做個交代。
　　首先是遵先生之囑刪去了《語文學論集》的兩個附錄《“聞宥
遺札”前記》和《中國大百科全書·語言文字》“俞敏”條,只保留了
一篇《自述——我的中學時代》;《訓詁學簡論》的兩個附錄《論郝
懿行〈爾雅義疏〉》和《論張相〈詩詞曲語辭匯釋〉》也刪去了,因爲
那兩篇文章已經收入《語文學論集》;同時刪去《語文學論集》中取
自《訓詁學簡論》的《〈説文通訓定聲〉簡介》和《介紹兩部訓詁
書——〈經籍籑詁〉和〈辭通〉》兩篇,但是由於收入《語文學論集》
(增補本)的是後出的文本,先生作了很多訂補,所以這一版的《訓
詁學簡論》用的是原收在《論集》增補本中的文本,行文風格跟全
書不盡一致,未作統一。
　　其次是根據先生在三書“自存改本”(其中《詞彙學簡論》有兩
個改本)上的批注,對原書作了改訂和增補。除了《語文學論集》
第一版以外,其餘三個改本上面的批注都儘量吸收進了這一版。
因爲先生一直沒有打算重版自己的著作,所以這些批注也呈現爲
不同的樣態:有些是直接可以錄入的,有些則需要重新查對或補
充資料,還有一些僅僅是記一點相關的信息或想法在上面,需要
揣摩先生的用意。因此哪些該增補、怎麼增補,都是頗費躊躇的。
先生全權委託我來處理,我本着在不違背先生本意的前提下儘量

多吸收的原則,把大部分批語都補入了。如果有取捨失當或行文欠妥之處,應該由我負責。先生很講究行文措辭,往往反復推敲。在他的《語文學論集》第一版的自存改本中有許多批注和行文方面的修改,有的在增補本中改了,有些則沒有改,大部分批注已經補入增補本,但是也有少量並沒有補入。改或不改,補或不補,估計先生是有自己的考慮的,所以對於增補本未改未補的,這次也不據第一版自存改本來作改動。

　　最後是關於體例。三書原本各有自己的體例,《論集》中的各篇體例也不盡一致,比如引文頁碼的標注法,標點符號的用法等等,此次由責編宋文濤先生在可能的範圍内作了統一。繁體字字形的處理,遵照先生指示,凡是不會引起歧解的就統一爲較簡單的或通行的字形,如:只(衹、祇、秖),才(纔),群(羣),采(採),占(佔),等等。

　　感謝我的學生真大成、史文磊、胡波三位博士協助校對書稿並補入先生在"自存改本"上的若干批注,史文磊君出力尤多,博士生王翠也參與了《從詞彙史看〈列子〉的撰寫時代》和《漢語外來詞雜談》兩文的校對,訪問學者曹莉亞副教授和博士生王文香參與了三書的終校。賢妻石方紅女士協助掃描原書和一校樣,也付出了辛勞。

　　張先生學問淵雅精深,中外兼通。弟子學淺識陋,尤其缺乏外文素養,校對和增補中難免出現舛誤,幸讀者正之。

　　最後請允許我代表永言師對熱情促成三書重版並親任責編的宋文濤先生表示由衷的感謝。

受業　汪維輝　謹記

2014 年 7 月 14 日於浙江大學港灣家園寓所

2014 年 10 月 27 日改定於南昌旅次

图书在版编目(CIP)数据

詞彙學簡論　訓詁學簡論/張永言著.—增訂本.—上海:復旦大學出版社,2015.1
(2021.9重印)
(張永言先生著作集)
ISBN 978-7-309-11053-1

Ⅰ.詞… Ⅱ.張… Ⅲ.①漢語-詞彙學②訓詁　Ⅳ.H13

中國版本圖書館 CIP 數據核字(2014)第 285973 號

詞彙學簡論　訓詁學簡論(增訂本)
張永言　著
責任編輯/宋文濤

復旦大學出版社有限公司出版發行
上海市國權路 579 號　郵編:200433
網址:fupnet@ fudanpress.com　http://www.fudanpress.com
門市零售:86-21-65102580　團體訂購:86-21-65104505
出版部電話:86-21-65642845
山東韵杰文化科技有限公司

開本 890×1240　1/32　印張 8.75　字數 215 千
2021 年 9 月第 1 版第 2 次印刷

ISBN 978-7-309-11053-1/H·2403
定價:58.00 圓

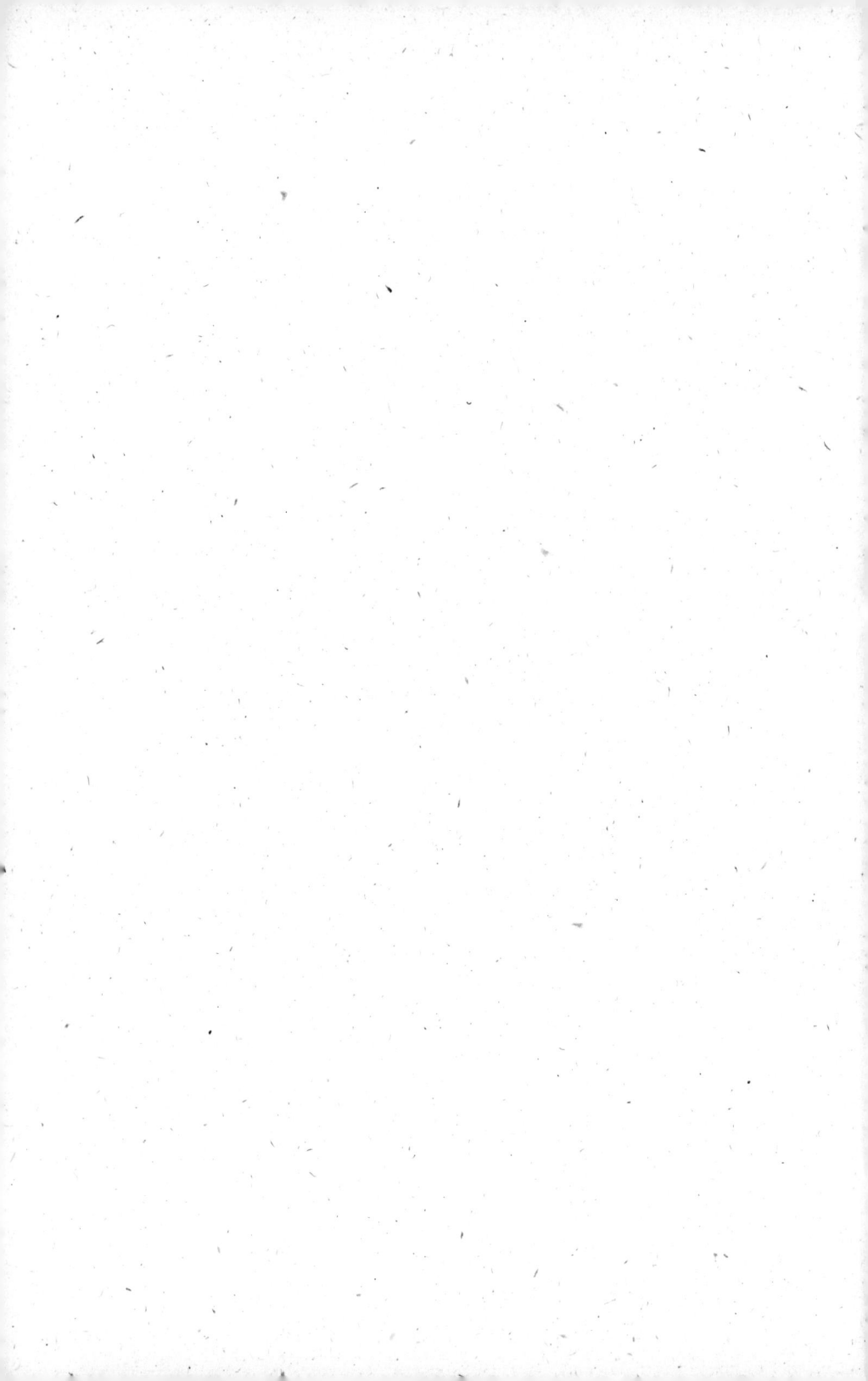